JN076688

Japanese Language Education
for Cultivating Individual Linguistic Behavior

一人ひとりの
ことばをつくり出す
国語教育

府川源一郎
FUKAWA Genichiro

ひつじ書房

はじめに

　筆者は，国語教育の目的を次のように考えている。

　国語教育の目的は，自分のことばでものをいい，自分のことばでものを書くことが出来る，主体的で民主的な人間の育成である。

　同じことを学習者のことばの獲得と社会参加への支援という側面から述べるなら，以下のようになる。

　国語教育の目的は，学習者が私たちのことばを自分のことばとして編み直し，またそれを新たな私たちのことばの世界に還元していく試みを支援することである。

　いうまでもなく，ここで使用している「自分のことば」という用語は，比喩的表現である。というのも，もともとことばは，その言語使用者を含む言語集団のものであり，その社会のものだからだ。したがって「自分のことば」は，「自分だけのことば」を意味しないし，物理的な存在としての「自分のことば」というものはありえない。
　一方「私たちのことば」は，言語共同体の中で実際に使われ，音声，語彙，文字記号などの形で，ある程度実体化されている。さらに「私たちのことば」には，その共同体の歴史や共通感覚もすり込まれている。私たちは，その共同体の認識や感覚を含んだことばを聞き，またそれを発することで，ことばの共同体の中に主体的に参加していく。子どもたちは，数え切れないほどの外部の他者との言語的な交流を通して，自分自身の内側に多数の他者を導き入れ，また抱え込んだ他者との対話を繰り返しながら，ことばによる

内面世界を生成していくのである。それが，人がことばを獲得していくということだ。

　しかしそのことは，子どもたちが既成の「私たちのことば」の枠組みの中にすっぽりと飲み込まれてしまうということを意味するわけではない。なぜなら子どもたちは，「私たちのことば」を獲得する主体だからであり，獲得したことばを使って新たな社会的活動に参加していくからである。そこには，子どもの積極的な表現活動が共同幻想としての「私たちのことば」を変え，それがまた子ども自身の「自分のことば」を変えていくという，相互可変的で対話的な関係が生まれる。

　その結果，「私たちのことば」は，一人ひとりの子どもたちの「自分のことば」として召喚され，それが再び「私たちのことば」の中に還元されていくという往復運動の中で，常に更新され続けていく。それはまた，「私たちのことば」が「自分のことば」によって，新たな命を付与されているということでもある。「私たちのことば」がなければ「自分のことば」は存在しないが，「自分のことば」を離れて「私たちのことば」も存在しない。「自分のことば」とは，たえざる外部との言語交流活動とその交響のなかに生まれる現象であり，また「私たちのことば」も一人ひとりの人間の「自分のことば」に支えられて成り立っている現象なのである。

　「教育」の役割は，そうしたことばの相互関係をさらに活性化させ，より良い社会の生成へと方向付けるところにある。とりわけ国語教育は，「私たちのことば」と「自分のことば」との絶えざる往還を通して，一人ひとりが異なる世界を持つことを理解し，その異なる世界を認め合う社会の基盤をつくるための重要な位置を占める。

　現在の社会では，「近代」が構築してきた枠組や規範が問い返され，様々なパラダイムの転換が主張されている。また一方では，グローバリズムの大波の中で，競争を専一とする価値観が蔓延し，社会や文化の画一化が進んでもいるようにもみえる。「国語教育」は，そうした錯綜した状況をことばの教育という地平から問い返し，一人ひとりの中に新たな「自分のことば」と「私たちのことば」とを生成させる大きな可能性を持っている。

　そのきっかけは，国語教室の中の学習者同士の何気ないやりとりの中に，

あるいは教科書テキストとの対話の中に，さらには学習者のメモ書きの中に，隠れている。そこに起きた小さな出来事にあらためて注意を向け，それを学習として組織していくこと，さらにそれを国語教育のカリキュラムの作成につなげていくこと，それこそが国語教師の責務であり同時に喜びであろう。

　一人ひとりの学習者は，国語学習の中でそれぞれに「自分のことば」と「私たちのことば」とを交錯させ相克させ合うことによって，新しいことばの世界を発見していく。そうした言語活動の体験を多彩に，同時に学習者の実感を伴った形で経験させたい。そのような機会と場とを豊かに用意することこそが，一人ひとりの学習者に「自分のことば」を持たせるための唯一の方策である。

　以上のような願いを込めて，本書の表題を「一人ひとりのことばをつくり出す国語教育」とした。

　なお，本書では「つくり出す」という語彙を多用している。だがことばをつくり出したら，ことばの生成運動はそこで停止するわけではない。したがって「つくり出す」には，自己更新を続けていくというニュアンスを含ませている。ことばをつくり出す営みに終わりはないからだ。「国語教育」という営みにおいても，それは同断である。

＊

　本書では，三つの部を立てて，そこに相互に関連する論考を集成した。それぞれの論考は，発表の場も発表時期も，また執筆の動機も異なっている。しかし当然のことではあるが，筆者が国語教育をどのようにとらえ，それをどのように展開させていくべきかという根幹の考え方は共通している。

　各論考を本書に収録するにあたっては，できるかぎりもとの文章に手を入れ，一書としての一貫性を保てるようにしようと考えた。具体的には，タイトルを変更したり，「はじめに」や「おわりに」にあたる部分を，書き直したりした。もちろんいったんある程度のまとまりを形成した文章は，なかなかこちらの思うとおりには姿を変えてはくれないが，とりあえず「一人ひとりのことばをつくり出す」という趣旨だけは，どの論考からも感じていただ

けるのではないかと思っている。

＊

　三つの部の構成に関して述べる。

　まず，「第Ⅰ部　国語科の教育内容をつくり出す」では，「多文化共生」「古典」「伝え合い」「方言」という観点から，ことばの教育をめぐる現状が大きく変化してきていることに関する論及をした。また，授業実践の「事実＝現象」を言語記述することの限界と可能性について考えた論考を添えた。国語教育の内容を多様な角度からつくり出していくための基本的な視点とその考え方を提供したかったからである。

　続く，「第Ⅱ部　ことばの学びをつくり出す」では，筆者自身の教育実践の中で見えてきた様々なレベルのことばの交流と創成の様子を記述した論考を集めた。教育の場は，あらかじめ決められた固定的な知識や情報を伝達する場ではなく，学習者がそれぞれの言語活動を交流することによって，新しい言語文化を作り出していく場である。そのためには，学習者と言語教材との接点に生じる現象の意味を考え，それをあらたな学習活動として不断に組織し直していく必要がある。ささやかで不十分な事例ばかりではあるが，ここから何らかの国語教育実践へのヒントが得られることを期待している。

　最後の「第Ⅲ部　史的観点をつくり出す」では，いわゆる国語教育に関わる歴史研究に相当する論考を集めた。国語教育の実践やそれを取り巻く言語文化状況が，これまでどのように展開してきたのか，またそれを踏まえてどのような方向に進むべきなのかという視点を形成するために書かれた論考である。私たちがこれまで行ってきた言語文化実践の営みを相対化し位置づけ直すことによって，現在の地平を見定め，これからの国語教育の射程をひろげていくことを願っている。

　読者諸賢のご批判をいただけるなら幸いである。

府川源一郎

目　次

第 I 部

国語科の教育内容をつくり出す

第1章

多文化共生としての「国語教育」
―外国人児童生徒と学ぶことで拡がることばの世界―

はじめに

　明治期に近代教育が始まって以来,「国語教育」は,あるべき「国語」を実体的に規定し,それを上から普及させるという方向で進められてきた。つまり,公用語としての標準的な規範を定め,その普及を図るという道筋である。もちろん近代国家はどの国においても,学校教育制度を国民国家形成の強力なインフラとして整備・活用してきた。したがって,国家が主体となって上からの標準化・効率化を推進するという路線は,日本の近代学校制度にもそのまま受け継がれたし,日本の「国語教育」にもその姿勢が流れ込んでいる。加えて,日本の教育風土では,教室の中で学習者間の同質性をことさらに強調するような傾向も生まれた。

　しかし,これからの社会に向けて一人ひとりのことばを保障していくためには,標準化・効率化とは異なるベクトルを目指した「国語教育」の理念と方法を確立していく必要がある。そのためには,国語教育の思想や実践の中に,多文化共生という考え方を取り入れて行くことがきわめて大きな課題になる。

　筆者は,以上のような問題意識をもっている。

＊

　ところで筆者は,第126回全国大学国語教育学会(2014年5月17日開催)で,「外国人児童生徒と学ぶことで拡がることばの世界」というテーマのシンポジウムの登壇者として発言する機会を得た。筆者自身は「外国人児童生徒の教育」に関する知識や教育体験は,ほとんど無いに等しい。しかしこれまで,「外国人児童生徒の教育」の問題を媒介とすることにより,国語教育の枠組みを問い直し,従来の国語教育の内容を更新するきっかけつかめるか

もしれないと漠然と考えていた。なぜなら，「外国人児童生徒の教育」は，国語教育の抱えている問題点を反照するような本質的要素をいくつも持っているからだ。そうした要素を洗い出すことによって，国語教育の問題点を問い直す視点を提示してみたいと思った。

　そこで筆者は，このシンポジウムで提示された，「外国人児童生徒と学ぶことで拡がることばの世界」というテーマに示唆を受けて「外国人児童生徒と学ぶことで拡がる『国語教育』の世界」というタイトルのもとに発言することにしたのである。

　当日の発言は，以下のような順に展開された。

　まず「外国人児童生徒」と「日本語指導が必要な児童生徒」のおおざっぱな現状を対象人数やその施策の面から概観した。次に，「外国人児童生徒」にとっては，日本語社会に適応するための日本語指導が必要であるのと同時に，そこで学ぶ個々人のアイデンティティを確立するためにも「母語保障」が避けて通れない課題であることに触れた。ここまでは，筆者自身の「外国人児童生徒の教育」に関わる情報や知見の整理である。

　その上で，「『国語教育』は，外国人児童生徒の教育，あるいは『日本語教育』から何を学ぶのか」という題目を立て，それに関して三つの点から言及した。すなわちその三点とは，順に，(1) 国語教育の概念の書き替え，(2) 国語教育の内容の再構築，(3) 国語教育の方法の改革，である。

　現在，こうした問題に関する社会的な状況は少しずつ変わりつつあるが，筆者の論旨自体は，シンポジウム登壇時と基本的な変更はない。なお，以下に示す文章は，当日の発言のために記した「草稿」をもとにして，あらためて起草したものである。当日の発言で採用した統計資料の数値などは，文部科学省 2013（平成 25）年 5 月に，「日本語指導が必要な児童生徒に対する指導の在り方について（審議のまとめ）」によっているので，最新情報というわけではない。しかし，文部科学省総合教育政策局国際情報課が 2020（令和 2）年 11 月に「令和 2 年度文化庁日本語教育大会（Web 会議）」で発表した資料をオンラインで検索できるので，本論考では，その資料を用いて一部の情報を書き加えた[1]。

1.「外国人児童生徒」と「日本語指導が必要な児童生徒」

　「外国人児童生徒」のすべてが日本語指導を必要としているわけではない。また,「日本語指導」を必要としているのは,外国人児童生徒だけではない。このことを,まず確認しておく。

　最初に,統計的な数字から見ておきたい。文部科学省は,2013(平成25)年5月に,「日本語指導が必要な児童生徒に対する指導の在り方について(審議のまとめ)」を出して,次のような概観をしている。すなわち,「国際化の進展等に伴い,平成24年5月現在,我が国の公立小・中・高等学校等に在籍する外国人児童生徒の数は,約7万2000人となっている。また,平成22年9月現在,これらの学校に在籍する日本語指導が必要な外国人児童生徒の数は約2万9000人(40,755人),日本語指導が必要な日本国籍の児童生徒の数は約5500人(10,371人)であり,依然として多く,特に近年は,外国人集住都市のみならず全国的に散在している傾向にある。」(括弧内は平成30年度)とある。学習者の国籍と「日本語指導」の必要性とを区別していることは,きわめて正確な認識である。さらに,「日本語指導が必要な児童生徒」に関しては,次のように定義されている。

　　「日本語で日常会話が十分にできない児童生徒」及び「日常会話ができても,学年相当の学習言語が不足し,学習活動への参加に支障が生じており,日本語指導が必要な児童生徒」を指す。なお,「日本語指導が必要な日本国籍の児童生徒」には,帰国児童生徒のほか,本人が重国籍又は保護者の一人が外国籍である等の理由から,日本語以外の言語を家庭内言語として使用しており,日本語の能力が十分でない児童生徒が含まれる。

　ここからは,一言で「日本語指導が必要な児童生徒」と言っても,様々なケースがあることが分かる。文部省の「審議のまとめ」では,日本国憲法,および「児童の権利に関する条約」などを根拠に,日本に在住するすべての子どもが,日本の普通教育を受ける権利があるという立場に立っている。そ

こで，「全国で一定の質が担保された日本語指導」を実施できるように，「特
別の教育課程」の編成の必要性を提唱したのだ。具体的には，国家的なカリ
キュラムである「学習指導要領」と同じように，「日本語指導が必要な児童
生徒」のための「準国家的なカリキュラム」の策定を意図している。従来，
各地の自治体に任されがちであった「日本語指導が必要な児童生徒」に対す
る施策を，中央官庁である文科省が取り上げて制度化しようという動きには
大きな意義がある。

　しかし，注意しておきたいのは，この「審議のまとめ」は，あくまでも
「日本語指導が必要な児童生徒」という観点からのみ「外国人児童生徒」あ
るいは「帰国生徒」の教育について述べているということである。つまり，
ここでは，日本語指導が不要と判断された外国人児童生徒は対象にされてい
ない。「我が国の公立小・中・高等学校等に在籍する外国人児童生徒の数」
である約7万2000人から，「日本語指導が必要な外国人児童生徒の数」の約
2万9000人を引いた，約4万3000人には，特別な日本語指導は不要だと考
えられているのである。

　ということは，「日本語指導」が不要だと考えられている「我が国の公立
小・中・高等学校等に在籍する外国人児童生徒」は，学校では言語教育関係
の教科目として「国語科」と，おそらく「外国語（英語）」の授業を受けて
いることになる。「日本語教育」の「特別な教育課程」を終了して日本語に
習熟したと判断されれば，それらの学習者はそのまま「国語科教育」の対象
者となるのである。「国語教育」に従事する者は，その意味するところを，
よく心に留めておく必要がある。

　別に，この「審議のまとめ」に先だって2013（平成25）年4月に発表さ
れた，文部科学省の「日本語指導が必要な児童生徒の受け入れ状況等に関
する調査（平成24年度）」では，「公立の小学校，中学校，高等学校，中等
教育学校及び特別支援学校に在籍する日本語指導が必要な外国人児童生徒は
27,013人で，前回調査より1,498人減少した。」としている。このうち，「日
本語指導を受けている者は23,375人で，割合では86.5％と4.3ポイント増
加している。」という現状であり，「日本語指導が必要な日本国籍の児童生徒
のうち，日本語指導を受けている者は5,039人で，割合は81.7％である。」

と報告されている。すなわち，全国に約三万人以上存在する「日本語指導が
必要な児童生徒」の多くは，なんらかの形で実際に「日本語教育」を受けて
いることになる。しかし，それが十分なものではないとの判断から，文科省
が「日本語指導が必要な児童生徒に対する指導の在り方について（審議のま
とめ）」を出して，「全国で一定の質が担保された日本語指導」を推進する意
志を示したのであろう。

　なお，この「日本語指導が必要な児童生徒の受け入れ状況等に関する調査
（平成24年度）」における日本語指導が必要な外国人児童生徒を，母語別の
割合でみると，ポルトガル語を母語とする者が32.8％と最も多く，中国語
が20.4％，フィリピノ語が16.6％，スペイン語が12.9％であり，これらの
四言語で全体の82.7％を占めている。フィリピノ語の増加率が徐々に高く
なっており，中国語，韓国・朝鮮語，英語が減少している。在籍校別に見る
と，分散と集中の二極化が進み「1人」在籍校が全体の約半数を占め，「5人
未満」在籍校が全体の約8割を占める一方，「30人以上」在籍校も増加して
いる。都道府県別の在籍状況では，愛知県，神奈川県，静岡県などにこうし
た学習者が集中しており，東京都，大阪府がそれに続く。以上のような傾向
は，ここ十数年間，それほど大きくは変わっていない。地域によって，ある
いは母語別の学習に際して，それぞれ固有の問題を抱えており，またそれぞ
れに困難を解決してきた経緯があるが，ここではそこには立ち入らない。

2.「国語」の学習と外国人児童生徒の「母語保障」

　日本語指導を必要とする児童生徒は，日本語以外の第一言語（母語）によ
る自己形成の途次にある場合が多く，当人の第一言語（母語）をどのように
保持したらいいかという問題と，第二言語である日本語習得と，どのように
折り合いをつけるかという問題が生じることが多い。「母語保障」の問題で
ある。

　もともと，日本の教育は，学習者の個性の伸張を第一に考えるよりも，集
団としての同質性を重視する傾向が強かった。それは言語教育においても同
様であり，これまでの「国語教育」の営為にも表れている。すなわち，教科

目である「国語」という呼称とその内実をめぐる問題である[2]。

　あらためて確認するまでもなく、「国語」とは、「国＝国家」の「語＝ことば」を意味する。そこには、ことばの教育における国家＝ナショナリズムの問題が孕まれている。イ・ヨンスクは、『「国語」という思想―近代日本の言語認識』(1996) の中で、国民国家「日本」を支えるべく創出された制度である「国語」概念が形成されてきた過程を論じている。イは、「国語」という観念が、近代日本国家の生成を担ったという。たとえば、私たちは日本の国土にいる多くの人々が「国語」を話していると漠然と思いこんでいる。が、実際に人々が話しているのは、それぞれの「母語」であり「方言」である。つまり「国語」という実体は存在しない。それはあくまでも想像的な概念なのである。そしてそれこそが、共同幻想としての「日本人」という一体感を創り出している。私たちは、従来の「国語教育」が、国語＝日本人＝日本国家という三位一体の結びつきを過剰なまでに作り出してきたことにも注意を払っておかなければならない。外国人児童生徒の日本語指導に当たっても、このことは重要な留意点である。

　文部科学省の「日本語指導が必要な児童生徒に対する指導の在り方について（審議のまとめ）」では、その指導者として「日本語指導担当教員（主たる指導者）」と「日本語指導補助者（子どもの母語がわかる支援者）」があるとしているが、後者は「必置ではない」と付記している。現状では、どの地域にもそうした人材を確保することが難しいからであろう。だが、この「審議のまとめ」の向かう「日本語教育」の姿は、もっぱら日本語を使用する日本社会への効果的な適応教育のようにも見えかねない。

　もちろん、この施策が日本の学校教育の中で困難を抱えている子どもたちの現状改善のために、具体的な方向を指し示していることは間違いない。この「審議のまとめ」の立場は、あくまでも専門職としての「日本語指導」に携わる教員の養成を図り、特別な教育課程の作成を担保するためのものであって、学習者個々人の「母語保障」の問題は、別の場で論議する課題だということであろう。しかし、「母語保障」の問題は、外国人児童生徒のアイデンティティに関わる。それは、学習者が未来に向かって、どのような社会集団を主体的に選択するのか、あるいは学習者がどのように自己自身を創出を

するのかという問題と直結している。

　実際，外国人児童生徒に対する「日本語指導」の現場では，この問題は常に切実な課題として意識され続けている。つまり，「日本語指導」を受けている学習者が，日本の文化や社会に「同化」していくにしたがって，逆に自分自身の居場所に不安を覚える結果になったり，保護者との間に心理的な壁ができてしまうという問題である。外国人児童生徒は，あくまでも言語教育の範囲の中で「外国語」としての「日本語」を教授されているのであって，「日本人になる」ことを強制されているわけではない。日本の教育体制には，彼らが将来日本語社会で生活するのか否かにかかわらず，個人としての豊かな成長を保障することが求められているはずである。それを学習者個々人の要求に即して具体化することが，「日本国憲法」や「児童の権利条約」の精神にほかならない。

　すなわち，「日本語教育」と「母語保障」の問題は，まったく別々の問題ではなく，相互に切り離せない問題なのである。とするなら，それぞれの外国人児童生徒の求めに応じて，公教育の中で，どのように「母語保障」をしていくのかは，きわめて大きな論点になるはずである。

　この問題を，かなり強引に国語教育に引き当てて考えるとするなら，母語としての「方言」の教育と相似形の論議になるとも考えられる。つまり，「国語教育」を展開する中で，「母語としての方言の教育」をどのように考え，どのように指導するのかという問題である。知られているように，明治以来「国語教育」の主流は，「方言撲滅」路線だった。なぜならそれは，近代日本を建設していく上で，標準的な「国語」を普及させることが国家的戦略としても急務だと考えられていたからである。その結果，今日，共通話しことばの普及はほぼ達成されたと言っていいかもしれない。

　また現在では，そうした達成の上に立って，検定国語教科書の方言教材の中にも「共通語」と「方言」のそれぞれのよさを活かして言語活動を営むべきだといった論調が登場している。これは「国語教育」の中で育成すべきは，「方言」と「共通語」とのバイリンガルの話し手である，という主張だとも考えられる。このように，各地域の現実の社会の中で生きて働き，またそのことによって人々の感情や認識を支える「方言」の問題を，「国語教育」

から排除するのではなく，国語教育内部の問題としてとらえる傾向も生まれている。おそらくこれからは，そうした視点が大勢を占めていくことになるだろう。

3. 「国語教育」は，外国人児童生徒の教育，あるいは「日本語教育」から何を学ぶのか

3.1 「『国語』教育」概念の書き換え

　「はじめに」でも述べたように，「国語教育」は，明治以来，あるべき「国語」を実体的に規定し，それを上から普及させるという方向で進められてきた。日本語の歴史的な経緯に関する研究の成果を踏まえて，漢字の制限や表記の統一，あるいは字体の基準を決めるなどの言語政策が公教育の中に導入されて展開した。また，「言文一致運動」による文章・文体改革の広がりと，教育用の書籍や新聞などがそれを積極的に採用したこともあって，多くの国民が平易な日本語による文章理解と言語表現のリテラシーを手に入れることができた。とりわけ，戦後の文字・表記に関わる言語政策は，民主主義を根幹から支えるものと意識され，また実際，その方向に進展してきた。これまでの「国語教育」が，そうした「公用語としての日本語」の国内への普及活動への大きな駆動力となってきたことは間違いのない事実であろう。

　しかし，今日，世界を席捲するグローバリズムの大波の中で，一国内に閉じこもらない「国語教育」という発想も必要になってくる。外国人児童生徒に対する言語教育や小学校からの外国語教育の問題は，その象徴的な事例だと考えるべきだろう。「国語教育」が，外国人児童生徒の教育の問題から学ぶ最大のポイントは，おそらく多文化共生という視点に立った「国語教育概念＝国語教育像の見直し」だと考えられる。

　その際，この問題を単に「日本人児童生徒」対「外国人児童生徒」という，内と外という対立として考えるだけではなく，これまでにも「国語教育」の内部には，数多くの「他者」が存在していたことを想起する必要がある。すなわち，第二公用語としてのアイヌ語の問題や，「沖縄方言」の問題，さらには国内で使用されている各種の外国語の問題，さらには障害児の

言語教育，手話言語などの問題をも視野に入れて，「国語教育像」そのものを新しくイメージし直す必要があるだろう[3]。

　さらにまた，古文や漢文の教育も，それを「日本語の典範」あるいは「美しい日本語の淵源」として高いところに祭り上げて権威づけ，そこから伝統や規範を拝受させるというような姿勢ではなく，「古文は時の方言」といった柔軟な思考方法で古文や漢文をとらえて，「国語教育」の中に位置づけるような国語教育観が必要になる[4]。

　それは，「醇化（純化）した国語」を上から教授するような国語教育観から，「多文化共生としての国語」を互いに学び合う国語教育観への転換である。そうした理念を，図示すると，［図1］のような概念図になると思われる。

　もちろんこの図は，これからの国語教育の理念を模式的に示したものであって，それがそのまま具体化されるというものではない。またむろんのこと，こうした考え方を採用したからと言って，標準的な言語規範を提示したり，正書法を確定したりするような作業の必要性を否定するわけではない。

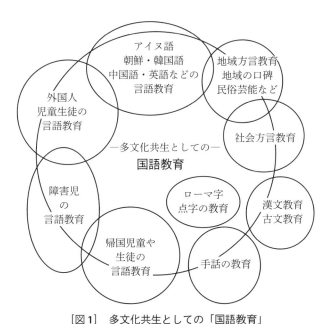

［図1］　多文化共生としての「国語教育」

というより政策として公的に標準話法を示したり，常用漢字表のように漢字使用にあたっての制限をしなければ，言語使用の場をいたずらに混乱を招くだけになってしまうことは明らかだ。

　重要なことは，公共としての「標準言語形式」を身につけることが，同時に「ハイブリッドである国語（日本語）」へと参加する言語行為になる，と考えることである。[図1]にあげた各種の言語教育は，それぞれ連関し，通底し合って「国語教育」の内包を支えている。したがって，そこでの教育内容も教育実践もそうした理念の具体化として組織される必要がある。もちろんこの「多文化共生としての国語教育」の中には，「外国人児童生徒」への「日本語教育」も「母語保障」の問題も含まれていると考えるべきだろう。さらにまた，この「多文化共生としての国語教育」を別のことばで表現すれば，「インクルーシブとしての国語教育」ということになるのかもしれない。

　このように，私たちに新しい国語教育観を持つ必要を自覚させてくれるところに，「外国人児童生徒と学ぶことで拡がる『国語教育』の世界」の一つ目のポイントがある。

3.2 「国語教育」の内容の再構築
3.2.1 「国語教育」と「日本語教育」

　外国人児童生徒の教育の問題から「国語教育」が学ぶ第二点目は，国語教育の内容に関してである。ここでは，それを考えるために，一般的にとらえられている「国語教育」と「日本語教育」との把握の仕方を出発点にしてみよう。

　おおざっぱに両者の違いを言うなら，「国語教育」は，日本語を母語（第一言語）とする学習者への言語教育のことであり，「日本語教育」は，日本語を母語（第一言語）としない学習者への「日本語の教育」のことだ。つまり，「日本語教育」は，第二言語習得の教育なのである。そこに，学校で実施されるカリキュラムの中に布置されたことばの教育という限定をつけるなら，前者は一般には「国語科教育」と呼称される。教科としての「国語科教育」は，学習指導要領に準拠した検定国語教科書を中心的な教材にして，公

教育場	使用言語媒体	生活場
学校内（国語科教育）	日本語の標準書きことば（標準語）／日本語の共通話しことば（共通語）	⇒←日常言語社会
家庭など	方言（母語）	⇒←

[図2]　国語教育と「国語科教育」

教育場	使用言語媒体	生活場
学校内（日本語科教育）	日本語の標準書きことば（標準語）／日本語の共通話しことば（共通語）	⇒←日常言語社会
家庭など	外国語（母語）	⇒←

[図3]　国語教育と「日本語科教育」

的な施設である学校の教室の中で「授業」が行われる。おそらく学校教育関係者が「国語教育」という単語を思いうかべた時にイメージするのは，ほとんどがこの「教科目」としての「国語科教育」のことを指している。

　これに対して「日本語教育」は，必ずしも学校の中だけで実施されているとは限らないし，公的な一般的カリキュラムが確立しているわけでもない。しかし，これからは「日本語指導が必要な児童生徒に対する指導の在り方について（審議のまとめ）」にしたがい，日本語指導も「特別の教育課程」として学校教育の中になんらかの形で定位されることになるだろう。その「教科目」は，おそらく「日本語科教育」と呼称されることになるはずだ。

　もっとも，成人のための第二言語習得をめざす「日本語教育」と，学校教育の中で行われる「日本語科教育」とは，その内容も方法もかなり異なることになることは十分に予想される。いまだ十分に母語習得を果たしていない学習者としての「外国人児童生徒」たちにとって，「日本語科教育」とは単なる言語の学習に留まらない部面がある。すなわち，「日本語科教育」を，第二言語習得指導というレベルでとらえるだけでは不十分なのだ。

　そこで，いささか回り道にはなるが，学校教育における「国語科教育」と国語教育との関係，および「日本語科教育」と国語教育との関係を模式的に整理してみたい。すると，両者の関係は，おおよそ［図2］［図3］のようになると思われる。

　私たちは，学校だけではなく，家庭内や日常言語社会でもことばを使って生活している。しかし，学習者がことばを学ぶのは，何も学校の中だけではない。子どもたちが最初にことばを習得するのは，学校外の存在である養育者やそこに関わる年長者たちからである。長じて学校で身につけたことばの数々も，常に学校外の「日常言語社会」との絶え間のない交流によって修整されたり補強されたりして，そこからの強い影響を免れることはない。というより，そうした学校以外の言語交流自体に，きわめて大きな教育的な作用がある。すなわち，広義の「国語教育」とは，学校以外の場における教育的な言語行動を含んだ概念なのである。

3.2.2　国語科教育の場合

　では，「教科教育」としての「国語科教育」の場合はどうか。図では，「国語科教育」は，太線の枠内に収められており，「日常言語社会」や「母語（方言）」からは隔離されている。実際，私たちは物語の構造を分析したり，常用漢字の読み書きの習得を目的にして，日々の言語活動を行うことはない。その意味で学校の「国語科教育」は，日常の言語生活と切り離された特別な言語活動である。しかし，逆説的な物言いになるが，いったん「日常」から離れることに「国語科教育」，あるいは「教科教育」の存在意義がある。なぜなら，一般的な日常生活の中では，ほとんど意識しないことがらを学習するところに，「教科教育」の本来の役割があるからである。

　そもそも，学校教育の中に「教科教育」が置かれているのは，通常の日常生活を送る過程では気がつきにくい，広範で体系的な認識の方法やそれを支える感性を学ぶためである。それらを列挙してみるなら，科学的な態度，芸術的な感覚，歴史的な見方などと呼ぶことができるかもしれない。いうならば私たちは「人類文化への視線群」を学習することによって，現実の日常生活の様々な事象を対象化したり，別の角度から眺めたりすることが可能になるのである。そのような「特別な視線」こそが，日常社会の意義を再確認させ，それぞれの主体をより豊かで確かなものにしてくれる。別の言い方をするなら，学校内の学習は，学校外の生活や社会とは別の位相にあるからこそ，より深く日常生活にコミットする力の源泉となることが可能なのであ

る。

　以上述べた「教科教育の位置」を前提として，もう一度［図2］と［図3］とをながめてみよう。すると，同じ枠組みは，［図1］の「多文化共生としての国語教育」の図の中に示した各種の言語学習でも，採用可能であることが分かるだろう。つまり，「障害児の言語教育」でも「地域方言の教育」でも，若干文言を変えれば，ほとんど同じ図を作成することができる。なぜなら，「国語科教育」「日本語科教育」「障害児の言語教育」「方言教育」などは，それぞれ無関係に存在するのではなく，「ことばの教育」という一点で互いに密接に繋がっているからである。とするなら，「人類文化への視線」としての国語科教育の内容は，日本語科教育の内容とリンクすることも可能になる。というより，それらは必然性を持って重ね合わされ，またずらして取り扱われことで，相互の共通点と相違点とが明らかになるのだ。

3.2.3　メタ言語認識学習

　突然だが，ここで筆者の経験した具体的な例を挙げてみたい。

　筆者は，高等学校に在学中に「漢文」の学習をした。その時には，ひたすら漢詩の暗唱と，返り点のついた書き下し文の読解だった（ような気がする）。大学へ進学して，初めて英文法と漢文の文法を関連させた漢文の講義を受けて，目から鱗が落ちた。それは，古代中国語も，あるいは日本の古典も，現代日本語も，英語も，同じように文を統御する法則（文法）下に置かれているのだという，当たり前の事実の「発見」だった。当然のことだが，どんな言語も文法概念を使えば，それが組み立てられている原理（もちろんそれぞれに違いがある）を説明することができるし，文の内容を理解する手がかりを得られる。

　また，大学へ入るまでは，文学作品を読んでも，漠然とした印象を「感想」として綴るような学習経験しかしてこなかった（ような気がする）。しかし，どの作品も「文体」や「視点」という客観的な観点を持ち込めば，一定の分析ができることを大学の授業で知った時には，これもまた目から鱗が落ちた。

　もちろん，そのようなある意味での「メタ認識」的な学習が可能になるた

めには，その前段階においてある程度幅広い，実体験と結び付いた言語経験を重ねておく必要がある。そうした学習体験を経験しているからこそ，それらを俯瞰したり関連付けたりする「メタ言語認識学習」が成り立つのは，いうまでもないことだ。また「メタ認識」それ自体を学習内容とした場合には，そうした学習自体に学習者が興味関心をもって取り組めるような「発達段階」があることも予想される。すなわち，一般に小学校の低学年の段階では多様な言語活動の経験それ自体が大事なのであって，分析のものさしを駆使するような教育内容を設定することは難しいように思われる。

　しかし，先ほど掲げた［図1］の「多文化共生としての国語教育」の図中に示した各種の言語学習が，それぞれ「ことばの教育」としての共通性を持っていることも明らかである。それぞれの言語学習が隔絶し，相反したものとならないためには，その共通性を確認しておくことが必要になる。というのは，その共通性を学習者自身が確認していく過程それ自体が，「多文化共生の国語教育」あるいは「インクルーシブとしての国語教育」の具体的な実践の核になるからだ。その「共通性という核」を導き出すためは，「メタ言語意識」あるいは，「メタ言語認識」の育成を「国語教育」の基本的な教育内容として設定しておく必要がある。言い換えれば，単に日常的な「言語活動」を繰り返すだけでは，狭義の「国語科教育」さえ成立しない。

3.2.4　現行の「学校文法」の問題点

　現行の「学習指導要領」の「国語編」において規定されている「言葉の特徴や使い方に関する事項」は，かなりの部分が広義の「メタ言語認識」に関わる能力の一部であり，これも広義の「文法」に関わる知識や情報だと考えることができる。したがって，現在行われている国語科教育ではこれまでも，そうした言語能力の育成に力を入れてきたと言えないことはない。だが，これまで，国語教育の実践においては，一般に文法についての学習者の興味は低く，またそれが現実の言語現象の分析にはあまり役に立たないという指摘が繰り返されてきた。とりわけ中学校で学習する口語文法の学習内容は，文語文法を理解するための前提としての意味はあっても，それを使って実際の自分たちの言語生活を解析したり，その知見を自らの言語表現に応用

するような場面には十分に役立たないという意見が多く提出されてきた。もちろん，「言葉の特徴やきまり」の指導を，言語理解や言語表現と結びつけて理解させるような教師側の指導の工夫の不足にその原因があるのかもしれない。

　具体的に，たとえば「外国人児童生徒」に教授する「日本語教育」と「国語教育」の「文法指導」とを比べてみよう。そもそも日本語教育の現場において，日本の国語教科書で学習するいわゆる「学校文法」は，基本的に採用されていない。「学校文法」は，形式的な整合性は持っているものの，国際標準の文法とはいくつかの点で違いがあり，日本語の性質を外国語と比較して合理的に説明する枠組みとしては必ずしも有効ではないからである。（たとえば，用言の活用における語幹の考え方や形容動詞という品詞の扱いなど。）したがって，一般に日本語教育で使われる文法用語やその規則は，日本の「学校文法」とは異なっているし，「文節」「単語」などの概念規定にも差違がある。

　このことは，日本の「国語教育」の中で既成の「学校文法」にしたがって文法学習を行っても，その「メタ言語認識ツール」である文法概念や文法理論を，外国語学習に応用しようとするときには，適切に使えないということになりかねない。また，「学校文法」そのものが，現実の日本語を世界の言語の一つとして言語分析していく際の有効な手立てになるのか，という疑問を生み出す可能性がある。もちろん文法理論は文法学者の数だけあるといわれるように言語を対象化する方法は様々あり，それらはそれぞれの言語観や科学観に支えられている。また，現在「学校文法」が，国語科学習の中で採用され，各種の国語辞書がその分類方法に従っているのも，歴史的な経緯における相応の理由が存在するからだ。しかし，言語教育において「共通性の核」を取り出す手続きの核心となるはずの文法概念や文法用語が「国語教育」と「日本語教育」とで異なっている，という事態は，きわめて大きな問題だろう。

　日本語教育や外国語教育と国語教育の教育内容とを具体的なレベルで比較検討することは，日本の教育課程や教育内容を相対化し，それを見直すきっかけになり得る。とりわけ，PISAなどの影響で，日本の言語教育の内容が

メタ言語認知を重視する方向へと大きく変化している現在，国語教育で取り上げる教育内容そのものも，「多文化共生としての国語教育」という視点から再検討していく必要がある。それは何も日本の教育課程の中の「国語科」という教科目の内容だけに関わることではなく，同じように歴史認識や社会認識に，あるいは科学認識にまで関わる問題であるようにも思われる。

　以上のように，国語教育の内容を新しく構築し直す必要性を自覚させてくれるところに，「外国人児童生徒と学ぶことで拡がる『国語教育』の世界」の二つ目のポイントがある。

3.3　国語教育方法の改革

　これまで効率的な近代教育を支えてきたのは，一斉指導による均質的な授業をめざす教育観であり，またその教育方法だった。国語科教育においては，学級を単位とした学習集団の中で，国語教科書を中心にして展開される読解の授業がその典型的な例である。あるいは，文学教材の授業においては，最終の着地点をただ一つの作品の主題の理解に据えて進行する授業形態が，未だに各地で行われているように思える。

　一方，地域における学校の役割，家庭との連携など，学校の社会的な位置そのものが，大きく揺らいでいる。従来の「学校の風景」が大きく変化しているのである。ある意味で「近代」という社会的な枠組みそれ自体が問われている。

　しかし「近代学校制度」のもとで継続されてきた国語の授業方法は，依然として変化していない。あるいは，表面的な授業方法の転換しか行われていない。あらためて確認するまでもないが，国語教育の現場における授業方法（学習方法）に関して，従来から批判されてきたのは，以下のような諸点だろう。

①国語学習の方法が，一人一人の反応から出発してそれを広げたり深めるような言語活動を展開することよりも，教師主導の一斉授業になりやすい。
　→　その結果，個々人の言語レベルや個別の反応が大事にされにくい。
②言語理解の学習が，言語表現と結びつけて行われるよりも，もっぱら教材

内容を理解させたり，それに感化させたりするような傾向が強い。

　→　その結果，言語内容の指導に偏ったり，読み手の内面を一定方向に導くことに力点が置かれやすい。

③言語表現の学習が，単なる言語活動の反復に終始することが多い。

　→　その結果，言語活動だけは盛んに行われるが，表現活動自体の質が向上しにくく，個々人の学習者にとっても言語認識の深まりや感性の広がりを実感しにくい。

④国語学習が，教室や学校の中だけで完結してしまう傾向が強く，社会生活につながる言語活動へと展開することがほとんどない。

　→　その結果，個々人の言語学習を地域や家庭と繋ぐ接点を形成することが少ない。

　もちろん，ここに述べたような状況を変えようという意欲は，多くの教育関係者に共有されており，それを改革する方向での教育実践は全国各地で進行中である。いうまでもなく改善に成功して，生き生きとした国語学習が成立している例もたくさんある。そのことは十分に承知した上で，ここでは，そうした現状を改革する契機のいくつかを，「外国人児童生徒」の教育方法と照らし合わせて考えてみたい。

　通常，「国語科」の授業は，あらかじめ決められた人数の学級の中で，学年別に定められた検定教科書を前から順番に進めていくことが多い。それに対して，「障害児の言語指導」や「日本語教育」は，基本的に，次のような指導形態を採用していると思われる。

　①一人一人の実態の診断から出発して，個に応じた教材を使って学習指導が行われる。教員は，学習の過程を記録したカルテなどに基いて，さらに次の学習計画を立てる。つまり，カリキュラムは個人別であり，状況に応じて伸び縮みする。また，授業形態としては，母学級から必要に応じて，取り出して指導がなされることが多く，いわゆる能力別のグループ分けも随時行われる。また，主指導者と個別の指導者が協力して協同で学習指導に当たることもある。学習者たちは，学級の成員としての同質性を求められるよりも，異なる主体を持った個として扱われる。

　②教職員は，当該児童生徒の保護者との交流はいうまでもなく，地域住民とのコンタクトが求められる場合もある。学校が，多文化共生をめざす地域改革の核となるという意識を持たないと，「日本語教育」が，生活のレベルへと転化していかない。そのために，地域住民と意識を共有する機会を持ったり，地域のコミュニティとの連絡やそこへの参加なども大事な仕事になる。

　③「障害児の言語指導」や「日本語教育」を進展させるためは，研究者や教育行政関係者との交流が欠かせない。その際には，個別の学習者を取り上げた事例研究が軸になる。研究交流のための事例の記録方法や守秘義務に関しての配慮も欠かせない。そのための担当教職員の研修体制を確保することや，教育行政や他機関との密接な連絡などが必要になるし，何よりも地域社会との連携が基礎になる[5]。

　いうまでもなくこれらの問題は，基本的に狭義の「国語科教育」という枠組みを離れてしまう部分も多い。すなわちそれらは，学校の建築様式や規模，学級編成や教職員の定数，カリキュラムの策定主体とその改善，地域の行政組織と住民との関係の調整などとも深く関係している。したがって，ここで設定した「国語教育方法の改革」という枠組みを大きく超えてしまう可能性がある。

　そこでここでは焦点を絞ろう。ターゲットにするのは，まずは近代の効率主義，大量生産方式によって成立している授業方法である。その時に，「障害児の言語教育」や「日本語教育」の方法やその思想から得られるヒントは少なくない。個人に寄り添うカリキュラム観，学習のひとまとまりを学習者の興味関心に据える単元観，教科書だけに頼らない教材観，どこでもが学ぶ場だという教室観，地域の人々と作りあげる学校観，などなど。

　このように，国語教育方法論を考えるに当たって，それが従来の国語教室の発想から生まれたものに閉じこもっていては見えない部分を，あらためて自覚させてくれるところに「外国人児童生徒と学ぶことで拡がる『国語教育』の世界」の三つ目のポイントがある。

＊

　幼少時から開始される学校教育は，児童・生徒が，社会人として自立して

いく過程を根底から支えている。そこで育まれる言語運用能力は，人間関係を築き，社会認識を育てることと直接に直結する。とするなら，学校教育における「ことばの教育」が最終的にめざすべきは，多文化共生をめざす現実の「生活場」の中で，人間同士の新しい関係を作り出そうとする姿勢を持った言語行動者の育成でなくてはならない。多文化共生をめざす社会を目指した，生きて働く「多文化共生としての国語教育」の実現が求められているゆえんである。

注
1　府川源一郎「提案2「国語教育」は，外国人児童生徒の教育，あるいは「日本語教育」から何を学ぶのか(外国人児童生徒と学ぶことで拡がることばの世界，春期学会 第126回 名古屋大会)」『国語科教育・第76集』全国大学国語教育学会　2014(平成26)年 pp.8–10。

2　具体的な学習指導のレベルで言うなら，「標準語」の強制的な訓練や，漢字の字形や書き順などの過度にわたる統一的な指導，あるいは形式的な作文指導や，文学教材から唯一の「主題」を読みとらせようとするような学習指導がその典型だと考えられる。もちろん，そうした方向に抗うことの中から，優れた教育文化が生み出され，またそれが現在でも教育実践の方向を下支えする大きな力となっていることも忘れてはならない。

3　検定国語教科書の中には，近年以下のような話題を教材として取り上げているものがある。「点字」「アイヌ文学」「沖縄文学」など。

4　三宅晶子「古文は時の方言―江戸時代の子どもが読んだ『浦島太郎』」「横浜国大国語研究」第30号　2012(平成24)年3月　pp.44-56
　　この論考では，「古文」を，聖典として仰ぎ見る古典としてではなく「時の方言」，すなわち時代を超えた「日本語」として受けとめることの必要性が強調されている。首肯できる意見である。

5　横浜市には，ベトナム・中国・カンボジアなどの外国につながる児童数が53％を占める「いちょう小学校」(横浜市泉区)がある。そこでの実践は，以下の書物に詳しい。『多文化共生の学校づくり―横浜市立いちょう小学校の挑戦―』明石書店　2005(平成17)年2月。

第2章

国語教育と「古典」や「古文」の教育

はじめに

　日本の近代国家教育思想の展開の推移を振り返ってみると，あるときは，極端に外へと傾き，またあるときには極端に内へと傾いた，という経緯がある。いうまでもなく，外へと向かう意識は，当然のことながら自分の足元を照らし返す。日本が近代化路線を選択しその道筋を歩んできた過程において，ひたすら外部を称揚していた眼は，反転して日本の思想や文化の固有性を再発見する言説を産み出す。そうした営為が，日本の思想や学術を客観的に見直すまなざしを育て，同時に日本の文化自体を豊かなものにしてきたことは確かだろう。

　近代化の必然として，欧米文化に傾倒する意識が生まれ，その反作用として土着主義や日本浪曼派などの運動が生起した。同様な事情に起因する軋轢は，美術運動の中の洋画と日本画の対立，音楽運動の中の西洋音楽と日本音楽の対立，日本文学や国語学の研究においては，国学や漢学と西洋文学や博言学などとの複雑な対立の中にも，表れている。それらは相互に刺激し合い，また琢磨し合って新しい文化を産出してきた。したがって，外へと向かったり，内へと向かったりするいくつかの潮流が輻輳して存在すること自体は，思想の自由が保障され，また活性化している証拠でもあって，ある意味で望ましい状態であると考えていい。

　そうした対立軸を近年の国語教育の状況に即して考えた場合，きわめて図式的ではあるが，下図のような整理になるのではないか。比喩的に述べるなら，外側へと開いていこうとする思想の基底にあるのが従来の概念とは異なる括弧付きの「読解力」であり，内側へと収斂しようとする思想を支えるものが文化審議会が提唱した「国語力」である。近年の教育施策や教育課程を

規定する「学習指導要領」なども，こうした二つの流れをない交ぜにして構
成されている。

	ことばの力	根拠	向かう方向	言語学習方法	教材	発展活動
内側へ	「国語力」	文化審議会	伝統的教養重視	音読・暗誦・視写	名文古典・漢文	読書の重視
外側へ	「読解力」	PISA	実用的社会参加	黙読・速読・早書	新聞記事図表	

　しかし，現在の日本の国語科の教育課程は，それら二つの方向の孕む矛盾
と葛藤とを過重なまでに抱え込んでしまったようにも思われる。このように
大きくねじれた関係を内包し，きしみをあげている「学習指導要領」は，お
そらくこれまでに存在しなかったのではないか。そこでは「伝統的な言語
文化」という用語が新しく登場してきた。それをどのように考えたらいいの
か。またその教育を推進するにしても，一国家の優位性や純粋性を誇示する
ためではなく，一人ひとりの学習者の興味関心を広げていく契機となるため
の指導の展開と促すものとして受けとめる必要がある。
　以下の論述は，そうした方向を模索するために書かれた。

1.「謎？」の文章の解読

1.1 Inuga nicuuo fucunda coto.
次の文章を読んでみよう[1]。

Inuga nicuuo fucunda coto.

　Aru inu xiximurauo fucunde cauauo vataruni, fono cauano
mannacade fucunda xiximurano caguega mizzuno foconi vtçuttauo
mireba, vonorega fucunda yorimo, ychibai vôqinareba, caguetoua
xiraide, fucundauo futete mizzuno focoye caxirauo irete mireba,
fontaiga naini yotte, funauachi qiyevxete dochiuomo torifazzuite

xittçuiuo xita.

Xitagocoro.

Tonyocuni ficare, fugiôna cotoni tanomiuo caqete vaga teni motta monouo torifazzuſunatoyûcoto gia.

アルファベットで記されていることは，すぐ気がつく。どうやら，英語ではなさそうだ。

では，最初の「Inuga nicuuo fucunda coto.」に挑戦しよう。

全体が四つのかたまり（単語かな？）から構成されている。四つ目の「coto.」には，ピリオドが付いているから，おそらくこの四語で，ひとまとまりの「文」なのだろう。文は，ある判断を示す単位だから，この四語でまとまった判断（言明）を提示していると考えられる。

最初の文字のかたまりは「Inuga」だ。とりあえずローマ字読みをすると「イヌガ」。もしかすると「犬が」という意味かもしれない。とすると，これはローマ字で書かれている日本語の文章かな？それなら読み進めるのも，そう難しくないぞ。それにしても「Inu　ga」と単語別の分かち書きになっていれば，もっと良く分かるのに。

次は，「nicuuo」だ。「cu」が分からないが，仮に「ク」と読んでおく。すると「ニクウオ」あるいは「ニクーオ」ということになる。「犬が肉魚」かな。しかし「肉魚」とはどんなものなのか，意味不明。もしかしたら「uo」は「wo＝を」かも。だとすれば，「肉を」で，「犬が肉を」だ。犬が肉をどうしたんだろう。それにしても，へんてこなローマ字表記のルールだ。少なくとも私たちが知っているローマ字規則とはかなり異なる。

先に進もう。「fucunda」は，「フクンダ」かな。日本語の動詞だとすれば，「吹くんだ」「拭くんだ」「含んだ」などが候補に挙がる。前二者の「吹くんだ」「拭くんだ」を分解すれば「ふく＋ん（の）＋だ」となる。つまり，動詞＋格助詞＋助動詞の組み合わせで，両方とも語り手が伝聞や断定などの判断をしていることになる。でも「犬が肉を吹いた」，あるいは「犬が肉を拭いた」とは，どういうことだろう。よく焼けて熱すぎる肉を冷ますために犬がフーフー吹いたのか。あるいは，ゴミの付いた肉を布巾などで犬が

ゴシゴシ拭いているのか。どれも漫画みたいな光景だ。

　三つ目の候補に挙げた「含んだ」なら，「ふくむ＋だ（動詞＋助動詞）」で，「肉を含む」ということになる。これならなんとなく意味が通る。たとえば，歯医者に行って歯を抜かれた後に，口の中に綿を入れたままにしておくことを「脱脂綿を含む」と表現する。また，うがいをする際に，「水を含む」ということもある。しかし，「肉を含む」は，ほとんど耳にしないなあ…。

　ここで最新版の『広辞苑』を引いてみた。すると「ふくむ」には，いくつかの語義が掲載されており，「口の中に物を入れ飲み込んだり嚙んだりしないままでおく」という意味が掲載されている。漢字で「銜む」とも表記するようで，用例には『平家物語』から引かれた「太刀の鋒を口に含み」があげられている。「ふくむ」という動詞は，古い日本の文章に登場しているんだ！この謎の文を解読するには，現代日本語の範囲で理解しようとするだけではなく，もう少し幅を広げて考えるべきなのかもしれない[2]。

1.2　ちょっと寄り道

　なお，少し寄り道になるが，『広辞苑』に用例が採られている『平家物語』の該当箇所は，粟津の戦で木曾義仲がついに討たれてしまう名場面である。義仲が討たれたことを知った乳兄弟今井四郎は，「今は誰をかばはんとて，軍をばすべき。これ見給へ，東国の殿ばら。日本一の剛の者の，自害する手本よ」とて，太刀の鋒を口に含み，馬よりさかさまに飛び落ち，貫かつてぞ失せにける。」（今となっては，かばう人もいないから戦う意味もなくなった。東国の侍ども，日本一の強者の自害を見ろ。と言って，太刀の先端を口に「含み」，馬から逆さまに落ちて太刀に貫かれて死んでしまった。）今井四郎は刀を口にくわえておいて，馬の上から地面をめがけて真っ逆さまに落ちたのである。壮絶な自死のありさまが目に浮かぶ。「銜む」が，「クツワ（轡）」の意味でもあることを考え合わせると，中世日本における「含む」は，物を口で咥えるという意味を持っていたことも分かる。

　最後に残った「coto.」は，おそらく「こと＝事。」だろう。後に続く長い文章の冒頭に比較的短い文が置かれており，それが「〜こと。」という語尾で結ばれている。したがって，この「Inuga nicuuo fucunda coto.」は，

後に続く文章の内容を表示した「題名」のような役割をしているのではないか。つまり，この文の後に続く文章には，ひとまとまりのストーリーが書かれていることが予想される。

　ということで，とりあえずこの文は，「犬が肉を含んだこと。」つまり，犬が肉を口に咥えたこと，という意味だと判断しておく。

　…以下，解読作業はまだ続いていくはずだが，紙数の都合上ここまでにしておこう。

2. 謎の文章の正体

2.1 「欲張り犬」の話

　もちろん，すべての読者が如上のような検討過程をたどるとは限らない。説明の便宜上，ここでは最初から一語一語検討していくスタイルで解読していく様子を紹介したが，実際には多くの読者は分からないところを飛ばして，先へ先へと読んでいったのではないか。そのように飛ばし読みをしていく過程で，あれ，この話はどこかで聞いた話だぞと気がついた瞬間，つまり全体像がおぼろげながら類推できた瞬間に，細部の意味も氷解する，といった体験をした可能性がある[3]。

　持って回った言い方をしているが，すでに多くの読者にはこの話が何なのかが，お分かりだろう。そこで以下には，この変なローマ字を漢字仮名交じり文に「翻字」した例の一つを紹介する。

　　　犬が肉（にく）を含んだ事。
　　ある犬肉（ししむら）を含んで川を渡るに，その川の真中（まん）で，含んだ肉の影（ししむら）が水の底に映ったを見れば，己が含んだよりも，一倍大きなれば，影とは知らいで，含んだを捨てて水の底へ頭（かしら）を入れてみれば，本体がないによって，すなはち消え失せて，どちをも取り外いて失墜（しっつる）した。
　　　下心
　　貪欲（とんよく）に引かれ，不定（ふぢやう）なことに頼みを掛けて，わが手に持ったものを取り外すなといふことぢゃ[4]。

　あの謎の文章は，よく知られた『イソップ寓話』の「欲張り犬」の話だったのだ。こうして漢字仮名交じりの表記に直して（翻字）みれば，これが日本の古い文章（文語文）であることも確認できる。

　ローマ字表記の原文は，1593（文禄2）年，イエズス会が天草で活字印刷した『イソポのハブラス』（*ESOPONO FABLAS*）に掲載されていたものである。（大塚光信・来田隆編　『エソポのハブラス　本文と総索引』清文堂出版，による）この本のローマ字表記法は，私たちがよく知っている訓令式，あるいはヘボン式とは異なり，ポルトガル式ローマ字表記法を採用している。その理由は，この本の第一義的な読者がイエズス会宣教師たちだったからだ。

　宣教師が日本にキリスト教を広めるためには，日本の話しことばを使って布教をする必要がある。そこでイエズス会宣教師たちは，日本語の話しことばを身につけるために，日本語学習を目的とする数種類の教科書を作製した。*ESOPONO FABLAS*は，そうした仕事の一部なのである。つまりこのポルトガル式ローマ字表記で書かれた文章の読者対象は，日本語話者ではなかったのだ。

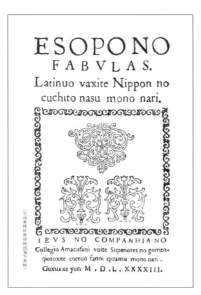

ESOPONO FABLAS 表紙

　もっとも内容的に見れば，*ESOPONO FABLAS* がラテン語で書かれた『イソップ寓話』の翻訳であることは間違いない。周知のように『イソップ寓話』は，古代ギリシアで成立し，様々な言語に移し換えられて世界中で読み継がれてきた。『イソップ寓話』は人類の共通言語文化財であり，つまりは「古典」である。「古典」とは，「昔，書かれた書物。昔，書かれ，今も読み継がれる書物。（広辞苑）」とされる。したがって，それがもともとどんな言語で記述されていたのかは問題にならない。むしろ「古典」と称される作品は，多種類の言語に翻訳され多数の人々に享受されているのが通常である。つまり，「古典」とは表現形式の差違よりも，その内容を問題にする概念なのだ。

　「古典」であるこの *ESOPONO FABLAS* は，表記形式こそポルトガル式ローマ字表記法によって記述されているものの，文章文体はポルトガル語ではない。この文章はれっきとした近世初頭の日本語であり，それもかなり口語的雰囲気を残している。先に「翻字」した例として示した文章は，現代になってから，研究者が当時の日本語表記などを勘案してポルトガル式ローマ字から日本文字に「翻字」したものである。つまり，もともとの *ESOPONO FABLAS* のテキストに，このような漢字仮名交じり表記の文章が併記されていたわけではない。

2.2　国字で書かれたイソップ寓話

　一方，このローマ字表記の *ESOPONO FABLAS* とは別に，すべてが日本文字で表記された国字本の『伊曾保物語』という書物も存在している。これは，漢字仮名交じりの和文の文章によって印刻されて，多くの人々に読まれてきた。では，どうして日本文字（国字）によるイソップ寓話が存在しているのか。

　現在までの研究を概略すると，次のように考えられている。

　イエズス会の宣教師たちは，独力で日本語の *ESOPONO FABLAS* を作製することはできなかった。彼等は，日本語話者と協力しながら，ローマ字表記の文章を練り上げたと推測される。そこでまず最初に，原型ともいえる日本語翻訳版の『伊曾保物語』（未発見）が協働作業によって作られた。そこから *ESOPONO FABLAS*（日本語を母語としない宣教師たちの学習用）

と，国字本『伊曾保物語』（日本語を母語とする人々の読書用）との二種類が分岐した，というのが大きな流れである。

　後者の漢字仮名交じりの国字本は，慶元版『伊曾保物語』と呼ばれて普及する。詳細は省くが，この後，慶元版の国字本をはじめ，イソップ寓話を材料にして和文で綴られた様々な刊本が産み出され，流通していく。その結果，江戸期を通じて漢字仮名交じりの和文によるイソップの物語は，多くの日本の読者たちに親しまれることになった。

　次には，そうした国字本『伊曾保物語』のうち，1615（元和元）年に刊行された「元和古活字版『伊曾保物語』」の本文を引いておこう。

　　　　犬と肉の事
　　ある犬，肉をくはへて河を渡る。まん中ほどにてその影水に映りて大きに見えければ，「わがくはゆる所の肉より大きなる」と心得て，これを捨ててかれを取らんとす。かるがゆへに，二つながら是を失ふ。
　　そのごとく，重欲心の輩は，他の財をうらやみ，事にふれて貪る程に，たちまち天罰をかうむる。わが持つ所の財をも失ふ事ありけり。

　ESOPONO FABLAS の日本語文と比べると，口語的な文末が消えて物語的な表現が増加している。『伊曾保物語』の製作者が日本人読者を対象とした「読みもの」という意識を持って文章を整えたからであろう。

　ここに紹介した国字本『伊曾保物語』の文章は，日本古典文学を集成した代表的なシリーズである「日本古典文学大系」（岩波書店・全100巻）にも収録されている。（『伊曾保物語』は1965《昭和40》年刊）つまり，国字本の『伊曾保物語』は，「日本」の「古典文学」として定位されており，それは一般にも広く認知されているのである。

3.「古文」と「現代文」

3.1 「古文」は理解が難しい

　国字本『伊曾保物語』に記されていた文語文は，それが刊行された当時は

「現代文」だった。が，今日の私たちから見れば明らかに「古文」である。いうまでもなく「古文」とは，古い文章を意味する。したがって語義的には，単に古い文章を表すに過ぎない。しかし私たちは，あえて現代の文章と区別して，日本の古い文章を「古文」と称している。というのもそれを一読しても，現代文のように意味内容を理解することが困難だからである。「古文」とは，現代文とは異なり，わざわざ註釈をつけたり補足情報を追加したりしなければ，何が書いてあるのかが読み取れない（読み取りにくい）文章のことなのだ。つまり，現代文と対比される「古文」という概念は，単に歴史的な時間として「古い」文章であるというだけではなく，それが現在一般に使用されていないために理解が難しい，ということをも含意しているのである。

　もっとも『伊曾保物語』の文章は，江戸期の庶民向けに書かれていたという事情もあって，現代人の私たちにも比較的分かりやすく，おおよその内容理解は可能である。しかし語彙の意味は時代とともに変わっていくし，文体も変化していくから，私たちのような後世の読者にとって，それを文章の書かれた当時と同じように理解することは容易ではない。

1695（万治2）年『伊曾保物語』整版本

　では，私たちがいつ頃から，「古文」つまり日本の文語文体を「古文」として意識し，その文章に距離を感じるようになったのだろうか。いうまでもなくそれは，いわゆる「言文一致体」が日常的に使用されるようになって以降のことである。具体的には，明治後期が大きな転回点になる。

3.2　日本の書きことば略史

　ここでわが国の書きことばの歴史を簡単に振り返っておく。

　周知のように，中国渡来の漢字漢文は，長い期間にわたって日本の公式の書きことばとして正式な文書に使用され，それを主たる伝達手段として国内統治も行われてきた。また一方，異国の文字である漢字から平仮名や片仮名などの仮名文字が派生し，それらを混用した漢字仮名交じりの和文文体が生み出された。江戸期に入ると漢文体で印刻された仏典や経書などに加えて，漢字仮名交じりの和漢混交文体による様々な種類の実用書や娯楽書などが，木板刷りの版本として刊行された。江戸期の末になると，それらは庶民たちにも比較的容易に入手できる出版状況が到来した。国字本『伊曾保物語』も，そうした書物のうちの一つである。

　江戸期の日本のリテラシーの様相は，おおざっぱに言って大きく二分されていた。すなわち，支配層・武士層においては，漢文を楷書体で読み書きできることが必須の素養だった。公文書がそうした文章書体によって書かれていたからである。楷書で書かれた漢字は「本字」とも呼ばれ，それを身につけるためには多くの時間と努力とを必要とした。一方，庶民のうちとりわけ商人たちは，漢字仮名交じりの和文を草書体あるいは行書体で読み書きすることが可能だった。実用的な仕事をこなすためである。その中で日常的に使用された書体は，いわゆる「くずし字」であり「仮名」の頻出する文章だった。このように江戸期のことばの使用状況はおおむね身分制度に対応しており，支配層・被支配層を超えて両者が共通に使用できるような統一的な書きことばは，十分に普及していなかったのである。もちろんそれは話しことばでも同様であり，当然のことながら話しことばの方が地域や身分による差違は甚だしかった。

　ところが明治期に入ると，近代統一国家を支えるための均質的な国民的リ

テラシーが要求されるようになる。江戸期までのような言語使用の分断状況は，なんらかの形で統合・整理されることが望ましい。また国民として身につけるべき近代科学に依拠した知識や概念，あるいは合理的な思考方法なども，学校教育を通して新しい言語表現形式によって効果的・効率的に伝達される必要があった。こうした事情を背景に，明治期には「普通文」と呼ばれる書きことば文体が出現する。普通文は文語体の一種で，漢文訓読の語法を基礎にしており，漢字仮名交り表記によって記述された。この文体は，近代的な雑誌や新聞，書物などの印刷物に使われて一般にも広く普及した。

　周知のように明治期は，文明開化のかけ声のもとに，西欧から新しい文物や制度が持ち込まれ，人々はその対応に忙しかった。だが，日々の暮らしの中における庶民たちの思考や感性は，ほとんど江戸時代からの地続きだったといっていい。社会生活を結ぶ文章としては，前述のように文語体の「普通文」が流通したが，江戸期以来の旧い文語文もまだ「古文」として扱われることはなく，現役として活躍していた。というより文語体の「普通文」と「古文」との差異はそれほど大きくなかったのである。その証拠に庶民用の娯楽的読みものなどは，江戸期の手描きの版本の文章がそのまま印刷活字に移されて出版されていた。つまり多くの人々にとって江戸期の文章は，抵抗なく読んで理解することができたのである。商業用の文書も個人の挨拶の手紙も，毛筆で和紙に書くことが通常であり，近代学校教育においても文語文は中心的な教授用文体であった。言語教育の目的が文語文に習熟させるところにあるのは変わらなかったのである。

　もっとも，明治後期になると，より平易で話しことばに近い言文一致文体（口語体＝現行文体）が登場し，多様だった仮名遣いや字体も徐々に統一的に整理されていく。その一方で日本の古い物語類や説話，あるいは詩歌は，あらためて「日本古典文学」として位置づけられ，それらの文章には「言文一致文」による註釈が付されて刊行されるようになった。ここにいたって「文語文」は，正式に「古文」の仲間入りをするようになったのである。

　といってこの時点で，「文語文」がすべて日常生活から消え去ってしまったわけではない。文語的な言い回しは口語の中でも頻繁に使われていたし，成人なら当然のように文語で書かれた文書を読んで理解することが要求され

た。その最大の存在は，「法律」の文書だろう。法律の文書は，様々な社会的な約束事が厳密に記述された公的な文書である。法律の文章の頂点には「大日本帝国憲法」が置かれ，その下位法である「刑法」「民法」も，同じく文語文で記されていた。また，裁判所の判決文も文語文だった。正式な文章は，文語文で書かれなければならないという心性や習慣は，そう簡単に消滅することはなかったのである。

4. 小学校教科書における「文語文」の位置

4.1 口語文体の登場

　では，近代学校教育における小学校の国語教科書には，どのような文章文体が登載されてきたのだろうか。

　ここではまず，1883（明治16）年に金港堂から刊行された『小学読本初等科』（原亮策編集）を見てみよう。この読本は当時の代表的な小学校国語教科書で，平易な文章と簡潔で順序性のある編成で好評を博したものである。その，第四巻第36課に，「欲張り犬」の話が出ている。「第四巻」の教科書は，現在の学年でいえば，小学校二年生の後半に使用される。

　　　　欲ふかしければ物を失ふ
　　犬あり。口に食物をふくみて。橋をすぎしに。橋の下にも。また犬ありて。食物をふくみたり。おのが影の。水にうつれることをしらず。その食をすて。走りてこれを奪はんとして。つひに水におぼれたり。ふたゝび。さきの食物をとらんとせしにはや水中にありて。流れ去りぬ。
　　ものを貪らんとして。かへりてものを失なへり。

　それほど難しい語彙は使われていないが，文体はほとんど江戸期と同様の文語文である。この時期の小学校国語教科書は，全巻すべての教材文が文語文で書かれていた。子どもたちは，このような文章を学習していたのである。1872（明治5）年に「学制」が公布されて近代学校教育が開始されて以来，国語教科書に採用されていた文章文体は，基本的にこの「欲張り犬」

1904年『尋常小学読本』イソップ寓話

のような文語文体だった。

　ところが，明治20年代に入ると，口語文の一種である「談話体」の文章が小学校低学年用の教科書に登場する。これを皮切りに，教科書の中の口語文は徐々に増大していく。1904（明治37）年に教科書が国定制度となってから初めての国語読本である『尋常小学読本』では，約七割以上の教材が口語文で記述されていた。

　図版で紹介した教材は，国定『尋常小学読本』の巻五の教材文であるが，内容はイソップ寓話である。図版の文章を見れば分かるように，きわめて平易な文体で書かれている。仮に，この文章の歴史的仮名遣いを現代表記に書き直し，旧字体を新字体に書き換えれば，ほとんど現在使われている標準文体になるといってもいいほどだ。取り上げられた話材は異なるものの，先に引用した『小学読本初等科』の「欲ふかしければ物を失ふ（欲張り犬）」の文語文と比べてみれば，わずか20年ほどの間にこれほど平易な「言文一致文＝口語文」が教科書教材の主流になったことに，大きな驚きすら覚えるのではないだろうか。

　もっとも，戦前の国定小学読本の中から「文語文」が完全に姿を消すことはなかった。戦前期の尋常小学校用の国定小学読本では常時，二割以上の教

材が文語体であり，主に高学年用の歴史教材や軍事教材などに使用されていた。また，韻文教材のほとんどは文語調で書かれていた。

4.2　戦後直後から最近まで

　そうした事態が一変したのは，1948（昭和 23）年から使用された第六期国定教科書『こくご』からである。これは戦後になって文部省が出版した国語教科書であり，国定としては最後の刊行となった教科書である。この教科書は，民主主義精神を前面に打ち出しており，韻文以外はすべて口語文だった。また，ひらがな先習，口語詩の登場，長文教材の掲載，などの特徴を持つ。続けて，現在にも続く教科書検定制度のもとで，民間会社による教科書編集がなされるようになるが，そこでも国語教科書の教材文の平易化という方向に変化はなかった。これ以来，子どもたちは小学校の国語教科書の中で「文語文」に接する機会はほとんどなくなったのである。

　戦後の小学校の教育内容を規定するのは，『小学校学習指導要領』である。昭和 40 年代までは，『小学校学習指導要領』の「国語」に関する部分を見ても「文語文」に関する記述はない。ということは，小学校教育においては言文一致文を全面的に使用することが前提になっていたと考えていい。実際，検定教科書には文語文体は登場していない。1977（昭和 52）年になって，小学校五年生と六年生の「学習指導要領」の「言語事項」に，「易しい文語調の文章を読んで，文語の調子に親しむこと。」と，「文語の調子に親しむ」という文言が登場し，続けて出された 1989（平成元）年，1998（平成 10）年の「学習指導要領」にも同様の記載がなされた。これに対応して，当時の小学校検定国語教科書の五・六年生用には，韻文やことわざなどの文語調の教材文が掲載されているが，申し訳程度の分量に過ぎない。「文語文」に大きな位置づけをしないという点で，戦後の小学校国語教育の方針は一貫していたのである。

　ところが 2000 年以降，状況は変わる。

　まず，2006（平成 18）年 2 月に改正された「教育基本法」に「伝統と文化を尊重し，それらをはぐくんできた我が国と郷土を愛する」という文言が新たに盛り込まれた。その前後には，世間一般でも伝統的・復古的な言語文

化に注目が集まり，古文や漢文を「音読や朗読，諳誦」することや，そのための材料として古典のアンソロジーなどの出版が盛んに行われるようになっていた。いわゆる「日本語ブーム」である。学校教育でも，平易な現代文を対象にして黙読を中心に内容を効率的にとらえる学習だけではなく，音読や朗読を積極的に取り入れて古文や漢文の表現を身体ごと味わうような指導が展開されるようになっていく。

　さらに，2008（平成 20）年の「小学校学習指導要領」には，国語の教育内容に「話す・聞く」「書く」「読む」と並んで，新しく「伝統的な言語文化」という項目が追加された。小学校の「学習指導要領」には，一・二年で「昔話や神話・伝承などの本や文章の読み聞かせを聞いたり，発表し合ったりする」，三・四年で「易しい文語調の短歌や俳句について，情景を思い浮かべたり，リズムを感じ取りながら音読や暗唱をしたりすること。長い間使われてきたことわざや慣用句，故事成語などの意味を知り，使うこと」，五・六年で「親しみやすい古文や漢文，近代以降の文語調の文章について，内容の大体を知り，音読すること。古典について解説した文章を読み，昔の人のものの見方や感じ方を知ること。」という指導事項が書き込まれている。最新の 2017（平成 29）年告示の「小学校学習指導要領」でも，各学年の指導事項には同様の記述が継続して登載されている。先述したように，戦後の小学校の国語教育の教材では，口語文を使用するということでほぼ一貫していた。とするなら，ここには明らかに大きな転換が見られると考えられる。

　当然のことながら「学習指導要領」に準拠する小学校検定教科書の内容も変化した。国語科の教科書には，古文や古典に関する材料が増加する。とりわけ注目すべきことは，「学習指導要領」に「文語文」だけではなく「漢文」に関する言及がなされたことである。それに対応して小学校でも「漢文・漢詩」が検定教科書に教材化された。そこでは，文章に書かれている「内容」を想像したり文意を深く考えるような学習ではなく，言語形式である文の調子に親しんだり音の響きを感じたりすることに焦点を当てた教材化が多い[5]。

5. 国語教育における「古文」と「古典」の教育

5.1 口語文の定着と「伝統」

なぜ近年になって「古典」や「古文」に光が当てられるようになり，国語教育の中であらためて教材化されるようになったのか。いくつかの点からそれを検討してみよう。

まず世間一般の言語状況である。戦前は「文語文」が，ある程度日常生活の中で息づいていた。先ほど述べたように明治憲法下での裁判所の判決文は文語体で書かれていた。それも，句読点なし，濁点なしのカタカナ表記の文章である。つまり公式の場面では，文語文を理解するだけではなく，それを書く能力も必要とされていた職種があった。そのためには文語文法の知識が必要になる。文語文法は，誤りなく文語文を記述するための典範でもあったからだ。さらには日本語訳された『仏典』や『聖書』も，基本的には文語文で書かれていた。また，歌舞伎や文楽浄瑠璃などの芸能の受容においても，観客たちはそこで使われている文語文の詞章を，耳から聞いて十分に理解することが可能だった。

ところが今日，「文語文」は身の回りからほとんど消えてしまった。日本国憲法は口語体で記述されているし，判決文も同様である。「伝統芸能」の鑑賞に際しては，音声や字幕によるガイドが必須のアイテムだ。一般の目に触れる書きことばも口語文体だけになった。ということは，文語文や漢文は文字通り日常言語生活から消滅して，完全に「古文」になってしまったのである。おそらく小学校の子どもたちの大部分にとって，初めて古文や漢文に出会う場は，国語の教科書だろう。

明治以来，国語教育に課せられた大きな課題は，日本の国内における統一的で平易な話しことばと書きことばの普及だった。したがって現状のような事態は，ある意味で理想的な言語状況に到達したのだといえるかもしれない。あらためていうまでもないことだが，一部の識者だけが司法や行政の公式言語として認められた難解な文章を駆使できるという状況が望ましくないことは，火を見るよりも明らかだ。実際，現代の口語体の文章は，民主的な社会を維持するためのインフラとしてきわめて有効に機能している。平易な

書きことば文体が多くの人々に共有されることで，それぞれの「自己表明行為」は，従来よりも容易になった。

　しかし別の側面から見れば，現代では使用言語が口語体に「単線化」してしまったという言い方もできる。こうした状況に対して，伝統の継承という観点から漢文や文語文の学習意義を強く主張する論者もいる。漢文や文語文によって構築された従来の文化の厚みを感受できなくなる危険性を憂えてのことである。古典の中には「日本人の精神の伝統」が込められており，それは古文や漢文を原文で読んだり書いたりすることでしか体得できない，という原理主義的な主張さえある。

　だが，確然として動かないように見える「伝統」も，現在の世の中とダイナミックに拮抗し合い日々変化しているのだ。まして言葉は生きものである。活性化した社会においては，言語文化自体も様々な「外来」文化を吸収して日々変貌し続けている。とするなら，私たちは「古典」や「古文」が「伝統的な言語文化」であるというだけの理由で，それを享受したり受け継いだりしなければならないと考える必要はない。むしろ，「現在」の言語生活を豊かにするためにこそ，「漢文」や「文語文」が示唆を与えてくれると考えるべきだろう。それは異邦の言語や文化が私たちにもたらす恩恵や刺激と同質である。

　実際，漢文訓読体や文語文には，口語文体とは異なる別の魅力がある。漢文調の文体や語彙の簡潔さや重厚さ，あるいは和語和文の柔らかさや連綿と続く息の長い文章の効果なども，現代口語文体にはない面白さである。また，そうした文章文体があるからこそ，口語文の魅力も反照されて輝くのだ。

　一方，現代口語文体も刻一刻と変化し続けている。各地の方言や社会集団ごとに異なる語彙や文体，あるいは流行語や略語，外来語の意味や音韻の摂取とその廃嫡，それらも現在進行形で変容し続けている。さらには，小学校から外国語（英語）学習を取り入れて日本人のバイリンガル化をめざそうという昨今の教育政策も，なにがしかの形で従来の日本語や日本文化に影響を与えることになるだろう。そこで起きつつある言語文化の変容も，やがてはある種の「伝統」と呼ばれるものになっていく。

5.2　言語文化の多様性

　きわめて一般的な物言いにはなるが，言語文化が複層性や柔軟性を持っていれば，豊かで多彩な理解活動や表現活動が可能になる。ここまで一言で「古文」，あるいは「文語文」と称してきた文章自体のことを考えても，それが一枚岩で固定された実体物であったわけではない。今日では「古文」というひとくくりの枠組みの中に押し込めてはいるが，そこには実に様々な文章文体がひしめき合っていた。年代や地域によって語彙や音韻，アクセントやリズムに差異があったし，その表記にいたっては各種様々な方法が存在したことを，ここであらためて思い起こす必要がある。私たちは「古文」と聞くと，直ちに漢字仮名交じりの和文文体を思いうかべやすい。しかし実際には，時代やその使用階層によって相当異なった様相を呈していたのである。

　さらにはまた，先ほど *ESOPONO FABLAS* で確認したように「古文」は，ローマ字でも表記されていた。また，文字を持たなかった古代日本では，漢字でやまとことばを表記した万葉仮名の例もある。日本の韻文の音数律は七五調を基本とすると言われることが多いが，沖縄の琉歌は八，八，八，六の形式が多い。このように日本の「古文」も様々な様態を持っていたことを私たちは知るべきであり，そうした弾力性のある認識方法を身につけることこそが，グローバル化していく現代社会の諸問題を考える際の基礎的能力となるのである。

　ところが，近年の「伝統」を振り返る動きの中には，復古主義あるいは国家主義に立脚するものも垣間見える。高度経済成長期以降，私たちの生活様式・文化様式はすっかり西欧風になってしまい，建築や服装ばかりでなく，体型までもが戦前までとは変わってしまった。そこでは，失われたもの失われつつあるものに対して，人々の中に懐古的な感情が生まれる。消えゆくもの消え果ててしまったものに対する哀惜の情がふつふつと湧き上がり，古いものの価値を再確認したくなる。文化財の保存や修復が話題になり，その果てには父権の確立や古い道徳の復活も叫ばれるようになった。そうした気運の中で復古主義あるいは国家主義的で硬直した「幻想としての伝統」を賛美する風潮が巻き起こる。教育界における「伝統的な言語文化」の提唱の背景にも，それと同様の思想が伏在していないわけではない。

　この点で，国語教育における「古典」教材の選択に当たっては，十分な配慮が必要になる。たとえば，戦前の教科書古典教材の花形は「太平記」であり，江戸期の国学者たちの随筆であった。いうまでもなく戦前は尚武や尊皇の精神が声高に叫ばれ，それが教科書などを通して喧伝されたからである。その結果，楠正成や児島高徳を扱った教材が頻出し，彼らの勇名や事跡は子どもたちの脳裏に焼き付けられた。それとは逆に，今日，古典文学と聞くと誰しもがすぐに連想する「源氏物語」は，義務教育の教材としての価値はきわめて低かった。実際，小学校用の国定教科書（「サクラ読本」）にその一部が教材化されたときには強い反対論も起こったほどだ[6]。

5.3　これからの古典教材

　日本の古典として何を認定するのかは，その時代の人々の認識を反映する。多様な日本の古典文学の中から何を教材として選択するのかは，今日的な私たちの世界認識の投影でもある。日本の古典の教材として，アイヌの「ユーカラ」は視野に入っているのか，あるいは「おもろそうし」や琉歌，さらには江戸期の戯作や地方在住の文人たちの文章などが教材化される余地はあるのか。また，本稿の最初に検討した *ESOPONO FABLAS* も，どのような形で教材として取り上げることが可能なのか。戦前に教科書教材として使われた「太平記」や江戸期の国学者の随筆も，今日の日本文学や歴史学の成果を踏まえて，別の角度から新しい視点の教材化をすることはできないか。加えて戦前，台湾や朝鮮半島などで，日本語教育を受けた人々が多くの「日本語文学」を発表している。その中には，文語文を使用した短歌なども数多い。それらを日本の「古典」文学として位置づけ直して，国語教育の内容を豊かなものにできないか。

　文字の文化ばかりではない。日本の伝統文化の中には，多くの音や身体の文化がある。早い時期に渡来した雅楽や舞楽，仏教音楽としての声明，中世文化の集大成ともいえる狂言や能楽，義太夫をはじめとする各種の浄瑠璃やそれを視覚化した人形芝居，歌舞伎や近代演劇，あるいはそれらが各地域に伝播して独特の変容を遂げた「民俗芸能」と呼ばれる様々な事例がある。それらは必ずしも旧来のまま細々と伝承されているだけではない。各地の芸能

は相互に影響し合いながら，今日の空気を取り入れ，若者たちを巻き込んで更新され続けている。地域の芸能や神事の持つ力は，大きな災害があった後などに大きな役割を果たすことが，今日，あらためて確認されている。地域の人々を結び付け，身体ぐるみの自己表現の場でもある「音や身体の文化」の数々は，現代の私たちにことばと身体の意味を考えさせる優れた「教材」となり得る。

　国語教育の役割はどこにあるのか。それは，以上のような多様な日本語による言語文化をどのように若い世代の人々に手渡し，また新しい言語文化の発展と創造にどのように寄与できるかを，教師と学習者とが教育実践の場で共有し合っていくところにある。そうした観点から東アジア文化の交響としての日本の「古典」を読み直し，「伝統芸能」についても考え合うような言語活動を，多様な角度から組織していかなければならない[7]。

注
1　大塚光信・来田隆編　『エソポのハブラス　本文と総索引』清文堂出版　1999(平成11)年2月　79〜80頁。また，福島邦道解説『天草版　イソポ物語　大英図書館本影印』勉誠出版　1976(昭和51)年3月，は，表題にもあるように「影印本」であり，原本全体の雰囲気が良く伝わってくる。
2　『広辞苑』第七版　岩波書店　2018(平成30)年1月。
3　前者のような読解の方法は，一語一語を調べながら読み解いていく方法で，訓詁註釈的な方向に傾きやすい。難解な古文や読み慣れない外国語などに対しては，こうした読み方の方法が使われることが多い。後者のように，とにかくまず全文に目を通してしまおうという読みの方法は，センテンスメソッドと呼ばれる。平易な文章を読むときには，こうした方法が採用されることが多い。
4　ここでは，大塚光信・来田隆編　『エソポのハブラス　本文と総索引』清文堂出版　1999(平成11)年2月　79〜80頁，の「翻字」を紹介した。ほかに，新村出翻字『天草本伊曾保物語』岩波文庫　1939(昭和14)年3月，などがある。
5　公的な機関が作成した教科書(副読本)として著名なものに，東京都世田谷区教育委員会が作成し，区内の全児童に配布している『日本語』がある。世田谷区は教育特区の指定を受けて，義務教育の教育課程の中に教科「日本語」を特設した。教科「日本

「語」のための教科書(副読本)が作成され，小学校から中学校の児童生徒が，それを使った授業を受けている。教科書には，小学校低学年から，漢詩・漢文や日本の古文が登場している。世田谷区は，約10年間にわたる成果を検証して報告書を作成した。
https://www.city.setagaya.lg.jp/mokuji/kodomo/005/005/004/d00020629.html

6　有働裕『「源氏物語」と戦争―戦時下の教育と古典文学』インパクト出版会　2002(平成14)年12月。

7　近年，古典研究者の側からも「古典」や「古文」の教育に書籍が相次いで刊行されている。それぞれ立脚する「古典観」や「教育観」は異なるものの，いずれも「古典教育」をめぐる現代の状況への危機感がその背後にあるように思われる。

梶川信行編『おかしいぞ！　国語教科書　古すぎる万葉集の読み方』笠間書院 2016(平成28)年11月。

松尾葦江編『ともに読む古典　中世文学編』笠間書院　2017(平成29)年3月。

川添房江編『アクティブ・ラーニング時代の古典教育』東京学芸大学出版会　2018 (平成30)年1月。

前田雅之『なぜ古典を勉強するのか　近代を古典で読み解くために』文学通信 2018(平成30)年6月。

勝又基編『古典は本当に必要なのか，否定論者と議論して本気で考えてみた。』文学通信　2019(令和元)年9月。

井浪真吾『古典教育と古典文学教育を架橋する―国語科教員の古文教材化の手順―』 文学通信　2020(令和2)年4月。

長谷川凜，丹野健，内田花，田川美桜，中村海人 など編著『高校に古典は本当に必要なのか―高校生が高校生のために考えたシンポジウムのまとめ』文学通信　2021(令和3)年6月。

三宅晶子編『もう一度読みたい日本の古典文学』勉誠出版　2021(令和3)年7月。

第3章
国語教育における「伝え合い」活動の基盤

　国語教育の大きな目的の一つは，ことばを媒介としてその内容を正確に伝えることである。「学習指導要領」の「国語」の目標に「伝え合う力」という用語が書き込まれたことによって，国語教育界では「伝え合い」という用語が頻繁に使われるようになった。この用語は，1998（平成10）年度版「学習指導要領」に初めて提出され，続く2008（平成20）年度版，2016（平成28）年度版にも引き継がれている。おおむね言語コミュニケーション能力のことを指すと考えていいだろう。

　ここでは，いくつかの観点から，言語コミュニケーションと国語教育との関係を考えてみる。コミュニケーション活動を支える様々な側面を整理することで，国語教育における「伝え合い」活動が，多彩な裾野によって支えられていることを確認していく。

1.　コミュニケーションと教育

1.1　コミュニケーションモデルの設定

　コミュニケーション（communication）とは，社会的な生活を営むもの同士が，互いに意思を疎通することを目指して交流することである。語源はラテン語のcommunisに由来しており「共通の」「一般の」というような意味であるが，それにうまく適合するような日本語がないので，このまま使われることが多い。この用語の指し示す範囲はかなり広く，情報が送り手から受け手へと一方向的に流れる場合には「通報」「通信」「伝達」など，双方向の場合には「会話」「ふれあい」「交際」などが使われる。さらに学問領域によっては，送り手と受け手が人間以外の場合にも用いられ，熱の「伝導」や病気の「感染」などにも使用されるなど，かなり多義的に使われている。

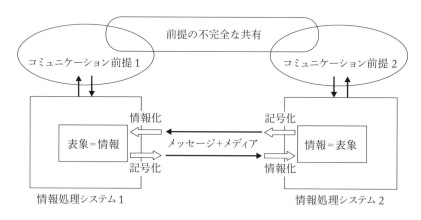

[図1]　コミュニケーションの基本モデル

　人間同士の交流の場合は，様々な感覚器官を通してなされるが，言語記号を媒介としたやりとりがもっとも効率的だと考えられており，社会生活の中でも大きな位置を占めている。国語教育は，ほかならぬこの言語コミュニケーションに係わる能力を高めることが重要な目的であり，現行の「学習指導要領」の「国語」の目標にも「伝え合う力」という用語が書き込まれている。

　コミュニケーションがどのように成り立つのかについては，様々な考え方があり，そのモデルも各種紹介されているが，ここでは池田謙一のものを参照してみる[1]。

　池田によれば，コミュニケーションは「情報処理システムⅠ」と「情報処理システムⅡ」の間に成り立つもので，両者は必ずしも人間である必要はないとされる。コミュニケーションを伝える側は，対象に対する心理的な表象をメッセージとして記号化（エンコード）することで，また，受け手はメッセージを情報化（デコード）して心理的な表象を取得することでコミュニケーションは成立する。また，メッセージはそれ自体に「意味」が宿っているわけではなく，それを読んだり，聞いたりする人々（情報処理システム）が，自らの既有の知識と推論能力を用いて，「情報＝表象」を抽出して初めて意味を持つ。したがって，メッセージの意味はそれを作成した送り手側の

知識やコミュニケーションの前提からは切り離し得ない，とする。

　そうだとすれば，コミュニケーションが成り立つためには相互の「コミュニケーション前提」が不可欠だということになる。「コミュニケーション前提」とは，例えば「意味の体系（セマンティックス）」「統語の体系（シンタックス）」「語用論（プラグマティックス）」「役割・地位・規範・場所などの社会関係コード」「コミュニケーション・パートナーとの間の共有の既有知識」「コミュニケーション目標」などである。シャノン（Shannon & Weaver,1967）などの古典的なコミュニケーション・モデルでは，これらの前提は共有されているものと仮定されてきた。しかし，今日，コミュニケーションの問題を考える際に，全く同じ前提が存在すると考えることは，現実的といえないだろう。これらは，互いに何らかのズレがあり，またそれはコミュニケーション活動の過程でダイナミックに変動していくものだと考える必要がある。

　ここでは，池田の言う「前提の不完全な共有」という概念をコミュニケーション・モデルの内部に留保し続けていくことが，国語教育実践においてきわめて重要な観点であることを指摘しておきたい。教室のコミュニケーションは「教師⇔児童・生徒」との間で，また「児童・生徒⇔児童・生徒」との間で行われる。そこでは一方から一方へと実体としての情報内容が伝達され，それが相互に承認されることで「教授」というプロセスが完結するように思われがちだ。しかし「不完全な共有」を相互交流の中で確認し合い，それを変えていくプロセスをこそ，コミュニケーションの教育的な機能として，大きく取り上げなければならないし，その「不完全な共有」自体が，さらに増幅する場合さえあり得るのである。

　また，教育行為の中で伝達されるメッセージは，「それ自体に『意味』が宿っているわけではなくて，それを読んだり，聞いたりする人々（情報処理システム）が，自らの既有の知識と推論能力を用いて，『情報＝表象』を抽出して初めて意味を持つ」とする池田の発言も重要である。教育という場は，一般に圧倒的な情報量を持つ教師が，未熟な児童・生徒にそれを伝達するという図式になりやすい。また，教室という空間では，学習者にそうした努力を一方的に要請し，学習者の努力によってのみ学習者が「発達」してい

くと考えられがちだ。実際に，そのような気配が濃厚に流れているのが現実の教育の場であることは確かだとしても，「意味＝教育の成果」は，あくまでも一人ひとりの学習者主体の中に，選択的に形成されるのである。

　その意味で，教育実践の場に適用できるコミュニケーション・モデルは，単純で一方的な伝達モデルではなく，双方向的でなおかつ周囲の状況をも織り込んだ柔軟なものでなくてはならない。

1.2　言語コミュニケーションと非言語コミュニケーション

　国語教育実践において意図的に取り上げるコミュニケーション活動は，そのほとんどが「言語コミュニケーション」を成立させるためのものである。しかし，実際の言語生活では，非言語コミュニケーションの果たす役割はかなり大きい。「メーラビアンの公式」によると，コミュニケーション全体の中で言語コミュニケーションの占める位置は，次のように表されるという[2]。

$$A_{Total} = 0.07A_{Content} + 0.38A_{Tone} + 0.55A_{Face}$$

　A_{Total} はメッセージの効力を，$A_{Content}$ はメッセージの言語的意味内容を，A_{Tone} はその時の音声の調子を，A_{Face} は顔の表情を表し，それぞれ－3から＋3の間で評定するものとする。それぞれの数値は各要素に対するウェイトであり，すべて加算すると1.0になる。すなわち，あるメッセージが持つ効力が何によって規定されるかをこの三つの要素で表されると仮定した場合，言語メッセージは7％にすぎず，ほかの93％は非言語メッセージ（55％が顔の表情や身体動作，38％が音声的な要素）によって，解釈や理解がなされるというのである。このことから，日常のコミュニケーションにおいては，言語内容そのものよりも，それを語る人間の態度や表情，あるいは音調などがきわめて重要な役割を果たしていることが分かるという。

　なお，非言語コミュニケーションには，以下のような研究領域があるとされる[3]。

①音調学：音質，音量，速度，ピッチ，イントネーション，アクセント，間，発音，言い淀み，笑い方などから発話者についての様々な情報を収集し，それをもとに判断が下されて，言語メッセージの意味と理解に影響を与える。

②近接学：文化の相違により対人距離には違いがあることが知られている。密接距離，個体距離，社会距離，公衆距離など。

③接触学：身体接触が最も基本的な非言語コミュニケーションである。接触の頻度や強弱，持続時間，接触部分などは文化により異なるし，年齢や性別などの関係によっても相違がある。

④動作学：身体の動きについての研究。感情や意志を伝える際に，頭部，手，脚などの向きや動き，あるいはジェスチャーなどが考察の対象になる。

⑤視線接触学：対人間のアイコンタクトの役割や影響などに関する研究や，瞳孔が感情の変化によって拡大・収縮するかの反応を研究する。

⑥対物学：顔，化粧，髪型，着衣，アクセサリーなど人を取り巻くさまざまなものは，一定のメッセージを伝えている。これらの反応と影響を研究する。

⑦時間学：モノクロニック時間が支配的な文化では時間厳守で計画的に物事が進行する。これに対して，ポリクロニック時間の文化は人間関係が優先する。前者は公的生活，後者は私的生活という分け方もできる。

　こうした様々な研究領域で得られた知見に基づいて，言語生活者の言語行動を観察する視点も設定できるだろう。また，そうした視点からの分析をもとに，学習者へ向けての適切なアドバイスを与えることも可能になる。その意味で，言語生活を豊かにするためには，非言語コミュニケーションにも目を配るべきだし，また言語コミュニケーションの効果を考えるためにも，非言語コミュニケーションへの目配りは欠かすことができない。

　つまり，国語科教育における，コミュニケーション能力の向上という問題を総合的にとらえるためには，学習者がどのように非言語コミュニケーションに習熟し，それを効果的に運用することができるようになっていくのか，について注意を払う必要があるのだ。またそれを積極的に学習の場面に組み入れ，学習活動としても組織していきたい。そうすることによって，書きことばの世界の豊かさと，その教育の可能性をあらためて探ることができるにちがいない。

2. リテラシー研究の展開

2.1 話しことばと書きことば

　コミュニケーションが成立するためは，「コミュニケーション前提」が不完全にせよ，それが共有されていることが必要であることを前項で見てきた。とりわけ言語コミュニケーションにおいては「意味の体系（セマンティックス）」「統語の体系（シンタックス）」「語用論（プラグマティックス）」など言語要素の下支えによって，意志の伝達が可能になる。このことは，話しことばにおいても書きことばにおいても同じように言えることである。

　ところで，人類は，まず話しことばによるコミュニケーションを獲得した。そのはるか後になって，それを記録する媒体としての文字を手に入れた。書きことばの誕生である。この書きことばの獲得が人間の文化にとってきわめて重要な転機となったという考え方がある。これを一般に「大分水嶺理論（Great Devide Theory）」という。茂呂雄二は，大分水嶺理論の主張を，以下のようにまとめている[4]。

　①ことばには2種類ある。話しことばと書きことばである。これら二つのことばに対応して，社会も個人も二分される。話しことばは文脈（現前の非言語状況）に依存することばであり，書きことばは文脈を離れることができる。

　②思考は2種類のことばと相関している。2種類のことばに平行して，2種類の思考様式が存在する。話しことばは思考を文脈に依存したものに制限するが，書きことばは脱文脈的な思考を可能にする。

　この理論の根幹は，書きことばがわれわれの認知系に重大な変化をもたらすというところにある。茂呂雄二によれば，書くことをその「所産（consequence）」から見るこの理論は，話しことばと書きことばの二分法以外にも，三つの仮説を前提にしているという。一つは，読み書きの自立性である。読み書きは，それが用いられてきた社会・文化的な状況から取り出せる，それだけで充足した自立した技術だと考えるのである。二つめは，脱文脈化した活動によって抽象的な思考が可能になり，それが知的有能さのとらえ方を方向付けるという考え方である。三つめは，読み書きがもたらす知的

有能さが，どのような場面でも使用可能な一般的なもの（残余）だと考える
ことである。

　この立場に立つならば，話しことばよりも書きことばの方が「優位」にあ
り，それを身につけることは，近代人として生活していく必要条件だ，とす
る考えが導き出される。こうした立場からの代表的な著書の一つに，W. J.
オングの『声の文化と文字の文化』がある[5]。

　そこでオングが述べているように，私たちはすでに文字の文化の中に取り
込まれており，またそれを駆使した文化状況の中で生きている。オングはこ
の本で，声の文化と文字の文化の間にある「心性（mentality）」について鮮
やかに描き出した。声から文字へ，聴覚から視覚へ，手書き文字から印刷
へ，あるいは声の文化に特有な記憶と語りの方略などをめぐって，それぞれ
の文化の持つ特性とその差異が語られている。もっとも，オング自身は書き
ことばの優位性だけを主張しているのではない。むしろ，書きことば文化の
中にどっぷりとつかっている私たちの目を，声の文化（orality）の存在の発
見へと向けさせようとすることが主眼であるように思われる。

　当然のことだが，近代学校教育において基礎学力として3R'S（reading,
writing, arithemetic），つまり「読み書き算」が重視されてきたのは，暗黙
のうちに「大分水嶺理論（Great Devide Theory）」をその背景に置いていた
からである。いうまでもなく，読み書き能力，およびその習熟を中心的な教
育内容とする国語教育の営みも，こうした考え方を受け継いでいたといえる
だろう。

　しかし，例えば菊地久一が指摘するように，大分水嶺理論そのものが実証
不可能な仮説に過ぎないという意見もある。菊地によれば，大分水嶺理論
は，西洋の識字観を前提にしており，それに依拠する限り識字の持つ暴力性
の根源を暴くことはできないというのだ。すなわち，文字を身につけること
が無限定に人間性の向上につながるとは言えないのではないかという議論で
ある。こうした見解も視野に入れておく必要がある。というより，近年はそ
うした考え方の方が主流だと考えた方がいいかもしれない[6]。

　この点に関しては，話しことばと書きことばとの間にあるのは，文化の隔
たりと言ってもいいほど大きな溝なのかどうかという点も議論になる。国語

教育の向かうべき方向を考えるためには，以上のような問題が実際の教育現場に導入されたときに引き起こされる様々な現象を視野に入れながら，じっくりと考察を進めるべきだろう。そのためには，さしあたって，読み書き能力，すなわち「リテラシー」の概念とその変遷を見ておかなければならない。

2.2　リテラシー概念の変容

　森実は，リテラシーをめぐる論議が盛んにおこなわれた1980年代の様相を整理したポーラの発言をひきつつ，リテラシー論議の変化を次のようにまとめている。すなわち「リテラシーやイリテラシーを社会的な文脈からはなれた「純粋」な認知能力ととらえ，社会の経済発展の原動力と見なす観点が弱まり，社会的文脈に大きく左右される総合的能力と捉え，社会の権力関係の結果としてもたらされる問題と見なす観点が強くなった」と[7]。

　つまり，「大分水嶺理論」が再検討される気運の中で書きことばの絶対優位性に疑問符が付され，同時に，学校教育制度を中心とした社会制度そのものの問い直しもおこなわれ始めたという大状況の中で，リテラシー概念自体も変容してきた，というのである。

　佐藤学も，リテラシー概念の変遷を検討した論文の中で，同様の見解をさらに詳細に述べている。それによると，そもそも「リテラシー（literacy）」ということばは，19世紀末に教育概念として成立した。それ以前は，literacyに相当することばはliteratureで，読書を通じて形成される「優雅な教養」を意味していた。この後，この「優雅な教養」を表す概念の系譜は「共通教養（common culture）」あるいは「公共的な教養（public culture）」を意味するものへと変化した。一方，19世紀に学校教育の大衆化にともない「識字」あるいは「読み書き能力」という意味のリテラシー概念が生まれた。この系統のリテラシーは，その後「機能的識字（functional literacy）」あるいは「機能的文盲（functional literacy）」という概念へと発展する。すなわち，機能的識字は，社会的自立に必要な要素だと考えられることになった，という[8]。

　機能的識字に関して，Grayは「人が機能的識字を持つと言えるのは，そ

の人が所属する文化や集団の中で，識字力が当然のものとして期待されてい
る識字活動を行えるような読み書きの知識と技術を習得したときである」と
いっている。この考え方は，さらにUNESCO1965の「成人が識字術を獲
得することはあらゆる発展における必要欠くべからざる要因である。また，
それは社会的経済的な優先事項であり，現在から将来にかけての人的資源の
必要性と緊密に結び付けられなければならない。」に発展する。つまり，こ
こでは機能的識字の力は，単なる読み書き能力の獲得にとどまらず，社会・
文化・経済の発展に必要欠くべからざる条件と見なされているのである。だ
が，社会が設定した識字基準を大前提として振りかざせば，それに適合しな
い人間を判別し，排除することにもなりかねない。
　続けて佐藤は，近年のリテラシー教育の動向を，ヘンリー・ジルー（『リ
テラシー，イデオロギーと学校の政治学』（Literacy, Ideology and Politics of
Schooling, 2001）の分類にしたがい，以下の三つに分け，それぞれの政治的
機能を説明している。それは「道具的イデオロギー」「相互作用的イデオロ
ギー」「再生産イデオロギー」の三つである。
　「道具的イデオロギー」（instrumental skills）は，例えば3R'Sを基礎技能
に求めるような教育観である。これは，読み書き能力を思考や活動の「道
具」あるいは「手段」とみる能力観に依拠している。「読み方」「書き方」
「スペリング」「算数」を用具教科（instrumentalsubject）と呼ぶような考え
方に，それがよく表れている。この見方に立てば，知識やその知識を活用す
る技能は，学習者や学習者の経験の外部に道具のように客観的に存在し，学
習者や学習者の経験とは無関係に存在するものだということになる。機械的
な反復練習によって技能の定着を求める「道具的イデオロギー」は，社会的
効率主義のカリキュラム理論と行動主義の学習理論の所産であり，ユネスコ
の定義した「機能的識字」という規定も「道具的イデオロギー」の範疇を越
えてはいないとされる。
　次に「相互作用イデオロギー」に立つリテラシー教育は，知識や技能を学
習者と対象世界との相互作用の所産とみなし，知識や技能を社会的構成の産
物とみなす。その典型は，リベラル・アーツの教育の伝統に見ることができ
る，という。ここでのリテラシーの教育は自由主義教育の基礎として位置づ

けられている。つまり，歴史的伝統を継承する文化的保守主義がその基盤に
なっているのだ。そこでは，作品（教材）は読み手が心をむなしくして作者
の意図を読み解いていくものとして定位されている。

　佐藤のここまでの整理に従うなら，従来の我が国の「国語教育」はおおま
かには，この「道具的イデオロギー」と「相互作用イデオロギー」との折衷
によって成り立ってきたということができるだろう。すなわち初等教育段階
では，3R'S を基礎技能に求めるような「道具的イデオロギー」の教育観を
前面に立て，中等教育，あるいは高等教育では「相互作用的イデオロギー」
に立つ古典的教養と国家的アイデンティティを大事にしてきたということに
なる。

　もっとも，佐藤の紹介によれば，第三の「再生産イデオロギー」という立
場がある。ここでは，リテラシーは「文化資本」として定義されている。リ
テラシー教育は，家族の保有する文化資本，学校が社会との交渉において機
能させる「象徴権力」としての文化資本の再生産過程であり，階級，人種，
性の差異が対立と葛藤を呼び起こし，差別と抑圧と排除をめぐって抵抗と闘
争が組織される過程だとされる。この「再生産イデオロギー」によるリテラ
シー教育のアプローチは「批判的リテラシー」（critecal literacy）の形成と
いう課題につながる。いうまでもなく，パウロ・フレイレの仕事が，この立
場の代表的な例である。フレイレの著書である『被抑圧者の教育学』には，
豊かな成果が満載されており，その考え方は，邦訳を通して広く知られ，日
本の識字教育にも大きな影響を与えている[9]。

2.3　OECD によるリテラシー概念と PISA 調査

　ポスト産業主義社会といわれる現在では，どのようなリテラシー教育が要
請されているのか。それを考える手がりの一つに OECD（経済協力開発機
構：Organisation for Economic Cooperation and Dvelopment）に よ る「キ
ー・コンピテンス（key competences）」の研究がある[10]。

　これも前述した佐藤の論文の紹介によると，OECD の「コンピテンス」
のモデルは全体的で力動的な概念とされ，複雑な要請に成功的に応答する知
識や技能や態度を包括するものと定義されている。そしてグローバル社会に

おける「機会の不平等」「急激な社会と技術の変化」「経済と文化の世界化」
「個人と社会の多様化と競争と解放」「価値規範の変化」「貧困と抗争」「エコ
ロジーの世界化」「新しい様式のコミュニケーションと疎外」などの社会的
な変化と課題に答えることが求められ，「自立的に行為し」「相互作用的に手
段を活用し」「多用な人々と共生する」能力として定義されているという。

　3R'Sの概念規定に比べて，リテラシーのとらえ方が大きく裾野を広げて
いる様子がよくわかる。もちろん，ここで挙げられた能力の育成を，すべて
言語教育だけが引き受けることはできないだろうし，実際，それはかなり難
しい。しかし，言語の教育はそうした大きな目標にを包括すべく展開される
必要があるのだろう。

　このような基本姿勢に基づいて作成され，実施されている調査の一つ
にOECDのPISA調査（Program International Student Assessment）があ
る[11]。この調査は，学校で学習した教科内容の理解度や定着度をみるより
も，子どもたちが将来社会に参加したり，生活をしていく力をどの程度身
につけているかを国際比較したもので，「常に変化する世界にうまく適応す
るために必要とされる新たな知識や技能は，生涯にわたって継続的に習得
していかなければならない」という生涯学習のダイナミックなモデルに基
づいている。ここでいわれている継続的な学習の基礎となるのが「読解力
（Reading Literacy）」「数学的リテラシー（Mathematical Litecy）」「科学的リ
テラシー（scientifie knowledge）」で，そのうち「読解力」は，次のように
定義されている[12]。

　「読解リテラシーとは，自らの目標を達成し，自らの知識と可能性を発展
させ，効果的に社会に参加するために書かれたテキストを理解し，利用し，
熟考する能力である。」

　このように定義された「読解力」のうち「情報の取り出し（Retrieving
Information）」「テ キ ス ト の 解 釈（Interpreting Text)」「省 察 と 評 価
（Reflection and Evaluation)」の三つの領域がペーパーテストによって測定
された。調査結果が国際比較されたこともあり，また「読解力」について
は2000年度調査と2003年度調査結果との経年比較が2004年末に大々的に
ジャーナリズムによって発表されたせいもあって，国別成績のランキングや

「読解力低下」の指摘が，我が国の教育政策の方向と直接関連させて議論されたことは記憶に新しい。

　このPISAの定義した「読解力」は，読むべき対象として，物語，論説，推理などの散文形式の「連続テキスト」と同時に，表，図，ダイアグラムなど散文とは別の方法で情報を提供する「非連続テキスト」をも取り込んでいること，および「効果的に社会に参加する」という社会的，文化的，政治的な関与の段階までを「読解リテラシー（Reading Literacy）」の中に位置づけていることが，従来の国語教育で主流だった短い単一のテキストを丹念に読むような「読解」概念とは大きく異なっている。

　我が国の国語教育も，これからはこうした「読解リテラシー」の育成を念頭に置きながら展開することになるだろうし，現行の「学習指導要領」も大きくその影響を受けていることはあらためていうまでもない。

3. メディア・リテラシーの教育

3.1 メディア・リテラシーと国語教育

　前項で，リテラシーの概念が拡張してきたことを見てきた。とりわけ，現代社会においては，われわれは多様なメディアに取り囲まれ，感覚や感情，あるいは認識作用までもが，大きな影響を受けている。いうまでもなく生活の中では，文字情報も重要な伝達手段だが，それ以上に映像や音声，それも動画や複合的な音響が身の回りに氾濫し，またそれらを受容するだけでなく，発信する側に回る機会も増えている。こうした高度情報化社会ともいうべき環境の中でわれわれは生活しているのだ。このような社会では，単に文字の読み書きだけではなく，様々なメディアを読み解いたり主体的に使いこなしたりするようなリテラシーを身につける必要が生まれてくる。この能力が，メディア・リテラシーである。日本語では，情報活用能力と言い換えられることもあるが，実際にはそれよりも広い概念として使われている。

　いうまでもなく戦後の国語教育実践の中でも，こうした能力を開発することの必要性は，早くから言及されていた。例えば，1951（昭和26）年改訂の「小学校学習指導要領国語科編（試案）」には，次のような文言が見られ

る。「新しい教育課程の考え方では，社会においてわれわれはどんな言語生活を営むかを考え，その必要に応じることができるような能力をつけようとしている。われわれの大部分が社会生活をしていく上に，読むのはまず新聞であり，聞くのはラジオである。映画も現代生活において重要な地位を占めている。ところが過去においては，こうした新聞や，ラジオや，映画の学習を指導することは，国語の教育課程の中には，はいっていなかった。最近ではそれが，国語の教育課程の一部分を占めるようになってきた。」

　つまり，社会生活をしていく上で必要な言語生活として新聞やラジオ，映画などを見たり聞いたりする能力を国語学習の中で育成することが意図されていたのである。この方向に沿って国語教科書にも，脚本やシナリオの読み方書き方，宣伝文の作り方，会議の進め方，電話のかけ方，放送の仕方，劇の演出などに関する教材が掲載された。また，実際に教室の中で国語の授業として，そうした学習活動がおこなわれたのである。しかし，多様なメディアを国語学習として取り上げる学習は，十分な成果を上げられないうちに，学力低下などの声を受け，国語教育の主張も言語経験主義（言語活動主義）から言語能力主義へと変わっていった。平行して教科書からも，新聞やラジオ，映画などを正面から扱うような教材が姿を消していった。

　しかしこのように様々なメディアを取り扱う教育自体が全く消えてしまったわけではない。国語教育以外の分野のなかに発展的に解消していったと考えることができる。それは「放送教育」「視聴覚教育」「教育工学」などの分野である。これらの教育分野は，それぞれの研究団体も組織され，独自の研究成果を積み上げ，研究を深めていった。

　もっともこれらの教育分野の存在意義は，各教科の教育内容を効果的に伝達するための方法や手段だと考えられがちだったように思われる。つまり，メディアの特性を踏まえてその運用を効果的に行うような学習活動はおこなわれていたが，それぞれのメディアが学び手の認識形成にどのように関わるのかを各教科の内容と深く関わらせて，正面から問題にしていたとはいいにくい。

　少なくとも国語教育の中では，そうした各種のメディアをめぐる教材が教科書などに取り上げられ，本格的に実践研究されるような気運は盛り上がら

なかった。情報化社会の到来が話題になり，それに対応するような教育の方向を示唆する提言や，先進的な実践は散見されたものの，国語教科書に載せられている文章を粛々と解読していくような静的な教育方法からはなかなか脱却できなかったのである。

3.2　メディア・リテラシー教育の導入

　メディアそれ自体をめぐっての論議は，早くにヴァルター・ベンヤミンの『複製技術時代の芸術』1970年やM・マクルーハンの『メディア論：人間拡張の諸相』1987年が翻訳紹介され，また吉見俊哉の『メディア時代の文化社会学』が1994年に，大澤真幸『電子メディア論』が1995年に刊行されるなど，急展開する情報化社会を背景に，様々な著作として公開されてきた。しかし，そのような新しい知見を全面的に教育の世界に取り入れることについては，若干の足踏みがあったといえるだろう。

　しかし，1990年代に入ると，海外でのメディア教育の様子が本格的に日本に紹介され始める。例えば，カナダ・オンタリオ州教育省編／FCT（市民のテレビの会）訳『メディア・リテラシー　マス・メディアを読み解く』が日本で刊行されたのは，1992年である。カナダでは，学校教育の中で組織的にメディア・リテラシー教育を進めるための準備が整えられていた。この本には，メディア・リテラシーに関する8つの基本概念があげられている。順に取り上げてみると，次のようになる[13]。

　　1，メディアはすべて構成されたものである。
　　2，メディアは現実を構成する。
　　3，オーディエンスがメディアから意味を読み取る。
　　4，メディアは商業的意味を持つ。
　　5，メディアはものの考え方（イデオロギー）と価値観を伝えている。
　　6，メディアは社会的・政治的意味を持つ。
　　7，メディアの様式と内容は密接に関連している。
　　8，メディアはそれ独自の芸術様式を持っている。

　おそらくメディア・リテラシー教育において，最も重要な概念だと思われる「メディアはすべて構成されたものである」という命題がここに提出されている。この本で取り上げられた各種メディアは，テレビ，映画，ラジオ，ポップミュージックとビデオクリップ，写真，プリント・メディア，クロス・メディア研究であった。続けて，テレビドラマや広告などを批判的に視聴するためのテキストである『Study Guide メディア・リテラシー【入門編】』（2000，鈴木みどり編）も刊行された。

　ところで，メディア・リテラシーという用語が一般にも知られるようになったのは，2000 年に岩波新書の一冊として刊行された菅谷明子の著書『メディア・リテラシー』の力が大きかった。「世界の現場から」という副題から分かるように，イギリス，カナダ，アメリカなどで行われている「メディアを批判的に理解していく能力」の育成を目指した様々な取り組みを紹介した仕事である。日本でも戦後直後に，国語教育の中でこうした能力の育成についての試みが行われてきたものの，それが十分に定着しなかったことは前述した通りである[14]。

　しかし，現在では終戦後当時とは情報化の規模も，またマスコミュニケーションの与える影響も，格段に大きくなっている。したがって，そうした情報にいたずらに振り回されず，批判的に受けとめる能力もますます高まっている。さらに，情報を一方的に受容するだけでなく，主体的に情報発信をする能力も求められている。多くの情報機器が身近なものになり，それらを上手に使いこなす必要が生まれているのだ。こうした状況においてメディア・リテラシー的な考え方を育成することは，国語教育にとっても不可欠の課題である。

　国語教育実践の立場からも，『メディア・リテラシーを育てる国語の授業』（井上尚美・中村敦雄編／2001）に続き，『国語科メディア教育への挑戦』全 4 巻（編集代表・井上尚美／2003）『メディア・リテラシーを伸ばす国語の授業・小学校編』（児童言語研究会／2005）『中学生と学ぶメディア・リテラシー』（児童言語研究会／2006）などメディア・リテラシーの実践事例集が，次々と刊行されている。また，「文化的アプローチによる国語科メディア学習プログラムの開発」という観点から出版された，『自己認識として

のメディア・リテラシー』『自己認識としてのメディア・リテラシーPART
Ⅱ』（松山雅子編著／2005，2008）は，国語科メディア学習の10のステッ
プと実際の学習に使えるワークシートを開発して具体的に提示している。
『国語科教育における動画リテラシー教授法の研究』（羽田潤／2008）は，
国語の学力の一つとして「動画リテラシー」を具体的に提案しており，『国
語科教育におけるメディアリテラシー教育の研究』（羽田潤／2020）では，
マルチモーダル・テクストの活用を提案している。さらに奥泉香も『国語科
教育に求められるヴィジュアル・リテラシーの探究』（奥泉香／2018）で，
海外の教育における図像テクストの扱いを分析紹介している。

　このような動きを受けて，小学校・中学校用の検定国語教科書にも，メデ
ィア・リテラシー，あるいはマルチモーダル・テクストを視野に入れた教材
が登場し始めた。おそらくこうした傾向は，これからますます盛んになって
行くにちがいない。それはほかならぬわれわれが高度情報化社会に生きてい
るゆえではあるが，言語教育の可能性をさらに模索する上でも，「メディア
としての言語」あるいは「ヴィジュアル・リテラシー」「マルチモダリティ
ー」などの知見を活かした言語教育のさまざまな可能性を考えて，またそれ
を探求する必要があるだろう。

4. 身体と言語の教育

4.1 身体そのものへの着目

　メディア・リテラシーの考え方にしたがえば，メディアが現実を構成して
いる。そうだとすると，目の前にある現実は，すべてメディアによって構成
されていることになる。一方で，人はすべて固有の身体を持っている。自分
が，今ここにいるという感覚，あるいは苦しんだり，喜んだりしている感覚
は，間違いなくこの身体があるゆえに生じているはずだ。その感覚もやはり
メディアによって構成されたものなのだろうか。視覚情報を伝達する神経系
や，身体感覚を生むもメディアの一種だとするなら，それはメディアによっ
て作られたものであるのかもしれない。しかし，身体が自分のものであり，
痛苦や歓喜を感じるという感覚自体は，自分に固有の絶対的なものなのでは

ないか。誰しもこうした疑問にとらわれたことがあるだろう。

　このように，身体について，あるいは実感や感覚などについての様々な議論も，言語の教育を考えていく上で，きわめて重要な視点となりうる。なぜならば，音としての声を発したり，それを受け止めたりするのは，ほかならぬ自分の身体であるからだ。身体の問題を看過してことばの問題，あるいはことばの教育の問題を考えることはできない。

　こうしたことを考究するには，「現象学」の考え方が参考になる。とりわけ，デカルトの心身二元論を乗り越えようとしたメルロ＝ポンティの思索は，日本の教育実践にも一定の影響を与えている。

　現象学をベースにした言語と身体をめぐる議論は，日本では 1970 年代に盛んにおこなわれた。メルロ＝ポンティの『知覚の現象学』が 1967 年に翻訳紹介され，市川浩『精神としての身体』(1975)，滝浦静雄『言語と身体』(1978)，中村雄二郎『共通感覚論』(1979) などの著書が次々と刊行された。これらの哲学的考察を背景に，自らの自己形成の苦闘と「ぶどうの会」の演出活動のなかから得た体験をまとめた竹内敏晴の『ことばが劈かれるとき』(1975) が出る。この著作は，多くの教育関係者に深い衝撃を与えた。またその後，竹内自身も，教育活動に及ぼす声や身体の可能性に深い関心を持ち，その方面の著書をいくつかまとめた[15]。

　竹内が強調するのは，ことばはまず何よりも話しことばであるということである。話しかけるという行為は，相手に声で働きかけ，相手を変えることであり，声で相手に触れるということだ。これを端的に表すのが「話しかけのレッスン」と呼ばれる活動である。

　この活動では，相手の背中に向かって，声を発してみるという言語行為がおこなわれる。ただそれだけのことだが，身体が他人に向かって劈かれたとき，声が相手の身体を目指し，触れ，突き刺し，動かす様子が目の当たりに見える。まさしく声が見える体験をすることができるのだ。

　さらに竹内は，障害児や被差別部落出身の高校生と演劇を通して関わっていくなかで，ひとりひとりの身体の変化を通して教育の可能性を探っていく。演劇空間はある意味で非日常空間であり，日常世界では通常感じることのできないことを体験できる空間である。そこでは全身体的な表現を通し

て，話しことばが人と人とをつなぎ同時に切断する行為であることや，そこでの体験が日常生活の中に侵入してくることなどが確かめられていった。

　竹内の試みと平行して，学校教育の中でも，つるまきさちこの『からだぐるみのかしこさを』（1981）や，鳥山敏子の『からだが変わる・授業が変わる』（1985）などの著作が表されたように，ことばの教育の問題を身体と切り離さずに一元的にとらえようとする実践が切り開かれていた[16]。

　また，認知科学の立場からも，身体へのアプローチがなされ，佐々木正人による，『認知科学選書15　からだ：認識の原点』（1987）が刊行されている。まさしく身体の問題は，教育の原点でもあり，またことばの教育にとっても重要な立脚点である。

4.2　演劇と音読・朗読

　演劇活動を子どもの教育に役立てようという試みは，すでに明治時代からおこなわれていた。子どもの読み物制作の先駆者であった巌谷小波は，「お伽芝居」と呼ばれる児童劇の普及に努める。また，小波はストーリーテリング活動の日本版ともいうべき「口演童話」を推進した。第一次大戦後には，坪内逍遙や小山内薫らが子どものための演劇の重要性を説き，学校劇が普及したものの，学校劇禁止令によって頓挫してしまった。しかし私立成城小学校に拠った小原国芳などが，学校劇運動を展開し，理論的な著書をも刊行して大きな成果を上げる。また，国定読本の教材を学校劇に仕立て直し，それを学芸会などで上演する活動が，各地で盛んにおこなわれていた。

　戦後直後は，国語教育の枠の中で，脚本やシナリオを読んだり，実際に舞台で上演することも積極的になされた。経験主義的な国語教育が展開される中で，演劇的な活動が推奨されたことは，メディア・リテラシーの項目でも既に触れた。だが，次第に国語教育実践は，脚本やシナリオを，演ずるための教材としてではなく読解のための教材として取り扱うような傾向に変わっていく。脚本やシナリオが国語教育の読解教材として取り扱われることによって，学習者である児童生徒たちが，全身体的にテキストと関わる機会は薄れていったのである。

　また，戦前の国語教育で盛んにおこなわれた「暗誦」や「暗写」にかわ

り，戦後の国語教育では「黙読」に焦点が当てられるようになった。「暗誦」や「暗写」は，与えられた文章をそのまま暗記し，再現することを目的とした学習活動である。そこでは，所与のテキストを身体化することで，文章のリズムや文体を感得することができる反面，その内容を無批判に全肯定してしまう危険性もあった。「暗誦」や「暗写」が遠ざけられたのは，国家の価値観を押しつける「国定読本」をそのまま受けとめることへの批判も伏在していたからだと考えられる。

　一方，情報が大量に溢れる時代の到来で，現実的にも，多くの文書を短時間に処理しなければならなくなった。そうなると，黙読の方が読む活動のスピードという点で有利になる。読みの学習は，理解のための音読から理解のための黙読へと子どもの発達段階に即して整備されるようになった。さらに，表現のための音読は「朗読」であると位置づけられ，小学校高学年の指導事項となった。

　戦後長く続いたこうした体制に対して，再び身体性をともなう「音読」を学校教育の中で見直すべきだという意見も多く聞かれるようになる。例えば，『身体感覚を取り戻す―腰・ハラ文化の再生』（2000）を著した斎藤孝は，『声に出して読みたい日本語』を編集して，日本語ブームのひとつの潮流を作った。確かに，斎藤の手になる『CDブック　声に出して読みたい方言』（2003）などが，これまであまり光があてられなかった方言による自己表現の可能性に着目したことは重要な視点だった。だが，そこにしみこんでいる声の「身体感覚」とは過去の文化遺産のように，保存したり鑑賞したりするためにあるのではない。音読や身体感覚の問題は，近代日本文化がどのように形成されてきたのかという問題を考えることと不可分の関係にある。なぜなら身体は，歴史的社会的に作られてきたものだし，そのような枠組みの中でしか存在し得ないものだからである。

　こうした視点からは，坪井秀人『声の祝祭―日本近代詩と戦争』（1997）や，『感覚の近代―声・身体・表象』（2006）が，声やことばのリズムや歴史性に関して鋭い問題を提起している。また，兵藤裕己の『〈声〉の国民国家・日本』（2000）や，『演じられた近代―〈国民〉の身体とパフォーマンス』（2005）は，日本人の民族意識が法制度や統治機構によって形成された

ものなのではなく，「〈国民〉というイマジナリーな共同体を表象（＝代行）するような身体性の成立の問題」である，とする問題意識に貫かれている。こうした仕事からは，身体性を帯びた言語の教育性をどのように考え，また実践していくべきかという問題が検討すべき課題として浮上してくる。それは，個々の教師にとって，目の前の子どもをまるごと理解しようとする時に，きわめて大きな問題としてせり上がってくる[17]。

*

　言語によるコミュニケーションは，まずは，現に目前に存在する当事者同士の身体を通した意志や感情の疎通の問題である。しかしそれは同時に，時間や空間を隔てることを可能にする書きことばによる交流での問題でもあり，またそれを支える言語共同体の質の問題でもある。コミュニケーションと教育との関わりは，そうした広がりのなかでとらえられなければならないだろう。

注
1　池田謙一『コミュニケーション　社会科学の理論とモデル5』東京大学出版会　2000（平成12）年9月。
2　橋本博明『自己開示の心理学的研究』北大路書房　1997（平成9）年6月。
3　末田清子・福田浩子『コミュニケーション学　その展望と視点：増補版』松柏社　2011（平成23）年7月。
　　植村勝彦・松本青也・藤井正志『コミュニケーション学入門』ナカニシヤ出版　2000（平成12）年5月。など。
4　茂呂雄二『なぜ人は書くのか(認知科学選書)』東京大学出版会　1988（昭和63）年1月。
5　W.J.オング『声の文化と文字の文化』原著1982年／林正寛・糟谷啓介・桜井直文訳　藤原書店　1991（平成3）年10月。
6　菊池久一『識字の構造―思考を抑圧する文字文化』勁草書房　1995（平成7）年10月。
　　角知行『識字神話をよみとく―「識字率99％」の国・日本というイデオロギー』明石書店　2012（平成24）年9月。
7　森実「リテラシー研究の動向と課題―認知能力論から権力関係論へ」『国際識字年10

　　年と日本の識字問題』日本社会教育学会編　東洋館出版　1991(平成3)年9月。

8　佐藤学「リテラシーの概念とその再定義」『教育学研究』第70巻第3号　日本教育学
　　会　2003(平成15)年9月 pp. 292-301。

9　パウロ・フレイレ　『被抑圧者の教育学　50周年記念版』原著1970／三砂ちづる訳
　　亜紀書房2018(平成30)年4月。パウロ・フレイレ『伝達か対話か―関係変革の教育
　　学』原著1973年／里見実訳　亜紀書房1982(昭和57)年10月。

10　ドミニク・S・ライチェン　ローラ・H・サルガニク編著『キー・コンピテンシー
　　国際標準の学力をめざして』原著：2003年／邦訳　立田慶裕【監訳】今西幸蔵・岩
　　崎久美子・猿田祐嗣・名取一好・野村和・平沢安政【訳】明石書店2006(平成18)年
　　6月。

11　『生きるための知識と技能―OECD生徒の学習到達度調査(PISA)　2000年度調査国
　　際結果報告書』国立教育政策研究所編　ぎょうせい　2002(平成14)年2月。この後，
　　3年毎に行われる調査報告書が2018年度分まで出されており，その都度，邦訳刊行
　　されている。

12　『生きるための知識と技能⑦―OECD生徒の学習到達度調査(PISA)――2018年度調
　　査国際結果報告書』明石書店　2019(令和元)年12月。

13　カナダ・オンタリオ州教育省編／FCT(市民のテレビの会)訳『メディア・リテラシー
　　マス・メディアを読み解く』リベルタ出版　1992(平成4)年11月。

14　菅谷明子『メディア・リテラシー―世界の現場から―』岩波書店　2000(平成12)年8
　　月。

15　竹内敏晴『ことばが劈かれるとき』思想の科学社1975(昭和50)年1月／ちくま文庫
　　1988(昭和63)年1月。続いて『話すということ(ドラマ)―朗読源論への試み』1981
　　国土社，『からだが語ることば―α＋教師のための身ぶりとことば学』1982　評論社,
　　『からだ・演劇・教育』1989　岩波新書，など。

16　つるまきさちこ『からだぐるみのかしこさを』1981(昭和56)年1月　新泉社,『〈心
　　身〉とコトバ』1987(昭和62)年10月　新泉社。
　　鳥山敏子『からだが変わる・授業が変わる』1985(昭和60)年4月　晩成書房,『イメ
　　ージをさぐる―からだ・ことば・イメージの授業』1985(昭和60)年11月　太郎次郎
　　社エディタス
　　注15と注16の著書の背景には，次に示す「野口体操」の存在がある。
　　野口三千三『野口体操・からだに貞く』1977　柏樹社／新装版：2016(平成28)年3
　　月　春秋社
　　別に，体育科教育からの発言に，以下のような仕事がある。
　　久保健ほか『「からだ」を生きる―身体・感覚・動きをひらく5つの提案―』2001(平

成13)年1月　創文企画。高橋和子著『からだ―気づき学びの人間学―』2004(平成16)年5月　晃洋書房。

17　斎藤孝『身体感覚を取り戻す―腰・ハラ文化の再生』2000(平成12)年8月　NHKブックス,『CDブック　声に出して読みたい方言』2003(平成15)年9月　草思社。

坪井秀人『声の祝祭―日本近代詩と戦争』名古屋大学出版会　1997(平成9)年8月,『感覚の近代―声・身体・表象』名古屋大学出版会　2006(平成18)年2月。

兵藤裕己『〈声〉の国民国家・日本』NHKブックス2000(平成12)年11月,『物語・オーラリティ・共同体』ひつじ書房　2002(平成14)年4月,『演じられた近代―〈国民〉の身体とパフォーマンス』岩波書店　2005(平成17)年2月。

平田オリザ『演技と演出』講談社　2004(平成16)年6月。

渡辺貴裕『ドラマと学びの場』晩成書房　2014(平成26)年3月。

第4章

国語科の教育内容としての「方言」

はじめに

　知られているように，近代日本の教育において，「国語」という教科目が成立したのは，1900（明治33）年のことである。もっともそれは，日本近代の学校において，1900（明治33）年までことばの教育をしていなかったことを意味するわけではない。今日の「国語科」に相当する内容は，「読書・作文・習字」などという複数の教科目の中で実施されていたのだった。

　1900（明治33）年の「小学校令改正」にいたって，それらの言語教育関連科目は教育制度としての「国語科」という教科目としてまとめられた。それが今日まで，日本の学校教育の中で続いている「国語」という教科目の出発点である。

　当時の教科目標は，次のように規定されていた[1]。

　　　国語ハ普通ノ言語，日常須知ノ文字及文章ヲ知ラシメ正確ニ思想ヲ表彰スルノ能ヲ養ヒ兼テ知徳ヲ啓発スルヲ以テ要旨トス

　注目したいのは冒頭の「普通ノ言語」という語句である。これは「普ク通ズル言語」，すなわち「標準語（話しことば）」のことを指している。「国語科教育」の目的の冒頭には，標準的な話し言葉に関する言及がなされていたのだ。いうまでもなく法令の文章は，重要な順から記述されていく。つまりこの「小学校令」の文言からは，当時の国語科教育において，標準語の普及がきわめて重要でまた中心的な仕事であったことが示唆される。

　西欧諸国が主導した近代国家競争に遅れて参加した日本では，全国どこに

でも効率的に，また誤りなく伝達するための話しことば教育が，切実に求められていた。とりわけ，日常のコミュニケーションに必要な話しことばの円滑な運用の実現は，国語科教育に背負わされた大きな課題だった。しかしこの時，日本では，まだ話しことばとしての「標準語」という実体が存在していたわけではない。書きことばにおいても，ようやく言文一致文体が台頭し，定着の兆しを見せ始めていた時期である。そのため，国語教育の営為には，あるべき「標準語」を生成しつつ，それを普及していくという二重の役割が期待されていた。それも，主として国語教科書（国語読本）という文字で書かれため媒体によって，困難な道を切り開いていかなければならなかったのである。

　この時，未だ確立していない「標準語」を普及していくには，現実に使われている「方言」を否定し，それを「標準語」に取り替える方向に進むべきだと考えられた。つまりは，方言の「否定・撲滅」路線である。それとともに，標準語としての国語を話したり，書いたりすることができる能力を，日本人の資格であるという言説も現れてくる。

　そうした思想の端緒となったのは，上田万年（1867–1937）である。上田の著書には，国家と言語と民族の三位一体観を主張した『国語のため（訂正再版）』（1897）があり，教育関係者を含めて広く一般にも読まれた[2]。

　以上，国語科が成立した1900（明治33）年には，国語教育の指導内容の中心部分に「普通の言語＝標準語（話しことば）」が据えられていたこと，またそれが，「方言」と「標準語」との間に明確な境界線を引き，その片方を否定するような教育活動も生み出したことを確認した。次章以降は，それが国語教育の内容としてどのように取り上げられ，変遷していくのかを紹介しつつ，国語科の教育内容としての「方言」の問題を考える。

1.　日本人の資格は標準語を話すことである

　明治期に示された「国家と言語と民族の三位一体観」は，太平洋戦争下の教育体制の中で皇国主義と結び付いて，ますます極端で観念的な主張として展開されるようになった。そこでは「日本語を話せないものは日本人ではな

い」というような言説さえ流行する。それは，日本の植民地や内地の周辺地域に住んでいる人々に対する差別や排除の論理ともリンクした。

　ここでは，1941（昭和16）年に刊行された国定読本（「アサヒ読本」）に掲載されていた「君が代少年」という教材を取り上げよう。「君が代少年」とは，台湾の少年が地震に遭遇して被災し，最後まで国語（日本語）を大事にする姿勢を保持したまま，「君が代」を歌って死んでいったという内容の教材である。いわゆる「軍国教材」の一種である。

　この教材に登場する植民地台湾で生まれ育った少年の母語は，いうまでもなく日本語ではない。それは，日本政府によって後天的に強請されたものだった。ここには，植民地政策や帝国主義という極めて大きな問題が背景に控えているのだが，仮にそうした政治的・社会的な事情を脇に置いたとしても，少年にとっての「母語」と「日本語」との非対等な関係は明らかである。少年は「私たちのことば」ではない「他人のことば」の使用を強いられ，その言語運用の矛盾と相克の中のギリギリの演戯として「君が代」を歌いながら死んでいったのだ[3]。

　ところが，当時文部省図書監修官であった石森延男は，この教材に関する解説の中でこう述べる。すなわち，この少年のように，国語に対する至誠の心情を持っていさえすれば，「標準語の指導訓練の如きものは，期せずして徹底」される，と。精神主義の極みだと言わざるを得ない。国語を強請された少年の必死の思いに寄り添うどころか，それをかえって逆利用して，内地の国語教員たちの「標準語教育」の不徹底さに恫喝を加えている。だが逆に言うならば，国語教育の中で「標準語」を徹底していくことは，そう簡単に達成できるものではなかったということにもなる[4]。

　この教材における「母語」と「日本語」との間の非対称の関係は，そのまま「方言」と「標準語」に引き写して考えることができる。つまり，日本国内の各地域に育った子どもたちの多くも，日常生活の中で使用する「母語＝方言」と，国語教育で強調される「日本語＝標準語」との間で何らかの形で引き裂かれる状態にあったということだ。もちろんそれはまったくイコールの関係ではないが，パラレルな関係として捉えることは可能だろう。国語科の教科内容はあくまでも「標準語」なのであって，「方言」はそこから排

除され，否定されるものでしかなかったのである。

2.「学習指導要領」に見る戦後の方言教育観

　こうした「標準語」や「方言」への眼差しは，戦後になっても基本的に変化はなかった。

　たとえば，1951（昭和26）年『小学校学習指導要領　国語科編［試案］』の「国語能力表」の「話すこと」の四年生（四～六年生）には，「方言を使わないで話すことができる」という項目がある。また，同じ年に出された中学校・高等学校用の『学習指導要領　国語科編（試案）』にも，「どんな地域の生徒たちも中学校を卒業するまでに，必要に応じて共通語を正しく使えるようにならなければならない」とあった。義務教育で達成すべき目標は，方言で話すのではなく共通語を正しく話すことである，と明記されているのである。子どもたちの多くは，各地域で生まれて義務教育期間を通じてそこで育つケースがほとんどだろう。そうした子どもたちに対して，これはかなり厳しい要求であった。また，その達成を強く期待されている国語教育の側にとっても，戦前期を通じてはかばかしい成果を挙げることができたわけではなかった。

　続く1958（昭和33）年の『小学校学習指導要領』には，第四学年に「全国に通用することばとその土地でしか使われないことばとの違いを理解すること」とあり，標準語（共通語）を「話すこと」までは求めていないように見える。しかし，但し書きには「『全国に通用することばで文章を書いたり，また，話をしたりするように努めること』も望ましい」と記されており，やはり標準語（共通語）使用への期待は大きい。次の1968（昭和43）年の『小学校学習指導要領』では，第四学年に「共通語と方言とでは違いがあることを理解し，また，必要な場合には共通語で話すようにすること」と記され，共通語で話すことに関しては，「努めること」や「望ましい」のような努力義務的な表現から，「話すようにすること」と直接的・命令的な表現へと再び元に戻ってしまった。

　このような「学習指導要領」に対応して，当時の小学校検定国語教科書で

は，次のような教材文として具体化されている。

　　ことばは，わたしたちが，考えたりしたことを，相手の人に，そのとおりにわかってもらいたいために使うのです。それが，方言の違いで，意味が通じなかったり，まちがえられたりするようでは，ことばのはたらきをころしているようなものです。
　　そこで，日本人ならだれが聞いても，どこで話してもわかることばが，ほしくなってきますね。それで「共通語」といわれるものが必要になってくるわけです。
　　わたしたちが，毎日勉強している教科書のことばは，だいたい共通語で書いてあります。みなさんも，もう四年生ですから，方言を使わないで話すことができるようになってください。

　　　　　　　　　　（昭和33年度版『小学校国語』四年上　学校図書）

　ここでは，「方言の違い」は「ことばのはたらきをころしている」という，かなり刺激的な表現が登場している。そうした現状認識に立って，最終的には「方言を使わないで」「日本人ならだれが聞いても，どこで話してもわかることば＝共通語」を話すことが求められていたのである。
　またここには，「教科書のことば」は共通語で書かれている，とも記されている。ここで言われている「教科書のことば」とは，「会話文」のことか「地の文」のことか，あるいはそれらをひっくるめているのかは不明だが，いずれにしても教科書掲載の書きことばを手本にして，自分の話しことばを矯正する方向が示されている。すなわち，国語教育では「話しことば」を原点にするという考え方が採用されてはいるものの，「書きことば」で書かれた教科書の教材文を通して方言を矯正していくべきだ，という旧来の思考方法から脱却できてはいない。国語教育における「話しことば」と「書きことば」との関係の把握とその指導という点では，明治期からの考え方とまったく変わっていないのである。
　別の教科書会社の教材文には，「同じ日本人どうしが，日本語で話しているのに，話が通じないのでは，とても不便です。そこで日本中どこででも通

じる，ひょうじゅん語が必ようになってきたのです。」(昭和45年度版『新訂新しい国語』四年下　東京書籍)という表現も見られる。まるで方言は日本語では無いとでもいうような書きぶりである。国家と言語と民族の三位一体観は，戦後の検定教科書の教材文の中にも，そのまま生きていたと言っていい。

　もっとも，戦後民主教育の中では，これまでの上意下達的な「標準語」という用語の使用は感覚的に嫌われた。そこで，従来の「標準語」の代わりに，国立国語研究所の言語調査で使われた「共通語」という用語を換骨奪胎して使うようになった。公的な討議を経た上で国語教育の考え方を転換し，「共通語」という用語を採用したわけではなかったから，最初のうちは教科書の記述レベルでも用語の使用には若干の混乱が生じている。「標準語」から「共通語」という用語の変更は，結果的になし崩し的な便利な言い換えに過ぎなかったものの，国語教育の用語としては急速に広がり定着していく。

3. 国語教育における方言と共通語

　『小学校学習指導要領』の記述をさらに追ってみよう。

　1977(昭和52)年の『小学校学習指導要領』では，第四学年の指導事項に「共通語と方言とでは違いがあることを理解し，また，必要な場合には共通語で話すようにすること」という文言が書き込まれている。また，1989(平成元)年『小学校学習指導要領』にも同じ文章が，やはり第四学年に置かれている。さらに，1998(平成10)年と2008年(平成20)年の『小学校学習指導要領』にも，「第五学年及び第六学年」にほぼ同じ文章がある。つまり小学校の「学習指導要領」では，「共通語で話す」ことを一貫して要請していたのである。

　一方，中学校の「学習指導要領」では，1958(昭和33)年以降今日に至るまで，この問題に関しては「共通語と方言などのそれぞれの違いを考えさせる(役割について理解)」と記述されており，「方言」という言語現象を知的に理解させることを求めている。おそらく，言語活動として共通語を「話す」指導は小学校の段階で達成できており，方言と共通語との関係を言語事

項の話題として客観的に考えさせる指導は中学校の段階で，というように棲み分ける意図だったのだろう。つまりそこには，すでに小学校の言語活動では共通語をマスターさせ，中学校の国語学習ではそれを前提としてあらためて方言と共通語の関係を対象化して理解させる，という指導の段階性が見られる。

　したがって，国語教育における「共通語で話す」という目標は，依然として義務教育全体を貫いて生き続けていたと考えることができる。また，小学校と中学校との差違を国語教育内容という点から見るならば，小学校段階では言語活動中心，中学校段階では言語認識が中心というように分別されているとも考えられる。だが，ここまで見てきたのは，あくまでも学校教育，それも国語の「学習指導要領」という枠組みの中における論理にすぎない。

　高度成長期に入ると，ラジオやテレビなどの音声を伴うマスコミの普及や，地域と地域と人々の交流の促進などの状況の変化に伴って，共通の話し言葉が全国どこでも徐々に通用するようになっていく。さらに，映画や演劇の鑑賞，あるいは音声を配信する様々な機器の使用など，耳から直接に共通語が聞こえてくる機会が格段に増加する。また，各地域間の直接の人的な交流も盛んになり，異なる地域の学校に在籍したり転勤や旅行などの多様な機会が生まれてきたことも間違いない。

　その中で，消えゆく「方言」に対して，むしろそれを大事にすべきだという声も聞かれるようになってきた。誰にとっても「方言」とは，自分が生まれて以来もっとも頻繁に耳にしてきた言語体系であり，また日常生活に結び付けて獲得した語彙や文体，あるいは言語感覚である。狭い地域と人間関係ではあったもしれないが，「自分のことば」は，その地域や環境における「私たちのことば」から形成されたのである。その意味で言うなら，どの地域に生まれ育ったとしても，誰でもが「方言」使用者である。なぜなら，話しことばとしての「標準語（共通語）」という存在は，あくまでも理念であり，観念的なものであるからだ。

　こうした現実の言語状況に反応してか，小学校の検定教科書の教材文も微妙な変化を見せていく。たとえば1996（平成 8）年度の教科書の本文には，次のような記述が見られる。

　　共通語には，だれにでも分かるという良さがありますが，方言にも，共通語にない良さがあります。（中略）土地の言葉には，その土地の人々の心がとけこんでいます。日々のくらしの中で育てられ，伝えられてきた方言は，それぞれの土地で大事にしていきたいものです。

（平成8年度版『小学校国語』四年下　学校図書）

　この教材文自体は，方言と共通語との差異に気づかせるという趣旨で書かれており，従来までと似たような容なのだが，ここには積極的に「共通語」を身につけることをうながすような文言は見られない。ましてや，共通語を身につけることが，日本人としての「資格」であるというような主張は影を潜めている。

　さらに，近年では方言の価値を積極的に認める教材文も目立つようになっている。

　　わたしたちは，「方言」と「共通語」とを，それぞれのせいかくを生かして，場面や相手によって使い分けています。そのおかげで，言葉の生活が大変広く，深く，ゆたかなものになっているのです。

（平成12年度版『みんなと学ぶ小学校国語』四年下　学校図書）

　　今日では，共通語は日本全国に広まり，どこに旅行しても，共通語が通じないということはほとんどありません。しかしその反面，特に近年では，メディアによって共通語が広まるあまり，共通語におされて方言がすがたを消しつつあります。

　　方言は，同じ土地にくらしていたり，そこで育ったりした人どうしが，気持ちやことがらを伝え合うために欠かせない言葉です。共通語にはない，細やかな感覚や気持ちを伝えることができます。方言も共通語も，それぞれのよさをふまえたうえで，場面や相手に応じて使うことが大切です。

（令和2年度版『新しい国語』五年　東京書籍）

　このように現在の国語教科書の教材文には，「方言」と共通語とが併存している状況を踏まえ，それが「日本語」による言語生活を豊かにしているこ

とを確認するような記述がみられることがわかる。しかし，それは現状の追認に過ぎないといえるかもしれない。そこからは，話し言葉と書き言葉の問題，母語と共通語の問題など様々な「国語」をめぐる問題を，積極的に考える学習者を育てようという態度は見えにくい。もちろん，義務教育段階の言語学習者にとっては，現在自分たちが使用している言語（つまりそれぞれの「地域方言」）を，広い視野から相対化して考えさせることが難しい，という理由もあるだろう。

　現在の小学校検定国語教科書の「方言と共通語」に関する教材のほとんどは，両者の概念を説明した後，「方言も共通語もそれぞれのよさがある」ことを述べている。その上で，場面や状況に応じてそれらを適切に使い分けることを勧めるものもある。また，自分の地域やほかの地域の方言に関して，調べてみることを勧める教材もある。こうした小学校検定国語教科書の「方言と共通語」に関する記述は，当然ながら，次に記す「学習指導要領」の変化を受けて，それに対応したものだった[5]。

4.「学習指導要領」から「共通語で話す」が消えた

　2008年3月に出された『小学校学習指導要領』までは，確かに「共通語と方言との違いを理解し，また必要に応じて共通語で話すこと。」という文言があった。

　しかし，2017（平成29）年3月に告示された，現行の「学習指導要領」には，「共通語で話す」は無い。つまり，現行の『小学校学習指導要領』の「方言と共通語」に関わる記載は，「語句の由来などに関心をもつとともに，時間の経過による言葉の変化や世代による言葉の違いに気付き，共通語と方言との違いを理解すること。」となっており，「共通語で話すこと」という文言は，新しい「学習指導要領」から消去されてしまったのである。小学校の教育に内容としての「方言」は，言語現象として知っておくべき知識の対象となり，学習者にその使用を直接にうながす文言は無くなってしまったのだ。

　これは大げさな言い方をするなら，明治の国語科の成立以来最も重視され

てきた「国語科の目標」だった「共通語（標準語）で話す」という理念が，最新の国語科の学習内容から姿を消してしまった，という事態である。すなわち「国語科」の役割のうち，国民に標準語使用を慫慂する装置としての機能は終了したのである。それはまた，国語教育の「内容（教育内容）」から誘発される「共通語を正しく使えるようにならなければならない」という強迫観念が消滅したと言うことでもある。

　ではなぜ2017（平成29）年の『小学校学習指導要領』の記述が，そのように変化したのか。同じ文科省が刊行している『学習指導要領解説』には，その変更の理由は一切触れられていない。「学習指導要領」に関する公式の「解説書」は，この『学習指導要領解説』しか存在しないので，その理由は憶測するしかない。おそらくは，「共通語で話すこと」は，国語科教育の目標としてわざわざ掲げるまでもないほど，日本人の生活の中に浸透した，ということなのだろう。

　本論考でも見てきたように，「共通語を話す」ことは，学習指導要領レベルでは一貫して指導するべき内容として掲げ続けられていた。しかし，小学校検定教科書の方言に関する記述は，すでに戦後直後のような方言排除の論理から，世間一般の言語実態に合わせて徐々に変化してきていた。おそらくそれは現実の方言使用に関する状況を教科書編集委員が感じ取って，教科書の文面に映した結果でもあるだろう。

　ほとんどの人々が「共通語を話す」ことが可能になったのは，明治以来の国語教育の辛苦に満ちた努力の成果だったのだろうか。換言すれば，国語教育の目標として「共通語を話す」ことを前面に打ち出し続け，それを実現しようと営々と努力し続けてきた教育実践の積み重ねが，ようやく奏功して，国語教育の悲願が達せられたということなのだろうか。

　おそらくそれは違うであろう。多くの人々が「共通語で話す」ことが可能になったのは，実際には，学校外の公共放送などの音声メディアや直接的な人的交流の影響が大きいと思われる。というのも，これまで行われてきた紙媒体の教科書の読み書きを中心とする国語の授業では，「方言と共通語」との関係を知的に理解させることはできたものの，各人が実際に共通語を「話す」ことを十分に保障することは難しかったからだ。「共通語を話す」こと

は，理念としての教育目標ではあったものの，実際に教室の中の学習活動だけでそれ実現することは困難だったということである。逆にこれまで学習者に対して，方言に関する否定的な見方や，方言コンプレックスとでもいう意識を植え付け続けてきたことこそが反省されなければならないのではないか。

また，近年の中学校の検定国語教科書の中には，いわゆる「新方言」について触れたり，地域方言だけではなく，「社会方言」について説明したりする記述も登場してきている。地域方言が問題にされ，それが古くさいものだと考えられていた時代から，教科書の記述レベルでも，新しい方言が現在進行形で生まれていることや，社会的な階層別・集団別に使われる方言などに関して目が向けられるようになってきたのである[6]。

真田信治は，こうした方言観の変化について次のように述べている[7]。

　　　近年，方言回帰への動きが目立つようになってきたが，私は，その節目は平成の改元時であったと認識している。世の中が限りなく均質化に向かう一方で，〈個〉を重く見ようとする風潮も強くなった。〈個〉を重く見るから，全体として多様になる。ことばのバラエティもまた正当に認めようというわけである。

真田は，1989（平成元）年あたりが，「節目」だったのではないかとの認識を示している。確かに最近は，世間一般の中でも方言に対する眼は，大きく変わってきた。

「方言コスプレ」などという現象も，そうした方言観の変化を特徴的に映し出している。それはたとえば，関西方言っぽい表現で場を和ませたり，九州方言っぽい表現で無骨な場面を演出するといった言語運用の仕方を指す。つまり，方言使用地域とは何のゆかりもない話者が，会話の中に「いかにも方言っぽい」表現を織り交ぜてコミュニケーション活動を行う行為が，頻繁に出現してきたのである。これは方言をちょっとの間の変身の道具というようにとらえて，話しことばに応用するような言語使用の方法でもある。一種のファッションであり，「方言おもちゃ化」でもある。

　こうしたリアルな方言に対する「ヴァーチャル方言」の問題を「方言コス
プレ」現象として把握し，各地でそれを調査し詳細に考察した田中ゆかり
は，地域別の調査などを踏まえて，「方言コスプレ」が，日本語社会におい
てどのような意味をもつのかを，次のように述べている[8]。

　　　ヴァーチャル方言の一種である「ニセ方言」を用いた「方言コスプ
　　レ」は，一見，都会勝手，東京勝手な現象にみえるが，リアル方言の弱
　　化に伴う親密コードの一部肩代わり，という現象で「方言」のあり方
　　の“未来予測図”のひとつになるだろうということである。とくに「方
　　言コスプレ」や「方言おもちゃ化」に対してポジティブな反応が若年層
　　に多くみられる東日本や，西日本においてもマイナー方言地域という認
　　識のある地方においては，この方向に進む可能性が高いということであ
　　る。

さらに田中は，ヴァーチャル方言が「共通語化に伴い弱化していくリアル方
言」に影響を及ぼす可能性や，「西日本におけるメジャー方言地域において
は様相が異なる」ことなども指摘している。
　こうした「方言コスプレ」現象に見られるような言語運用の仕方は，「方
言」に限らず，様々言語媒体を従来とは異なった文脈の中に挿入するといっ
た使用法を採って，様々な場面でもみられる。たとえば，今では使われない
旧字体や難語句をアピールのためにあえて使ったり，他人に進言するときに
「○○すべし」などの文語文を使って命令的な口調を和らげたり，あるいは
外来語を多用して相手を困惑させたりする，などの言語使用方法も「方言コ
スプレ」に類似する言語運用の姿だろう。こうした日常現実社会の中のある
意味で「正格」ではない言語運用の姿は，「国語教育」の中では正面から取
り上げられないことが多い。
　いずれにしても「方言コスプレ」現象は，「方言の否定・排除」と大きく
異なる方向に位置する言語活動である。しかしそれが豊かなことばの教育を
下支えする可能性を持っていることだけは頭の隅に置いておかなければなら
ないだろう。

5. 国語教育の内容としての「方言」

　国語教育の中における「方言学習」を考えると，従来はもっぱら「方言の矯正」あるいは「標準語教育」という文脈の中で語られてきた。昭和戦前期には全国各地で熱心な「標準語指導」指導が行われていたが，その中でもっとも著名な教育実践は，秋田県西成瀬地区で遠藤熊吉が主導した言語指導であろう。遠藤熊吉の死後にまとめられた『言語教育の理論及び実際』は，国語教育史における代表的な仕事を集成した『近代国語教育論大系』の第10巻（光村図書，1975）に収録されており，その骨太な理念と実践活動とは高く評価されている。遠藤の実践に関しては，既に多くの研究者による論考が書かれており，国語教育における音声言語教育，とりわけ標準語指導における典型的な事例であるという歴史的位置づけが定まっている[9]。

　また，戦後になってからは，秋田の近藤国一や鹿児島の蓑手重則などの問題提起を受けて，飛田多喜雄の編集する国語教育雑誌『実践国語』1954（昭和29）年6月号の誌上を中心として，国語学者や国語教育研究者を巻き込んだ大論争が展開されている。その論争のあらましは『国語教育史資料　第三巻　運動・論争史』にも取り上げられており，国語教育における，標準語・共通語教育の問題が当時の国語教育にとって，大きな問題だったことがうかがえる。とりわけ，地方の教育界では，標準語をどのように指導するのかは重い課題だったのだ。先に見たように，2008（平成20）年の『小学校学習指導要領』にいたっても，「共通語で話す」という文言は現場の学習指導を規定していたし，実際，地方から都会へ就職していく義務教育卒業生にとっても，就職先では「共通語で話す」べきだという観念は呪縛のように纏わり付いていただろう。

　だが，繰り返すことになるが，高度経済成長期を経て地方の文化状況もどんどん変わっていく。地方には全国展開しているスーパーや量販店，あるいはチェーン店が進出し，町並みも都会と変わらないたたずまいへと変貌していった。独特の地方色は薄れていき，地域方言も徐々に使われなくなる。こうした現状に抗して，地域教育の側からは，積極的に地域文化を守り，地域の文化を教育プログラムとして組織しようという動きが出て来る。あるい

は，そうした教育の展開のために新たに教材を作成したり，副読本を作製したりする地域も現れてくる。

　その証拠に，近年「方言」を国語科の教育内容として取り上げようという動きは，大きなうねりとなっている。そのなかでも，そうした作業にもっとも継続的に取り組んできたのは，おそらく沖縄の例ではないかと思われる。

　沖縄には，高等学校の副読本である『新編　沖縄の文学』（沖縄県教育文化資料センター編・2003年11月）がある。内容は方言，歌謡，琉歌，琉球説話，琉球和文学，琉球漢詩文などで，音声資料としてCDも付いている。この仕事の前身として，沖縄県高等学校障害児学校教職員組合が編集した『高校生のための古典副読本　沖縄の文学』1970年，『高校生のための副読本／近代・現代編　沖縄の文学』1991年がある。また，義務教育段階では，琉球大学教育学部の国語読本『おきなわ』（仮称）をつくる会が，1991年に教材集の試作をしているし，中学校では『わかりやすい郷土の文学』という副読本がある。沖縄の言語文化を若者たちに伝えようという熱意に満ちた試みだといっていい。

　特筆すべきは，これらの副読本と同様な趣旨で，2014（平成26）年に沖縄の教育委員会が『高校生のための「郷土のことば」―沖縄県（琉球）の方言―』という「教科書」を作成したことである。この背景には「しまくとぅば」を学校教育の中で積極的に展開しようという沖縄県の姿勢があった。つづいて義務教育段階でも，2015（平成27）年にCD付きの『しまくとぅば読本　小学生用』『しまくとぅば読本　中学生用』が刊行され副読本として，無料配布されている。ここでは，「方言」が国語教育の内容として積極的に位置づけられているのである[10]。

　また，学校教育や地域教育の中で，方言教育に関して積極的に取り組んだ実践が各地で行われている。そうした営為を網羅的に紹介することは本稿の目的ではない。しかしそうした活動の一端を，2020（令和2）年に「実践方言学研究会」が『実践方言学講座』全三巻を刊行していることを紹介して責めを塞ぎたい[11]。

　この講座の編集委員代表である小林隆（東北大学教授）は，「実践方言学」について次のように述べている。すなわち「実践方言学」は「応用方言学」

と言い換えることも可能な研究分野であり，現代における方言の様々な役割や位置を考察することによって，「社会に役立つ方言学を標榜する」と。また，2012 年から続けてきた東日本大震災に関わる「文化庁委託事業研究報告会」を発展させて，「実践方言研究会」という名称の研究団体も発足した。そこでは「方言によるコミュニケーション上の障害や効果，地域社会の活性化への寄与，そして，次世代への継承と教育といった方言学の実践的な課題が論議されている」とのことである。

　この研究会が編集した『実践方言学講座』のうち，学校教育と密接に関わるのは，第2巻の『方言の教育と継承』である。そこでは，先に触れた沖縄の例を初めとして，東日本大震災の被災地である福島市の小学校における方言教育の実践，関西圏の高等学校における方言教育の実践，大学における方言教育の実践，など各地における学校教育や学校外の様々な機会における方言教育や方言継承活動についての報告と考察がなされている。

　もちろん，これまでにも，各地で子ども向けの民話集や，○○風土記などと題した子どもたちの文章類が出版されたりした。また，商業ベースではない地域・学校ごとの作文集や詩集なども編集・発行されている。そうした地域言語文化財が，進んで教育の場に持ち込まれて活用されていることも間違いない。さらには，最近「総合的な学習の時間」などと連動させて，地域に題材を採った作文活動・表現活動なども盛んに行われている。例えば，地域のお年寄りに昔の生活や遊びを聞いて文集にまとめたり，地域の風土や産業について新聞やパンフレットを作る学習などである。

　こうした学習を実施することはきわめて重要だが，ここでは，それを地域言語文化の継承と再創造という観点から，各学校の国語科の教育課程に位置づけ，国語の学習の中に系統化することの必要性を指摘したい。そのためには，これまでなされてきた学校外の様々な言語文化活動や，学校の中で行われてきたことばに関わる学習活動を，言語学や社会学の研究の枠組みを借りて考究し直すような姿勢が求められる。おそらくそうした試みから見えてくるものは，「私たちのことば」と「自分のことば」を交流しつつ，ことばの文化をつくり出していこうとするダイナミックな相互関係の様相なのではないか。先ほど紹介した「実践方言学」の提唱も，学校教育の中での「方言」

の学習の意味づけやその分析に大いに役に立つに違いない。

*

　いうまでもなく「共通語で話す」という文言が「学習指導要領」から消えたからといって，ことばが「差異の体系」であることに変わりはないし，それが社会的・歴史的な区別や境界線を生み出し，新たな差異をつくり出し続けていることは変わりはない。とするなら国語教育は，「幻想」であり同時に「実体」でもある「差異」や「境界線」をつくり出す「言葉」そのものの機能とその使用のダイナミズムを考察の対象に据え，そこに生じる言語現象を不断に分析して相対化することを目標に設定する必要がある。あらためて確認するまでもないことだが，そうした学習経験を豊かに潜ることが，私たちの言語生活を確かなものとして更新していくことにつながるのである。それが可能な学校教育における教科目は，現在のところ「国語科」しかない。

注
1　ほぼ同じ文言は，1981(明治24)年の「小学教則大綱」の「読書(よみかき)」科の目標にも書かれている。したがって，この国語科の成立時にあたって，まったく新しい言語教育の目標が登場したと言うわけではない。それはすでに明治中期から強く意識されており，民間の国語教科書の編集にも直接的な影響を及ぼしていた。
2　上田万年著・安田敏朗校注『国語のため(東洋文庫)』平凡社　2011(平成23)年，に，校注者である安田によるていねいな解説がある。
3　村上政彦『「君が代少年」を探して―台湾人と日本語教育』平凡社新書　2002年10月　ドキュメンタリー形式の文章で，この教材文のモデルとなった「徳坤少年」の事跡とその背景をダイナミックに描いている。
4　『初等科国語　八　教師用』1942(昭和17)年4月，のうち「各説　四　君が代少年」。引用は『近代日本教科書教授法資料集成』第六巻　東京書籍，による。なお，この「君が代少年」という教材と，標準語教育との関係に関しては，府川源一郎『消えた「最後の授業」―言葉・国家・教育』大修館書店　1992(平成4)年7月　109～121頁でも若干の考察をした。
5　2017(平成29)年3月に告示された現行の「学習指導要領」に準拠して編集され，令和2年度から全国各地で使用されている「検定小学校国語教科書」における「方言と

共通語」に関わる各社の教材名とその内容は以下のようである。

・学校図書　5年上　教材名「方言と共通語」3頁分　方言と共通語の定義，アクセントと方言周圏説の紹介，方言と共通語それぞれのよさ。

・教育出版　5年上　教材名「方言と共通語」1頁分　方言と共通語の定義，アクセント。

・光村図書　5年　教材名「方言と共通語」2頁分　方言と共通語の定義。

・東京書籍　5年　教材名「方言と共通語」1頁分　方言と共通語の定義。

6　井上史雄『社会方言学論考―新方言の基盤』明治書院　2008年5月

7　真田信治『標準語史と方言』シリーズ日本語の動態1・真田信治著作選集　ひつじ書房　2018(平成30)年3月　「まえがき」

8　田中ゆかり『「方言コスプレ」の時代―ニセ関西弁から龍馬語まで』岩波書店　2011年(平成23)9月　pp.254-256

9　北条常久『標準語の村　遠藤熊吉と秋田西成瀬小学校』無明舎出版　2006(平成18)年7月，が，遠藤の実践の背景をていねいに紹介している。また，1952(昭和27)年に遠藤が死去した後も，西成瀬小学校では音声言語教育に取り組み続けていた。その実態は，小野寺泰子「秋田県西成瀬小学校における「話しことば指導」の実際―遠藤熊吉の標準語教育の継承―」『横浜国大国語教育研究第31号』2009(平成21)年10月，に詳しい。

10　「しまくとぅば読本」は，以下のアドレスで見ることができる。(2021《令和3》年9月2日確認)http://www.okinawabon.com/shimakutouba.html

11　編集委員代表小林隆『実践方言学講座　第1巻　社会の活性化と方言』『実践方言学講座　第2巻　方言の教育と継承』『実践方言学講座　第3巻　人間を変える方言』くろしお出版　2020(令和2)年12月。

第5章

授業実践の「事実＝現象」はどうとらえられてきたか
―芦田恵之助の「冬景色」の授業と垣内松三の『国語の力』を手がかりに―

はじめに

　一般の教員は，学術的な意味における最新の「研究活動」として日常的な授業実践を行っているわけではない。もちろんそれは，多くの教員が，「授業」を単なるルーティンワークとしてこなしている，という意味ではない。教員たちは，自らの授業実践をよりよいものにしようと，日常的に努力している。経験年数や学校環境などによって力点の置き方は異なるものの，教員たちが，どうしたら児童・生徒を生き生きと学習に取り組ませることができるか，あるいは，担当する教科の本質に触れて視野を広げたり認識を深めたりすることができるかなどをめざして，毎日の授業実践を展開していることは敬服に価する。

　近代教育が開始されて以来，個々の教員は，自らの教育実践を改善し向上させていくための様々な態度の形成に励んできた。その中でもっとも大事にしてきたのは，それぞれの教員が自らの実践行為を振り返り，それをいかに反省的にとらえるか，およびそれを次の教育実践にどのように生かしていくかという姿勢だと思われる。つまり，自らの実践を振り返り，それを客観的にとらえ直す「省察活動」を行うことである。教員たちは，自らの授業の「省察」を試みることによって，授業を改善し，おのれの授業力の向上を図ろうとしてきたのだ。

　しかし，独力で「省察」を行うことは難しい。なぜなら，自らの「教育実践」を客観的にとらえ，またそれをより広い別の文脈の中に置いて検討することは，それほど簡単な作業ではないからだ。そこで「研究」という視点が助けになる。というのも「研究」とは，何よりもそこで起こっている「事実＝現象」を正確にかつ客観的にとらえることから始まり，一切を根源的に疑

い，深く考える営為だからである。

　こうした「研究」を媒介とする「省察活動」を行うに当たって，一般には，実践行為を言語化して「教育実践」を記述し，それを分析するという方法が採用されてきた。つまり「書きことば」によって自身の教育実践を記述し，それを「省察」の対象とするという手立てを使うのである。とりわけ，現在のように人間や動物の行動，自然景観の変化などを，映像や録音によって記録するための装置が十分に普及していなかった時代において，一連の教育行為を記録するには，文字による文章記述が最も有効な手段であったからでもある。

　本稿では，国語科の授業実践がどのように言語化して記録され，それが分析されてきたか，またそこにどのような問題点があったのかを考えていく。その対象として，国語科教育の実践記録とその分析の出発点ともいうべき事例を取り上げた。具体的には，芦田恵之助の「冬景色」の授業記録とその分析をめぐる一連の事例である。この授業と分析は，国語科の授業を歴史的に検討する際の重要な事例の一つとして知られており，これまでにも様々な角度から検討されてきている[1]。

　それにもかかわらず，あらためて本稿でこの大正時代の国語教育実践を考察の対象にするのは，歴史的事例の再検討を意図しているからではない。芦田の実践記述とそれを分析した垣内松三との関係が，誰が「教育実践」を行い，誰がそれを「記録分析」を行うのかという，今日の「授業研究」のアポリアに通底する問題を含んでいるからである。さらにそれは，そもそも言語がとらえる「事実＝現象」とはどのようなものなのか，という本源的な問題群にもつながっていく。いささか古い材料にはなるが，国語科の「授業研究」をめぐる検討の対象として，「冬景色」の授業を選んだゆえんである。

1. 芦田恵之助の実践とその記録

1.1 芦田恵之助の「冬景色」の授業記録

　明治以来の日本の小学校国語科の授業者の中で，芦田恵之助（1873–1951）の名前は，一般にもよく知られていると思われる。芦田は，小学校の

教員であるが，国語教育に関わる様々な書物を公表して，多くの教員たちに影響を与えてきた。また自らの教育実践の記録も大量に残しており，それらの仕事は『芦田恵之助国語教育全集』（全25巻）古田拡ほか（編）明治図書出版，1987年，に収録されている。いわゆる「研究者＝理論家」ではなく，「実践家＝授業者」として生涯をまっとうした人物の業績が集成され，戦後になってから大部の全集として出版されたのである。このこと自体が，芦田恵之助の仕事が異数のものだったことを立証している。

　さて，本稿で取り上げる「冬景色」の授業は，芦田が東京高等師範附属小学校に勤務し，小学五・六年の複式学級を担当していた時に行われたものである。教材である「冬景色」は，第二期国定国語読本『尋常小学読本』の第十巻第九課に掲載されていた文章で，初冬の郊外の景色を描いた口語文体の叙景文である[2]。

　芦田が「冬景色」を扱った実践の記録は，本人の著書『読み方教授』（1916年・育英書院）の中で開陳された。この『読み方教授』という書物の性格や，どのような脈絡で「冬景色」の授業が記録されるにいたったかなどの経緯は，次節で紹介する。

　さらにこの芦田の授業記録は，当時東京高等師範学校講師であった垣内松三（1878–1952）の『国語の力』（1922年・不老閣）の中で，「センテンス・メソッド」を説明するための典型的な実践例として再録され，垣内による分析対象となった。「冬景色」の授業が一躍世に知られる大きな原因は，ここにある。というのは，昭和戦前期の国語教育界において，垣内松三の『国語の力』は，もっとも広く読まれた書物であり，その後も長い間，国語教育の「聖典」ともいうべき位置に置かれていたからである。つまり，実践家であった芦田恵之助の実践記録は，最新の西欧の研究事情にも通じており，同時に一流の日本文化研究者だった垣内松三によって，その著書の中に取り上げられて，「省察」の対象となったのである。

　また，戦後になってからも，芦田の実践に対する垣内の分析をめぐって，西郷竹彦と古田拡との間でいわゆる「冬景色論争」（西郷・古田　1970）が交わされ，そこに多くの論者が加わって，文章の解釈と国語教育実践に関わる大きな論議が起こる。さらには，教育技術法則化運動の中で，向山洋一に

よる芦田の「冬景色」実践の「追試」(1989) が行われて，話題になったこともある。いずれも，芦田の「冬景色」の授業が論議の中心的な題材となって展開されている。つまり，芦田の授業記録は，芦田自身の意図を超えて，次々と国語教育界の議論の対象になっていったのだった[3]。

1.2 『読み方教授』の出版

　『読み方教授』(1916 年・育英書院) は，教員生活 25 年を迎えた芦田が，新境地を開いた旨を自ら宣言した書である。この時の芦田の状況に関して，中内敏夫は，次のように述べる。すなわち，芦田がそれまで師事していた樋口勘次郎の思想と決別し，「「内に生きん」としはじめたかれがあらためてこれこそかりものでないみずからのものとして再発見した思想」を得た時期だったというのである。その契機は，芦田が青年の頃に洗礼を受けた禅宗であり，アメリカ帰りの座禅者岡田虎二郎との出会いだった。この時芦田は，欧米の教育思想を翻訳して日本に根づかせようと先進的な実践を続けた樋口勘次郎や西欧の教育学に学んだ多くの研究的実践者とは，正反対の方向へと歩みを始めたのだった。(中内・1988)[4]。

　また，野地潤家も，芦田がこの書物で「読み方教授の意義をとらえるのに，作者と同一の思想感情の会得という作者への志向から，自己を読ませるという自己 (読み手への) 志向へと，大きい転回をしているのである。」と述べる。野地もこの時期，芦田が大きな思想の変転を経験し，それを自らの教育実践の上に展開した仕事が『読み方教授』だと評価する。(野地・1988)[5]。以上のように，『読み方教授』は，芦田の「新生」ともいうべき思想の転換を表出した書物であるという事情もあって，著書全体を通して芦田の内から染み出てくるようなある種の自信と矜恃とが満ちているように感じられる。

1.3 『読み方教授』における「自己を読む」

　では，この著書の中で「冬景色」の授業はどのように記述されているのか，またその実践記録はいかなる理由で書かれたのか。そうした事情を『読み方教授』の記載内容の理路に順って見ていくことにしよう。

　芦田は『読み方教授』の，第二章「読み方教授の意義」の中で，「読み方は自己を読むものだ」という有名な見解を表明する。読者は「作者の思想・感情はかくあるべし」と「想定」するのであり，それが作者の思想・感情と一致するかどうかは疑問だ，というのだ。だからこそ読者は自己を高めようとする態度を根本に据える必要がある。そうしないと自己流の理解の範囲に留まってしまう，と芦田は考える。芦田が「自己の修養」の重要性を強調するのも，それゆえである。

　「読み方は自己を読む」という見解の具体例として，芦田は，南洋視察者の談話を例に挙げる。同じ船に乗って視察をしてきても，それぞれの談話者によって，南洋政策や南洋の風習など，異なった話題が取り上げられる。そのような差異が生まれるのは，「視察者各自の南洋を解する力の差異」があるからだとする。つまり，同一の対象を見ても，それぞれの立場や問題意識が異なれば，違った認識が生まれる。したがって，発話の内容にも差異が生じるのだ，というのである。

　さらに芦田は，「吾人は文字を読み得るが，自己を読み得ない場合が縷々ある。」と述べて，大正4年大納会の一日の米相場の状況を報道する新聞記事を引用した上で，次のように記す。

　　余は，米相場にいたつては少しも経験がない。またその術語を学ぶ必要もない。若し相場に関する余の思想界をさぐれば，米の相場には高低がある。安く買つて，高く売ればもうかり，高く買つて，安く売れば損をする位のものしかない。これ位な思想界で，この文を解しようとしても，所々に空虚な所ができて，我が物としての真の理解が得られぬ。故に余はこれ等の事実を思ひあはせて，読み方は自己を読むものであると断言するのである。

　記載された文字を判別し，それを声に出して音読することだけは，誰でもできる。しかし，文字の指し示す内容については，読者の側に経験や既有知識がないと真の理解はできない。芦田は，こうした事態を指して「読み方は自己を読む」と言っているのである。

　これは一見したところ，1960年代以降にロラン・バルトなどの言説をきっかけとして大きく展開したテクスト論的な「読むこと」の考え方と似た主張のように見えないことはない。しかし，その内包はまったく異なる。テクスト論の考え方では，文章には客観的で唯一のメッセージは実在しておらず，読者の内側に様々な言説相互の関係体としてメッセージが構成されると考える。つまり「作者の意図」は実在しないから，それを客観的な形で取り出すことはできない。「自己」も実体的な存在ではなく，関係的に構築されると考える。

　一方，芦田の場合の「自己」は，近代的な「個＝主体」概念，あるいはそれを脱構築しようとしたテクスト論的な「自己」とは異なる。芦田が「読み方は自己を読む」というときの「自己」とは，近代の主体としての「個」ではなく，絶対者に帰依する東洋的な「自己」である。卑小な「自己」を意識することこそが，「自己」を高める契機になるという論理である。「読み方は自己を読む」というとき，芦田は，文章の中に「作者の思想・感情」が実在することを否定していない。「作者の意図」は存在するものの，そこには容易に到達することできないという謙遜の態度を保持し，「作者」に到達できたかのような傲慢な態度から脱却することが大事だと考えるのである。

1.4 実例としての「冬景色」の授業：第一日目

　続いて芦田は，「教へ込み」を排除した読み方指導の意義を説く。それにはまずは児童を「文章に接する自然の状態に置く」のが大事だという。もちろん教材の不明点や誤解の箇所の指導は行う。だが，なによりも重要なのは，児童が学ぼうとする意欲（発動性）であり，それを喚起するために，教師は，教材を読み進める「着眼点」を指導するべきだ，と述べるのである。

　芦田はこうした持論を展開し，以下，その例を示そう，と述べた上で，「冬景色」の授業の「実践事例」を提示する。つまり芦田にとって，この「冬景色」の実践記録は，「自己を読む」という読み方の原理を根底に置いて学習指導を展開すると，どのような児童の「発動性」が生まれてくるかを示す実例であり，単に授業の様子をありのままに記録した報告ではなかった。

　なお，この「冬景色」の授業は，全体が三日間にわたる三時間扱いの展開

である。ここではそのうちの第一日目（一時間目）を，以下に原文のまま抜き出す。

　　一例として余が冬景色の課を取扱つた次第を書いてみよう。大正四年十一月十七日，水曜日の第一時間目は，「冬景色」の課を取扱ふべき順序である。この朝教案を書く為に，机に向つて，かの課を二回読んだ。余は過去に於てこの課を取扱ふこと三回，さして強い感じも浮かばなかつたが，今之を読んで，実によい心持ちがする。「絵のやうだ。銃声に天地の寂寞を破つた所は面白い。全課少しもわざとらしい所がない。以前は余の目が低かつたのか，よい文とは思つたが，今日のやうに感興をひいたことはない。この心持ちで児童にのぞめば，成功疑ひなし。」などと思ひつゞけた。

　　一時間目は来た。我は教壇に立つた。朝の充実した気は教室内に漲つてゐる。余は冬景色の課を静かに通読した。児童はきはめて静粛に聞いてゐた。蓋し東京近郊の何処にも見らるゝこの冬景色を，各自に思ひ浮かべてゐたのであらう。我は何事をも語らぬ。しかしこの黙々の間に於ける双方満足の感は十分にあらはれた。余は窃かにこの感じが読み方学習の根柢であるとさとつた。

　　尋五六の複式学級であるから，我は尋六の直接教授に移らねばならぬ。尋五の自動作業としては，「通読の練習と，この文について作者の工夫の存する所を調べておくやうに。」と命じた。この予定時間約十二三分，児童は言下にその作業にかゝつた。

　　低声に通読する声は燥音となつて響いてゐる。その声は数分でをさまつた。作者の工夫を尋ねはじめたのか，尋五は極度の沈静に帰した。それも，たゞ少時，また通読する声が聞こえはじめた。蓋し通読によつて工夫のあとをたづねようとするのであらう。

　　我は尋六に自動を命じて，尋五の直接指導に移つた。まづ通読せしめた。発動的に学ばうとする場合は，一課の通読位は易々たる仕事である。日頃はあまり通読に堪能ならぬ者も，今日はすらすらと読みきつた。余は教材と学習との関係が頗る重大であることをさとつた。余の教

授は通読回数が少ないことで縷々批評に上るが、余の所信は之がために少しも動いたことがない。学級全体で仕事をする場合に、同一箇所を数回反復通読せしむるなどは、徒に倦怠の情を惹起するに過ぎない。

　次に作者の工夫について、各自に発見した箇所をいはせた。それぞれに所見をいつたが、まとめていふことは出来なかつた。余は「皆さんのうちに、山水画の掛物があるだらう。」といふと、「あります」と答へた。「その山水の景色には、遠くに山などの景色が書いてはなかつたか。」「中程にやゝはつきりと書いた景色はなかつたか。」「極手近なところにきはめて鮮明にかいた景色はなかつたか。」と問うと、児童は悉く「書いてありました。」と承認した。「景色を書いた絵には、この遠中近の用意があるが、冬景色にはこれに似寄つた点は見つけなかつたか。」ときくと、「見えます見えます。」といふ。さながら追分で道に迷つてゐる旅客が、行くべき道を見出したやうに喜んだ。「一段が遠、二段が中、三段・四段・五段が近。」と児童が説明した。

　「さらに工夫のあとは見えぬか。」ときくと、「銃声の所が面白いやうです。」といふ。「勿論かふいふ実景に接して書いたものであらうが、最後に銃声をおいたことは、作者の工夫である。万物死せるが如き寂寞を、一発の銃声で破つた所は、実に巧妙に出来てゐる。」といふと、児童は「そのいはんと欲する所を指摘された」といふやうに、非常に喜んだ。余は作者の工夫をたどりつゝ、全課を通読すべきことを命じて、六年の直接教授に移つた。

（以上第一時）

ここまでが第一日目（一時間目）の授業である。

1.5　第二日目と第三日目の授業

　第二日目（第二時間目）には、最初に難語句の指導が行われた。その後、芦田は「之を絵にしたらどう書けばいいか」と投げかける。この発問とは別に、児童の側から「書きぶりでもううかゞふ所はないですか」と、教材文の文章表現に関してさらに追求すべき問題はないかとの質問があった。芦田は児童の「発動的」な態度を大いに称揚して、「目の付け所は三段と四段だ」

と示唆を与える。さらに，各自が描いた絵をもとに，芦田がそれを黒板にまとめる学習を進めていくと，この教材文の「作者の位置」が話題になった。芦田が「この景色を作者が見ていた時間も問題」だ，と付言したところで，終業の鈴がなる。

　第三日目（三時間目）は，前時に出た課題を確認して，児童各自に追求させ，それを話し合いによって芦田がまとめる。さらに漢字の書き取りをさせて，授業は終了した。

　この芦田の記録には，「ある女児」がその後「随意選題」の作文の時間に書いた「作文」が添えられている。この児童作文は，今日の教育用語を使うと「学習作文」に分類される内容で，三時間の学習の様子がまとめて書かれている。この児童作文に関しては，後節で再度触れることにする。

1.6　担当学級の様相

　まず，芦田の授業記録を検討してみよう。

　芦田は，当時，東京高等師範学校附属小学校で複式の学級を担当していた。複式学級では，同じ教室に尋五と尋六の児童とが混在している。したがって，ここに取り上げられた「冬景色」の授業の場合，尋常五年生の児童たちは，一時間の授業時間の約半分は芦田と直接のやりとりを行うが，それ以外は「自動」という学習形態で教材文に取り組んでいた。尋常五年生が「自動」で学習をしている間，芦田は，尋常六年生の直接指導に当たっているのである。もっとも記録からは，尋常六年生の指導をしながら，同じ教室にいる尋常五年生の児童たちにある程度の注意を払っている様子がうかがえる。

　おそらく尋常六年生は，この時，六年生用の読本の教材を学習していたのではないかと思われるが，この記録では，どのような教材をどのように取り扱っていたのかはいっさい書かれていないので不明である。

　つまりこの授業は，複式学級というある意味で特別な環境の中で行われていた。それが芦田の学習指導の質や方法を規定していたことは十分に考えられる。たとえば，この記録からは，一時間目・二時間目・三時間目の指導が内容的に深まりを見せていることはよく分かる。しかし，どの時間も五年生と六年生の直接教授と自動学習とを交互に行わなければならないため，毎

時間の指導の手順が似通っているような印象を与える。といって，五年生だけを対象に，一時間の授業のほとんどの時間を教師と児童との話し合い（問答）に費やすような指導展開は，物理的に不可能である。それは複式学級の担当という条件がもたらしたある種の制約でもある。

　もちろん筆者は，尋常五年生に「冬景色」を指導した記録として瑕瑾があると指弾したいわけではない。むしろ学習指導としては，学習者が教師と直接やりとりをする時間と，学習者が自主的に作業に取り組んでいる時間とが明確に分離されており，それが「個人が読む」「個人が書く」「共同で話し合う」「教師がまとめる」などの言語活動として，相互に有機的に組み合わされているような印象も受ける。そのことによって，芦田がここで主張したかった児童の「発動的」な姿勢が，より強化されるという効果が生まれた可能性がある[6]。

1.7　実践記録の記述文体

　実践に関わる「事実＝現象」は，芦田が教材「冬景色」を取り扱った順に時系列で記録されている。文章中には「我」あるいは「余」という主語が登場し，一人称の語りによって，自分が見たこと聞いたことを選択的に記述していくという表現スタイルである。また，学習者は固有名ではなく「児童」という一般名詞で記載されている。そのため，誰が発言したのかという個人を特定することはできない。一言でいうなら，この実践記録は，第三者が「事実」を逐一記録するような客観報道スタイルではなく，記憶を手がかりに自分の経験を経時的かつ選択的に記述していくスタイルを採用している。

　特に注意をひかれるのは，それまでは「読み方教授」に関する自らの所論をできるだけ説得的に述べようとしていた文体だったものが，実践記録の部分からは，自分の経験の一コマを鮮やかに描き出すような表現文体へと転換していることである。

　先に，米相場の報道記事をめぐる芦田の見解の一部を引用した。再度それと照応・確認していただければ分かるように，「米相場にいたつては少しも経験がない。」のように，論述の文末はすべて現在形で終わっている。この個所だけではなく，こうした文末表現は『読み方教授』全編にわたって採用

されている。というのも，具体的な事例や事物を材料にしながら，自分の考えを相手に向かって説得する姿勢を文章として表出するような文章は，基本的に現在形が文末表現の中核になるからだ。

　一般に，いわゆる説明文や論証を目的とする文章では，語り手が文章中の「現在」の時点で判断や推測をしていることを明示するため，現在形の文末を多用する。なぜなら，書き手が様々な材料を集めてそれを整理し，筋道をつけて説明したり論証したりする文章中に仮想された時空間は，それを記述している書き手の「いま・ここ」と重なるからである。書き手は，自ら創り出した説得の場である文章空間である「いま・ここ」の中に読み手を引き入れる。また，読み手も積極的にその書き手の「現在」に擬似的に参加して，各自の読書反応を行うのである。

　これに対して書き手の「経験」は，基本的に過去形で語られる。たとえば芦田の一時間目の授業経験は，「一時間目は来た。我は教壇に立つた。朝の充実した気は教室内に漲つてゐる。余は冬景色の課を静かに通読した。児童はきはめて静粛に聞いてゐた。」と書き出されている。ここに引用した書き出し部分の五文の内，四つまでが「…た。」と過去形（完了）を使った文末である。それぞれの文によって書き表されている内容は，過去に生起した出来事だからであり，それらは時系列で並べられる。そのうち，「我」と「余」を主語としている文は，明らかに芦田自身の直接的な過去の行動経験である。

　しかし，その過去形の文末の連鎖の中に「朝の充実した気は教室内に漲つてゐる。」という現在形の「断定」の文末も挿入されている。もし，この経験を正確に書こうとすれば，「朝の充実した気は教室内に漲つてゐるように感じた。」というように過去形の文末によって書き表すべきであろう。というのもそう感じたのは，芦田による過去の主観的な感覚体験だからだ。しかし，ほかの過去形の文末による短い文の連続の中に，一文だけ現在形の断定の文末表現が混入していることで，まるで読み手がその教室に参入して同じ緊張を共有しているような効果も生じている。

　さらにいえばそれは，短文を続けたことによって文章中に生まれた一連の簡潔なリズムと微妙な緊張関係を作り出している。もちろん芦田自身が意図

的にそうした文章技巧を駆使したかどうかは不明である。しかし，たとえ意識的ではなかったとしても，短文の連鎖は，書き手自身の表現意欲を内側から誘引し，緊迫した文章展開の構えを作り出す。

　誤解を恐れずに言うなら，この実践の記述は，「冬景色」の授業に取り組んだ日の朝に行ったという教材文の下調べ段階の描写の部分から，すでに「物語化」されている。すなわち，芦田がそれまで書き進めてきた説明と論証の語りの文体とは完全に離脱しており，明らかに物語の語り文体へと移行しているのである。

　この実践記録の「物語化」を支えているそのほかの表現技巧には，「我は何事をも語らぬ。しかしこの黙々の間に於ける双方満足の感は十分にあらはれた。」というような部分を挙げてもいいだろう。ここは客観的な事実というより，書き手の気分としての情景描写とでもいうべき表現である。通常，説明や論説の中には，情景描写や心情描写はほとんど登場しない。

　また，「さながら追分で道に迷つてゐる旅客が，行くべき道を見出したやうに」というような比喩表現も，この実践記録の「物語化」に大いに貢献している。こうした文体，描写，比喩などの文章表現スタイルの採用からは，この実践記録が一人称小説のように書かれている，ということもできるかもしれない。このことは，実践記録の文章が「フィクション化」するという問題に接続していく。

1.8 「自己を読む」の例示としての記録

　といって，この実践記録が，完全に「フィクション化＝小説化」しているとまでは言えない。というのも，所々に，教室の出来事を自己批評的に意味づけるような説明の文章が挿入されているからである。たとえば，「余の教授は通読回数が少ないことで縷々批評に上るが，余の所信は之がために少しも動いたことがない。学級全体で仕事をする場合に，同一箇所を数回反復通読せしむるなどは，徒に懈怠の情を惹起するに過ぎない。」のような箇所である。純粋に経験したことを時系列で記述するだけが目的なら，こうした弁明や註釈のように文章を途中に挟む必要はない。

　もちろんそれは，冒頭で芦田が「一例として余が冬景色の課を取扱った次

第を書いてみよう」と記して，実践記録を書き始めたことと深い呼応関係がある。繰り返すことになるが，この実践記録は，単独の記録として書かれたものではない。あくまでも『読み方教授』という著書の文脈の中に置かれた記録であって，その目的は，児童の「発動性」をどのように喚起したかを示す一事例なのである。

このことは，実践記録の最後に「児童の文＝学習作文」を添付したことに如実に表れている。というより，芦田の授業中の「着眼点」の示唆がどれほど児童の「発動性」を引き出したのかを実際に示す「証拠」として，この児童作文を提示することは，必要欠くべからざるものだったのである。これも，全文を示しておく。

　　　冬景色の所について
　私は読み方の時間が大すきだ。面白い所を教へていたゞく時は，ことにその時間が待ち遠しい。五年になつてからは，四年の時よりむづかしいかはりに，又たいへん面白いのがたくさんあるので，私は四年の時より一層面白く感じる。

　たくさん面白いののある中で，今日習ひをへた冬景色といふ所は，まことにさみしいやうな，にぎはしいやうな，なんとのかともいへない程，よい感じのする所である。

　作者はあのお伽噺で名高い巖谷小波さんであるといふことだ。さすが小波さんは世の人々に上手だ上手だといはれてゐるだけあつて，それはそれは上手に書いてある。一番初は遠い所にある山だとか，林などのことをざつと書いて，その次に中頃にある森や山や烏雀などの事をやゝくはしく書いて，三段目，四段目には近い所の有様が手に取るやうにくはしく，色の配合や活動するものゝ事など，いちいち注意して書いてある。これまでは何となく静であるが五段目の「ずどんと一発」といふ所に来ると，今までものたりない感じがしたのが，一度にぱつと破れてしまつてゐる。

　なみの人なら，五段目を書かずに，四段目で終わりにしてしまふ所を，物足らぬ気のしないやうに，五段目を書いた所などは，私たちが綴

　　り方の模範とする第一の所であらう。遠中近と順序正しく書くことも，
　　私は今日から覚えた。

　この女児の作文は，三日間の芦田の実践記録を集約的に補完する役割を果
たしている。芦田は「冬景色」の授業後，「随意選題」で書かせた作文の中
に，この女児の文章を見出した。おそらく芦田は，その瞬間，「冬景色」の
実践の真意義を強く確信したのだとろう。そこで，三日間の授業の展開を振
り返って，それを時系列で文章化した記録を『読み方教授』の論述の中に挿
入して，自分の主張の具体例として使ったのではないか。その意味で，この
女児の作文は，「この心持ちで児童にのぞめば，成功疑ひなし。」という芦田
の授業前の直感の記述と，正確に対応する内容になっている。
　さらに付け加えるなら，この作文は，当該の女児自身が「冬景色」の学習
を通して「自己を読」んだ記録としても受け止めることができる。すなわち
この文章は，芦田の提示する「着眼点」に反応して，「発動性」を持って授
業に臨んだ児童が「自己を読」んだ経験を記述した，という具体例なのであ
る。この女児の作文は，この時点の芦田の理論と実践の到達点を見事に語っ
ているのだ。だからこそ芦田は，この「随意選題」の作文を，特段のコメン
トも添えずに，自らの実践記録の最後に配したのだろう。

2. 垣内松三『国語の力』における分析

2.1 『国語の力』の位置

　「センテンス・メソッド（Sentence method）」と「形象理論」という用語
は，昭和戦前期の国語科読み方教育における最大のキーワードである。「セ
ンテンス・メソッド」は，明治以来の機械的な読み方教育を一新し，生きた
文章を対象にする読みの思想と方法であり，今日ではわざわざそれを「セン
テンス・メソッド」などと言挙げするまでもないほどに日常的な読み方指導
観になっている。また「形象理論」は，言語内容と言語形式とを一体のもの
として見るという言語観（言語教育観）に依拠して読書行為をとらえる理論
である。かなり難解で衒学的な主張だと受け止められたこともあって，当時

は，必ずしも十分な理解がなされたとは言えないかもしれない。しかし，学習者の読書行為を中心に置き，文章の言語内容と言語形式とを一体的に把握しようという考え方は，基本的に今日にも引き継がれている。

　垣内松三の大きな功績は，明治期以来，自前の「国語教育理論」というべきものを持ち得なかった日本の国語教育の世界に，『国語の力』（1922・不老閣）を提示して，敢然と切り込んだことにある。前述したように，この『国語の力』は名著と称えられ，1922（大正11）年5月に刊行されて以来，1936（昭和11）年5月に改版されるまでに40版を重ね，戦後も有朋堂から復刻された。また，1977（昭和52）年には『垣内松三著作集』全9巻が，光村図書から刊行されている。

2.2　「冬景色」授業記録の引用と分析

　垣内は，『国語の力』の「一　解釈の力」で，「センテンス・メソッド（Sentence method）」について次のように述べている。すなわち，読み方の歴史を見ると，欧米では自然の読み方としてセンテンス・メソッドが，定着しつつある，わが国では，これまで従来の訓詁的な方法に傾きすぎていたが，それをセンテンス・メソッドに近づけなければならない，それが学説上の思いつきではないことを証明しよう，と，芦田恵之助の「実践記録」を三日分丸ごと引用する。

　ただし，『国語の力』の引用では，芦田の記録の冒頭にあった「一例として余が冬景色の課を取扱った次第を書いてみよう。」の一文は削られて，「大正四年十一月十七日，水曜日の第一時間目は，「冬景色」の課を取扱ふべき順序である。…」以降が抜き出されている。この「一例として…」の一文を残すと，芦田の『読み方教授』の文脈が残ってしまうからである。つまり垣内は，芦田の主張を支える具体的な実例だった「実践記録」を，芦田の主張から切り離して，それを客観的記録として引用としようとした。そのことによって，芦田の実践の記録は，垣内の論理の脈絡の中に事実の記録として置き直されたのである。なお，芦田の記録は，末尾の女児の作文まですべて正確に抜き出されており，出典として芦田の著書名と引用ページ数もきちんと記されている。ここからは，垣内が，実践家である芦田の仕事に敬意を持っ

て接していることが感じられる。

さて，垣内は，実践記録を引用した後，「この読み方の全体に現はれて居る作用を分析する」ならば，以下のようになると述べる。

1 通読（音読）―指導者の音読から生徒は文章を直感して居る。これが Sentence method の出発点である。

2 通読（音読―黙読―音読）文をたびたび読んで，文の形に第一段第二段第三段第四段第五段の展開があることを気づいた。

3 通読（音読）―文意がさらに確実に会得せられて，それから自然に語句の探求が生まれて居る。

4 通読（静かなる音読又は黙読）―語句探求のために作者の位置を見つけ，作者の景色に対して佇んだ時間まで考へ出した。

5 通読（黙読）―板書の編目を透かして全文を心読し，冬景色の天地の広さ，遠さ，色（光もあらう），音等を観取し，静寂の感を深く味わっているらしい。特に銃声の後更に一層の静寂を感じたやうすがありありと見える。

更にこの作用をいひかへて見ると，

1 文意の直感

2 構想の理解

3 語句の探求

4 内容の理解

5 解釈より創作へ

ともいふべき順序を逐うて，展開して居るのである。

垣内は以上のように，芦田の実践記録を整理分析した。とりわけここで垣内が強調したかったのは，授業の最初に文章全体を読むことにより，「文意の直感」が行われているという点である。芦田の授業は，「普通に文字語句の注解から出発する読み方の最後の到着点が，この読方の出発点となって居る」と述べ，訓詁註釈のように語句の注解を優先するのではなく，まず文章全体を相手取り，そこから生命感に溢れる生きた「文意を直感」している，

と意義づける。したがって，芦田が二時間目（二日目）に行った語句の解釈
も，文章の全体に触れる前の予備的な作業としてではなく，「全体の関係に
於て生き」た指導になっている，と評価する。すなわち，芦田の授業は，セ
ンテンス・メソッドの好例だということが強調されているのである。

　垣内は，また，芦田の「読み方は自己を読む」という主張を肯定的にとら
えた後，一般的な読み方は「視読」であって，文章の文字面を目で追う表面
的な読みになりやすいが，芦田の指導は，通読，黙読を繰り返してだんだん
精緻になっており，「生命の力がめきめきと生ひ立つやうに感ずる」と，読
み手の自己鍛錬を促進するような方策が採られていると称賛している。この
「自己を読む」という主張に関わる実例に関しての垣内の評価は，芦田の授
業方式がセンテンス・メソッドの好例だと高く意義づけられているのに比べ
て，黙読と音読の話題に極小化されており，やや問題をずらしたようにも感
じられる。

　いずれにしても，これが当時の西欧の心理学や文芸理論を身につけた研究
者である垣内松三が，芦田の教育実践を，Sentence method が日本でも行わ
れているという有力な証拠として取り上げて分析した論述なのである。垣内
は，芦田の記録から，読み手が自らの読みを深めていく理想的な過程を「発
見」したのである。つまり，芦田が児童の「発動的」な学習指導の手順とし
て示した実践記録を，読み手の意識の働きがどのように展開するのかという
過程の記録として，鮮やかに読み替えたのだ。

2.3　センテンス・メソッドの強調

　いうまでもなく，垣内が芦田の実践をセンテンス・メソッドの最適な事例
として取り上げたのは，当時の多くの国語教師たちにとって耳慣れないセン
テンス・メソッド（後に「全文法」とも）という考え方が，日本においても
実際に行われていることを実例で示すためである。

　ここであらためて，センテンス・メソッドに関する一般的な理解をみてお
きたい。たとえば，『国語教育研究大事典』（1988 年・明治図書）の中で，
広瀬節夫は以下のように記す。

　　定義　原語は Sentence method で，「文章法」と訳している。文章の
読み方・読解指導の方法として，文字の読み方や語句の註釈から始める
のではなくて，「文自体」に着眼し，通読によって文意を直観する事か
ら出発し，それを検証しつつ，次第に，語句の探求，内容に理解に到達
するものである。また，それは，入門期における国語科教材の一形態で
もある。

　広瀬はこの記述の後，センテンス・メソッドの「歴史」として，本論考で
も引用した『国語の力』の冬景色の授業をもとにした垣内の論述をほぼその
まま引用している。すなわち広瀬は，この芦田の授業を分析した垣内松三の
記述が，センテンス・メソッドの解説としての典型例だと判断しているので
ある。それは，垣内松三がここで提唱した指導方法が「センテンス・メソッ
ド」そのものであると国語教育界で理解されていることの反映でもある[7]。
　もっとも，授業者である芦田自身は，自分の指導方法が垣内の規定したセ
ンテンス・メソッドであると考えていたわけではないし，そうした理論を根
拠にして実践を行ったわけでもない。芦田が『読み方教授』を著した当時
は，国定読本の教材文に口語文が増加しており，教材内容も平易になってい
た。それに伴って，小学校の読み方学習においては，最初に通読して大意を
把握させるような指導方法があちこちで見られるようになってきていたので
ある。そこでは，読み方指導の実施に当たって，これまでのように「訓詁註
釈」を採用して難語句から（つまり文章の一部から）指導をした方がいいの
か，あるいは最初から文章全体を対象にした方がいいのか，といった指導法
（指導過程）をめぐる議論も本格的に展開され始めていたのだった[8]。
　そうした気運の中で，垣内の果たした役割は，センテンス・メソッドとい
う外来の用語と概念を使って，通読して大意を直観するような指導法を推奨
し，その方法に新たな意味づけをしたことにある。つまり，研究者である垣
内は，実践者には駆使しにくい理論回路を用いて，実践行為を意味づける役
割を引き受けた。それは，同時に研究者が実践者の「省察」活動に積極的に
関与する行為を展開したということでもあった。

2.4 「文の形」と「想の形」

　さらに垣内は,『国語の力』の「二　文の形」の中で, 再び芦田の授業に
言及する。そこでは, 教材文「冬景色」の全文を掲載し, 文章に即して「文
の形」と「想の形」について具体的に論述を進めている。ここでも, 垣内は
文章を読むという行為における読者の意識の働きに関心を向けていた。以下
には, 説明の都合上, 教材文の原文を示す。(ただし①②…の番号は, 府川
による)

「冬景色」原文
　①　黄に紅に林をかざつてゐた木の葉も, 大方は散果てゝ, 見渡せば四方
の山々のいたゞきは, はやまつ白になつて居る。山おろしの風は身にしみて
寒い。
　②　宮の森のこんもりと茂つた間から, 古い銀杏の木が一本, 木枯に吹き
さらされて, 今は葉一枚も残つてゐない。はうきを立てた様に高く雲をはら
はうとしてゐる。中程の枝の上に烏が二羽止つて, さつきから少しも動かな
い。廣い田の面は切株ばかりで, 人影の見えないのみか, かゞしの骨も残つ
てゐない。唯あぜの榛の木に雀がたくさん集つてゐて, 時々群になつては飛
立つ。
　③　畑には麦がもう一寸程にのびてゐる。それと隣り合つて, ねぎや大根
が青々とうねをかざつて, こゝばかりは冬を知らないやうに活々とした色を
見せてゐる。畑に続いて, 農家が一けんある。霜にやけて赤くなつた杉垣の
中には, 寒菊が今を盛りと咲いてゐる。物置の後には, 大きなだいだいの木
があつて, 黄色い大きな実が枝もたわむ程なつてゐる。
　④　家の横に水のよくすんだ小川が流れてゐる。魚の影は一つも見えな
い。二三羽のあひるが岸の霜柱をふみくだきながら, しきりにゑをあさつて
ゐる。犬を連れた男が銃を肩にして森の蔭から出て来て, あぜ道傳ひにあち
らの岡へ向つた。
　⑤　ずどんと一發。何を撃つたのだろう。銀杏の木の烏は急いで山の方へ
逃げて行く。榛の木の雀は一度にぱっと飛び立つた。

　教材文「冬景色」を，いわゆる形式段落に分けると，五段に分かれている。芦田は，授業の中で山水画の例を引いて，児童から「一段が遠，二段が中，三段・四段・五段が近。」という見解を引き出した。一方，垣内は「文の形」の把握としてこれを認めるものの，「三段・四段・五段が近」というより，作者の視点の移動に則して考えると「遠中近近中遠」ともいえると述べる。

　さらに垣内は，第五段は「ずどんと一發」とそれまでの「静的叙述を破って，まったく局面を一變せしめ」ているから，一段二段三段四段をまとめて一段（静）とみれば，それに対する二段（動）とも考えられる，といい，続けて，第四段は，銃声によって前半後半に分かれ，それぞれを前段（第三段）と後段（第五段）に接続させれば，第四段は消滅して「静寂と活動，寂寞と喧噪との対照を感じさせる」と説明する。

　また第五段の描写の後に，逃げて行く鳥が遠くなればなるほど，飛び立った雀が舞い戻ってその数が多くなればなるほど，「銃聲が破つた静けさよりも，もっと沈静な寂寞が文外に生じて来る」といい，その「涅槃のやうな静寂がこの文の生命」だと述べる。そうだとすれば，この文章は「読者をして読者の胸中に第三段を書かせて居る」と述べて，「文の形（実は，これこそが垣内のいう「想の形」・府川）」を次のように分ける。

1. 遠中近の叙景
2. 銃声から生じた局面一変
3. （読者の印象）

　垣内は，こう整理して，これは「文の与える印象に依りて，読者がそれを胸中に再構成して見た形」だといい，すなわちそれが「想の形」であって，これを「解釈の起点」としたいと述べるのである。つまり，記号としての実体的な「文の形」を通して，読者の内側に生まれる想念としての「想の形」をとらえることこそが，読むという作用の要諦であることを確認している。これが垣内の「形象理論」における「文の形」と「想の形」である。

　端的にとらえるなら，言語（文章）形式と言語（文章）内容という概念と

かなりの程度重なるといえるかもしれない。文章内容は実体的なものではな
く，文章形式を通して読者の脳裏に浮かび上がってくるものである。だから
こそ文章を読む学習では，両者を不即不離のものとして一体的に把握して，
読み手の心中に流動生成するものとして把握する必要がある，という点が形
象理論のポイントだろう。

　先ほど垣内は，芦田の授業記録から，センテンス・メソッドという「読み
の作用の過程」を，見事に抜き出した。すなわち「文意の直感→構想の理解
→語句の探求→内容の理解→解釈より創作へ」という，時系列で表すことの
出来る活動であり，それは現実的な指導の手順とも重なる。それに対して，
ここではそうした「読み」の指導の過程を採用するのは，「文の形」を通し
て「想の形」を観取するためであるという読みの原理として，別の角度から
述べているのである。

　以上の垣内の論述を，今日的な教育用語を使って簡潔に説明し直すなら，
次のようになるかもしれない。すなわち，「文の形（言語形式）」を通して
「想の形（言語内容）」を読み手にイメージ体験させることが，読むことの学
習の「教育内容」であり「教育目的」である，そのためは，「文章の直観」
から始まるセンテンス・メソッドを，読みの指導方法（指導過程）として採
用することが必要だ，ということだろうか。

3.「教育実践記録」とその「研究」

3.1　記録者と分析者との関係

　以上見てきた「冬景色」をめぐる芦田恵之助と垣内松三の一連の事例か
ら，「教育実践記録とその研究」に関わる問題をいくつか引き出してみる。
　まず，誰が「授業実践」を実施して記録し，誰がその一連の行為を「分
析」するのかという関係を取り上げよう。別の言い方をすれば，授業実践を
直接に行う人物と，それを客観化して意味づける人物との関係に潜む問題で
ある。職業や立場としての実践家が前者で，大学や研究所などに籍を置く研
究者が後者だという分別法もあるだろうが，それではあまりにも機械的な分
け方になってしまう。だが，芦田と垣内の関係は，まさしくこの字義の通り

の二分法だった。

　『読み方教授』を刊行してから，約10年後に芦田は，『第二　読み方教授』
（1916年・芦田書店）を刊行する。そこに次のような記述がある[9]。

　　　朝鮮にゐました大正十一年五月のある日，垣内先生から御高著『国語
　　の力』をいたゞきました。通読していくうちに，解釈の条下，六「セン
　　テンスメソッド」から見た読方の現状といふ所に，私が取り扱つた「冬
　　景色」が実例として引用されてゐました。私が漢文教授の方法を継承し
　　た我が國語教授にあきたらないで，壇上で悶えたり，考へたりして到達
　　した「冬景色」の教授が，垣内先生のお見出しにあづかつて，お役に立
　　つたことは，たゞもうありがたいといふ外に言葉はありません。私も二
　　度目に東京高等師範附属小学校にはいつてから，足かけ十八年，こつこ
　　つ壇上に働いた足形が，これによつて酬いられた訳です。

　芦田は，終生，垣内松三を尊敬し続けていたが，その姿勢はこの記述にも
よく表れている。芦田がこの実践事例を記録として掲載した意図と，垣内の
取り上げ方とにかなりの隔たりがあったことは，ここまで見てきたとおりで
ある。だが，その差異に関して芦田は何も言っていない。

　さらに，肝心の「自己を読む」に関しても，次のように記している。

　　　その頃女子高等師範学校教授であった垣内先生が私の「読み方教授」
　　を御覧になつて，著者以上にお読み下さいました。私が「自己を読む」
　　と申しましたのは，たゞさういはなければ気がすまなかつたので，別
　　に思案の結果でも，研究の結果でもなかつたのです。自己とは何ぞ，読
　　むとは何ぞと攻められては，太刀打は叶はないのです。先生はそれらに
　　明確な意見を持つて，おほめ下さるのですから，私としてのうしろめた
　　さは中々心苦しいものでした。「柄にもない立言を試みなければよかつ
　　た。」と思ふことさへありました。

　続けて芦田は，垣内に「自己を読むの主語は何ですか」と聞かれて答えに

詰まったことも記している。主体と客体，主観と客観との関係を，デカルト哲学のように論理的に説明してほしいと問われ，それに十分に対応できなかったというエピソードでもある。

　こうした記述からも分かるように芦田の思考法は，世界を学術用語で切り取って，それを論理として積み上げ，整理していく「学問」や「研究」的な思考法とは異なっていた。どちらかというと，芦田の思考法は，生活経験の中から知恵を見つけ出し，それを信念や宗教に結びつけていくような思考法だった。またその文体も同様の傾向を帯びていた。しかしだからこそ当時の多くの教員たちから支持されたのだし，そこには翻訳的ではない土着の教育思想の形成過程が表れていた。そのことは，日本の教育思想を鋭く考察した中内敏夫（中内・2000）のような研究者からも高く評価されてきた。

　第 1 節で見てきたように，芦田が授業記録を記述したのは，持論を補強するためであって，正確な記録を書くことを目指していたわけではない。言い換えれば，「冬景色」の実践記録は，芦田なりの論述展開の文脈の中で書かれたのであり，自分の授業の中から教師による「着眼点」の教示や児童の「発動性」に関わる部面を強調して書いたものである。もちろん芦田自身も，自らの実践を振り返り，それを記述するという行為を通して「客観化して意味づける」作業を行っていたことは間違いない。その意味では，芦田も単なる「実践者」ではなく，意欲的に自己省察を試みる研究者という部面も持ち合わせていた。ただ，そこでの「省察」の方法は，あくまでも経験から導かれたものであり，自身の実感をその基礎においた「求道的」なものであった。

　それに対して，垣内は，芦田の記録をまったく別の論理の中に位置づけた。すなわち，ヒューイ（E.B.Huey）の著書である *The psychology and pedagogy of reading* 1908 などの最新の読みの心理学の知見を援用して，芦田の実践を切り取ったのである。垣内の研究者としての立ち位置は，対象を客観的に考察して，社会文化的な広がりの中に位置づけようとしたところにあった。

　もちろん，まだ実証科学としての方法論が十分に発達していない時代だったことから，垣内の論究は言語哲学をベースにした思弁的な方向に傾きがち

だった。それを現在の立場から批判的に裁断することは可能かもしれない。また，垣内の文章は，多くの学説を引用した衒学的な文体によって議論が展開されることが多く，高踏的で明快さを欠くところがあったのも事実であろう。

　しかし，垣内は，日本国民文化の総体を体系化して記述しようという壮大な構想の実現に向かっており，国語教育はその国民文化体系を基礎づける位置に置くべきだと考えていた。このような高邁な発想は，現場の教育実践者からは生まれにくい。難解な理論と晦渋な文章にもかかわらず，垣内の深い学識と高い精神性に裏打ちされた国語教育へのアプローチは，当時の多くの国語教師たちを引きつけるような深遠で華麗な魅力を持っていたのである。

3.2　実践者と研究者

　繰り返すことになるが，芦田が「記録」した教育実践は，垣内によって「分析」され，芦田の実践記録には，別の角度から光が当てられて一般化された。すなわち，実践者の記録した「事実＝現象」は，「研究」という視点から，新しく読み替えられたのである。それも，グローバルな概念と思考法に基礎を置いたきわめて説得的な立論を伴っていた。したがって，垣内の仕事を「研究」という立場から見るなら，それが日本の国語教育研究を進展させる大きな推進力の一つになったことは確かであろう。

　だが，それが芦田自身の教育実践への「省察」に直接つながったかどうかという点に関しては，疑わしいところがある。というより，芦田が垣内の理論を咀嚼して，以降の自分の実践の中に「省察的」に反映させたとは言い難い。芦田は別の回路の独自の「省察」の道を選んだのである。

　もちろんこれは，実践者である芦田と研究者である垣内とに関わる個別・特別な事例ではない。というのは，現在でも，教育実践の研究が，研究者の「研究論文」としてのみ完結してしまい，せっかく開発した授業分析の方法や教授モデルも実践者に還元されることなくそのまま誌上に留め置かれる結果になってしまうことは，よくあることだからだ。

　もっとも実際の教育実践活動は，それぞれの土地やそれぞれの地域の歴史に育まれて，継続的に展開していくものである。直ちに直接効果のあがる処

方箋を提供することだけが「研究」ではないし，ましてや「研究」が実利的・即効的でなければならないというわけでもない。実践者が「記録」を研究者に提供しても，それが実践者自身の「省察」につながらない場合もある。たとえば，芦田のようにすでに実践者自身が独自の「省察」を展開していることもあるだろうし，実践者が研究者の志向とは別の「研究」を求めていることもあるだろう。

　現在では，そうした「研究」と「実践」との乖離を乗り越える具体的な手法として，たとえばアクションリサーチ（授業リフレクション）などの考え方にもとづく研究なども登場してきている。そこでは，実際の実践行動を対象にした「研究→実践→研究」のサイクルによって，それぞれが「省察」を行い，研究者と実践者が協同して研究能力と授業実践力とを高めていく。このように，研究と実践とをセットにして，実践的研究者，あるいは研究的実践者の育成を通して，「実践」の改善を図るような「研究」も展開されている。

　それに伴って「研究」という概念それ自体も変容しつつある。すなわち，「研究」という概念とその内包は，ますます社会的実践行為としての相貌を強くしていき，広義の「実践」概念に包摂されていくように思える。「実践」行為だけではなく「研究」という行為自体にも，「省察」概念を導入し，その適用を図ることが必要とされているのが，現在という時代なのだろう。

3.3　授業実践を言語で記述する

　ところで筆者は，本稿の「はじめに」で，「現在のように人間や動物の行動，自然景観の変化などを，映像や録音によって記録するための装置が十分に普及していなかった時代において，一連の教育行為を記録するには，文字による文章記述が最も有効な手段であった」と記した。これに対して現在では，授業の「事実 = 現象」を記録するにあたって，音声や動画の記録を行う機器は言うに及ばず，脳波や心拍数，体温，眼球運動などの身体反応を測定する機器の利用も可能になってきている。目の前の事実や現象を単に観察しているだけなら，それは時間とともに移ろっていき，やがては消失してしまう。何らかの形でそれらを記録しなければ，考察の対象として措定すること

は出来ないことは言うまでも無い。そのために多様な記録手段が確保できることはありがたい。

　だが、大量の記録をそのまま集積するだけでは、単に音声や画像の物理的な集合体を蓄積したことになってしまう。それらを整理して、一定の価値づけをする必要がある。すなわち、取得した多くの記録を様々な角度から分析し、それぞれのデータの特徴を抜き出したり、全体に共通する傾向を見つけ出したりして、主体的に意味づけを行わなければならないのだ。

　そこで必要になるのは「言語」である。つまり、記録を比較したり、抽象化したり、あるいは一般化して法則を導き出したりするには、「言語」の力が必要になる。あるいは、そこで得られた思考活動の成果を多くの人々に報告するには、口頭によるにしても文字を使うにしても、現在のところ「言語化」がもっとも有効な方法だろう。

　だが、記録した「事実＝現象」を言語化しようとする際には、直ちに、言語と記録（事実）との関係という根源的な問題が目の前に立ちはだかってくる。すなわち「事実＝現象」は、言語そのものとぴったりと重なるわけではないし、言語が「事実＝現象」を正確に写し出すという保証もない、という問題である。いやむしろ現在では、言語化するという行為そのものが「事実＝現象」を創り出すという考え方が一般的になっている。「事実＝現象」は、言語によって、はじめて対象化され、現前化されるのだ。

3.4　経験の「物語化」と実践の科学的研究

　このことに関連して、「事実＝現象」を言語化する過程で、事実がフィクション化するという問題も議論されてきた。教育実践記録をめぐる議論に限っても、たとえば、筆者は先ほど芦田の実践の記録が「物語化」ないしは「小説化」しているという指摘をした。だが、そうした傾向は、何も芦田の実践記録の場合に限って起きているわけではない。

　そもそも過去の経験を言語によって想起的に語ろうとすれば、それは必然的に「物語化」せざるを得ない。ここでいう「物語化」とは、これまでの経験の中から語るべき出来事を選択し、それを「始め」と「終わり」のある一貫した時系列のストーリーとして整序しようとする行為をいう。あるいは、

すでにおきた過去の事件を「原因」と「結果」という因果関係として示そうとする行為のことでもある。それを支える一連の発話の連鎖を「物語」と呼ぶとするなら、経験の言語化はそのまま「物語」の創成作業になる[10]。

　芦田は、作文教育にも大きな足跡を残している。その芦田が提唱した「随意選題」の考え方をさらに発展させた教育運動に「生活綴方教育」がある。そこでは、作文活動は書き手に「自由に」「ありのまま」を書かせるべきだという主張が展開される。こうした主張は、昭和戦前期には、全国的な支持を受け、自主的な教育運動として大きな力を持った。多くの有力な実践家たちによって教育実践記録が盛んに書かれ、またそれを掲載した雑誌や書籍による全国的な交流活動が展開された。運動は、軍国主義下の弾圧によって一時下火になるものの、戦後に再び復興する。その中で多くの優れた「実践記録」が世に出る。無着成恭の『山びこ学校』（1951年）を初めとして、小西健二郎著『学級革命』（1955年）、東井義雄著『村を育てる学力』（1957年）大西忠治著『核のいる学級』（1963年）などの書物が知られている[11]。

　こうした実践記録類に対しては、「文学的」「主観的」さらには「呪術的」だとの非難が浴びせられることもあった。その要点は次のようである。すなわち、これらの記録は、ほとんどが一人称の語りで展開する教室の「実践」だった。したがって、それがそのまま「事実」であることは証明できない、書かれている内容は単なる書き手の主観的な「物語」に過ぎないのではないか、という批判である。しかも、それを記述する文体は、芦田の実践記録を紹介したのと同様に、小説的な文飾が施されていたり、書き手の心情が過度に吐露されていたりする場合も多かった[12]。

　しかし、当時の多くの教員たちが、こうした物語的と評される「実践記録」を読むことで、そこから、教育に取り組む姿勢や態度を学び取って、自分の教育実践を「省察」する契機としていたことを忘れてはならない。読者たちがそうした書物から読みとろうとしたのは、授業技術や指導方法だけではなく、教師と児童生徒との関わり方や、教師としての生き方やそこから生まれる矜持などだった。「物語」としての実践記録類は、読み手たちを深くまた本質的な「省察行動」に誘うような大きな力を持っていたのである。さらに言えば、これらの「実践記録」が、ある意味での「物語」だったからこ

そ，多くの実践家を情動的な側面から動かすことができたのだといえるのかもしれない。

　一方，戦後になってから，授業そのものを科学的・客観的に研究しようという動きが教育界に導入される。そのきっかけとなったのは，「教授 – 学習過程の研究」である。W・オコン『教授過程』（明治図書・1959 年）が紹介されたことをうけて，矢川徳光・柴田義松・駒林邦男らによるマルクス主義認識論とパブロフ学説を基礎にした研究も公刊される。この研究以降，「授業研究」の必要性が一般にも深く認識されるようになり，教室の中で行われる授業の音声記録をもとに，それを客観的に分析するような研究が各地で展開された。

　また，立場は異なるものの，ほぼ同時期には RR 方式（相互主義的関係追求方式）による研究も提唱されて，重松鷹泰・上田薫編『RR 方式―子どもの思考体制の研究―』黎明書房 1965 が刊行され，また，帝塚山学園授業研究所『授業分析の理論』（明治図書・1978 年）も広く読まれた。どれも授業を詳細に記録・分析していくことで，学習者の感情や認識を教授行為の中に位置づけ，学習者理解・授業改善に結びつけようとするものだった[13]。

　ここでは，戦後の「授業研究」の展開をたどることが目的ではないが，1960 年代頃から開始された教師の発問と児童生徒の応答を精細に記録し，そこから「教授 – 学習過程」を析出して教員たちの「省察」に結びつけていこうとする動きは，今日にいたるまでそれほど大きく変わってはいないといっていいかもしれない。それは，科学的に，また客観的に教室の「事実 ＝ 現象」を把握して，それを分析・考察することによって，科学的な「教育研究」が成り立つという方向である。筆者も基本的にそうした考え方を支持するし，むしろそれを前進させていく必要があると考えている。

3.5　客観的分析と「物語」

　だがここで留意しておくべきは，科学的・客観的に精緻に記述分析することと，経験を「物語化する」という概念とは，相反するものではないということだ。むしろ，教室に生起する様々な「事実 ＝ 現象」を科学的に把捉してその因果関係を説明しようとする行為自体が，ある種の「物語」を創出して

いることと同義なのだ，と考えた方がいいだろう。

　それはこういうことである。たとえば，教室の中の「事実＝現象」は，観察者の関心のフィルターを通して選択される。つまり，その時点でその「事実＝現象」は，教室という時間空間の中から観察者の主観的な問題意識によって切り取られたものである。さらにその「事実＝現象」の説明のために，何らかの因果関係が付与されて，言語化される。そこでは，教室の「事実＝現象」は，観察者があらかじめ保持している「物語」の文脈に沿って摘出され，その文脈の中で記述される。つまり「物語化」されるのである。言うまでもなく，ここでいう「物語化」という概念は，「作業仮説」や「パラダイム」などの枠組みも含んでいる。そもそも観察者・記録者がそうした「物語」の枠組みを，漠然とではあるにしても事前に保持していなければ，「事実＝現象」を観察したり記録したりすることさえ不可能である。ましてやそれを人に説明したり，文章化したりすることはできないだろう。

　もちろん言語ではなく，映像による記録・観察の場合も同様の事態が出来する。撮影者（記録者）はカメラを設置する視点を定めて，教室の中の特定部分を選んで焦点化したり，全体を映し出したりする。が，その選択は，撮影者（記録者）の関心によって決められる。あるいは，撮影後にある場面を強調するためにカットしたり，スローモーションを使ったりして画面を加工する。つまり映像による記録であっても，発表（上映）のためには，ある部分を切り取ったり，強調したりするような編集作業は必須である。それも「物語化」する作業の一端である。

　小説や詩などいわゆるフィクション作品を書くという行為だけが，「物語」と関係しているわけではない。語り手が，見たこと・聞いたことを含めた経験を想起し，それを言語化することは，ある意味ですべて「物語行為」なのだ。書く行為は，「科学論文」とか「随筆」などというジャンル概念も飛び越えて，より大きな枠組みとしての「物語行為」に包摂されてしまう。なぜなら，人は物語という枠組みに導かれながら発話を構築し，文章の記述を展開するからであり，物語という枠組みにしたがって事物の連鎖を理解するからである。いうまでもなく「教育実践記録」もそうした枠組みから逸脱することはできない。というより「教育実践記録」は，それを記述する実践者な

いしは観察者による「授業」という「事実＝現象」の「物語記述」の結果に
ほかならないのである。

おわりに

　芦田恵之助が授業を行っていた時代は，一斉授業を前提とした「指導過
程」や「指導方法」の探求が行われていた。また，学習者が手にする教材
は，全国一律の国定読本だった。そこで求められていたのは，いかに効率
的・効果的に，国語科の教育内容を学習者に落とし込むかという方法と技術
の模索だった。しかし今日の「授業研究」においては，それに先だって個々
の学習者の「学習過程」とその「支援方法」とが問題にされている。さら
に，一人ひとりの学習者がどのような認知過程を通して学習を成立させてい
るのか，またそれがどのような「他者」との交流活動によって産み出されて
いるのか，が問題にされている。授業という営みを科学的に分析し，学習者
一人ひとりの心中で進行している出来事を解釈して，それを一般化するため
に，各教科における科学的な「授業研究」「実践研究」が盛んに行われてい
るのである。

　国語科の読みの授業における「実践研究」に限定しても，その目的は従来
行われてきたように，どのように教材文のメッセージを「読みとらせる」の
か，あるいはそれをいかに効果的・効率的に行うのかという実利的なもので
はない。現在では，文字テキストや図像資料をとおして，個人それぞれがい
かにそれぞれの「読み＝認知」を生成させるのか，あるいは一人ひとりの豊
かな読書生活につなげて行くことができるのかを探ることが国語科授業研究
の中心的な課題になってきている。「一人ひとりのことばをつくり出す」こ
とを願って，国語教育研究と実践とが行われはじめていると言い直すことも
可能かもしれない[14]。

　とはいうものの，私たちは，授業実践を検討するために，言語を使って
「記録」し，さらにその分析にも言語を必要とするという桎梏から逃れるこ
とはできない。当然のことながら，教育の場で生起する「実践＝現象」の総
体のすべてを言語化し，合目的的に記述することは不可能である。またそこ

に，言語による「物語化」という問題が加わることも，問題を複雑化させている。しかし，授業を観察しそれを記録するにあたって「言語化」という方法を採用する限り，私たちはこのアポリアを抱え続けなくてはならない。「授業実践の事実＝現象」は，そうした形でしか把握することはできないのだ。重要なことは，そのことに自覚的になることであり，その上で緻密に作業を継続していくことだろう。

＊

　以上ここまで，教育実践を「省察」するためには，それを言語化しなければならないが，それをいくら的確に言語化し得たとしても教育実践の「事実＝現象」を十全にとらえ切ることはできないこと，さらには記述するという行為自体が「事実＝現象」を物語化することであることを確認してきた。とするなら私たちに必要なのは，実践を記録するための言語化という行為自体をも「省察」の対象にしなければならないということなのだろう[15]。

　それを芦田の実践に即して具体的にいうなら，教育実践の記録をそのまま事実であると受けとめるのではなく，できる限りもともと発表された文章の文脈の中に戻して理解したり，そこで使用されている文章文体などの言語形式自体を検討してみたりすることが重要だということになる。つまり，教育実践の内容を検討する際には，どのような枠組みを採用して語っているのか，あるいはどのような表現形式を使用して叙述しているのかということも含めて，実践現場の時代や空間などの文脈を組み入れて考察を進めなければならないのである。あるいは，実践者と分析者との関係，そこで示された「省察行動」の質とその影響関係などを複層的に取り上げて考察することも，「教育実践研究」に課せられた課題であろう。

　その意味で本稿は，芦田恵之助の「冬景色」の授業記録とその分析をめぐる一連の事例を材料に，「実践」とその「記録」に関わる筆者なりの「省察」を巡らした軌跡でもある，ということになるのかもしれない。

注

1 「教育科学／国語教育」臨時増刊「『国語の力』をこう読む」明治図書　国語教育研究所編　1982(昭和57)年12月，に垣内松三の唱えた「センテンス・メソッド」に関する考察が，数多く収録されている。また，戦後の西郷竹彦と古田拡との間で，芦田恵之助の「冬景色」の授業とその分析をめぐって，いわゆる「『冬景色』論争」が行われた。それを題材にした論考に，首藤久義「文学作品の教材研究に関する一考察―「冬景色」論争に於ける「視点人物」の問題―」『人文科教育研究(2)』人文科教育学会　1976(昭和51)年　pp.31–39，や，幾田伸司「話者」概念に基づく『『冬景色』論争」の考察』『全国大学国語教育学会国語科教育研究：大会研究発表要旨集　第117号』全国大学国語教育学会，2009(昭和21)年，pp.81–84，などがある。

2 第二期国定国語読本『尋常小学読本』(通称・ハタタコ読本)第十巻第九課　教材文の全文は，第二節に引用してある。口語文ではあるが，教材文中には文語的な言い回しが残っている。明治後期に登場した，自然の風景をリアリズムによって描写したいわゆる「写生文」の範疇に入る文種であるが，国木田独歩の「武蔵野」のような自然を賛美する気分が横溢している。本稿第二節で検討する垣内松三のこの教材文の「解釈」も，そうした時代の感覚が漂っているように思われる。

3 論争は，一書として，西郷竹彦・古田拡『「冬景色」論争―垣内・芦田理論の検討』明治図書　1970(昭和45)年にまとめられた。その後，中村哲也『「出口」論争「冬景色」論争を再考する』明治図書　1999(平成11)年，などの単著が出された。そこでは，注1であげた文献なども含めて，文学教育の目的や方法に関して議論が展開された。また，独自の立場から芦田恵之助の授業の「追試」を行った，向山洋一『国語科「冬景色」― 向山洋一の授業』(写真で授業を読む．5)松本昇撮影・解説　明治図書　1989(平成元)年，などの試みもある。

4 中内敏夫『中内敏夫著作集　Ⅳ教育の民衆心性』藤原書店　1998(平成10)年　p.158

5 野地潤家「解題」『芦田恵之助国語教育全集　7』明治図書　1988(昭和63)年　p.586

6 後に芦田は，「恵雨会」を組織して『同志同行』(1930《昭和5》年1月〜)という機関誌を刊行し，また，全国各地の同志を頼って「教壇行脚」の活動に専念する。「教壇行脚」とは，自分が担任ではない学級を借りて一時間ないしは数時間の授業を披露する，いわゆる「飛び込み授業」を，主に会員及び各地の賛同者に対して公開する活動である。芦田がそこで編み出した一時間の授業の指導過程が，「芦田式読み方教式」(通称「芦田式七変化」)と呼ばれる方式である。それは「読む－解く－読む－書く－読む－解く－読む」と展開し，読解指導の中に書く活動を取り入れていることが特徴である。このように「読むこと」の学習に積極的に「書くこと」の活動を導入することが，学習者の「発動性」を引き出すことになるという信念は，芦田が複式授業を担

当する中から生まれたものだった。

『教式と教壇』(1938年・同志同行社)には「私が書くといふ作業の効果を知つたのも，複式学級にゐたおかげです。」という述懐が記載されている。(『芦田恵之助国語教育全集12』所収明治図書　1988(昭和63)年　p.370，による。)

7　首藤久義『国語教科書入門期教材の研究―五社検定教科書の比較』「千葉大学教育学部研究紀要　第一部」1982年　p.135，では，「センテンス・メソッド」に関して以下のような指摘がある。すなわち，英米では，センテンス・メソッドとは，入門期の指導法のことを指し，垣内松三のように文章全体を対象とした使用法は「垣内独特」である。また，日本の国語教育界では，この「垣内独特」の使用法が普及している，とする。英米におけるセンテンス・メソッドの実態と，それをどのように垣内が理解していたのかについては，以下の論文が詳しい。安直哉「国語教育における形象理論の生成」『国語科教育』57号　全国大学国語教育学会　2005(平成17)年　pp.12–19

8　野地潤家は，芦田恵之助がすでに，1911(明治44)年には「通読→大意」の指導法を成立させていた記録を以下の論考で紹介している。(「芦田式読み方教式の成立過程」『野地潤家著作選集⑩芦田恵之助研究』明治図書　p.61)

9　『芦田恵之助国語教育全集　7』明治図書　1988(昭和63)年　pp.519–520

10　野家啓一(1996)『物語の哲学―柳田國男と歴史の発見』岩波書店　p.106

11　府川源一郎「実践記録」という物語『読書科学』第40巻第4号　日本読書学会1996(平成8)年12月　pp.134–139，のち，府川源一郎著『自分のことをつくり出す国語教育』東洋館出版社　2001(平成13)年4月，に収録。そこでは，戦後の「教育実践記録」として著名な，無着成恭の『山びこ学校』(1951年)，小西健二郎著『学級革命』(1955年)，東井義雄著『村を育てる学力』(1957年)大西忠治著『核のいる学級』(1963年)などの表現形式を取り上げて検討している。

12　勝田守一(1972)『勝田守一全集　第3巻』国土社　pp.83–91

13　府川源一郎「授業研究」『国語教育指導用語辞典　第五版』教育出版　2018(平成30)年　pp.234–235，では，国語科における戦後の「授業研究」についての様々な主張と，それぞれの手法や考え方などを整理している。

14　たとえば，全国大学国語教育学会編『国語科教育学研究の成果と展望Ⅱ』学芸図書2013(平成25)年，などには，そうした現在の研究状況が明確に物語られている。

15　長谷川貴彦編『エゴ・ドキュメントの歴史学』岩波書店　2020(令和2)年，には「言語論的転回」以降の歴史研究の一つの在り方が示されている。教育実践を，歴史的な研究として検討する際には，きわめて有効な視点だと思われる。

第 II 部

ことばの学びをつくり出す

第1章

「学び」が成立するとき

　学校は，それぞれの学習者に「学び」の体験を保障する場所であり，国語科はことばの「学び」を成立させる教科目である。当たり前のことだ，と思うかもしれない。だが，どのように「学び」が成立するのか。あるいは成立させることができるのか。よく考えてみると，ことはそう簡単ではない。

1. 自分の名前は英語で書ける

1.1 文字のレベルの問題

　小学校五年生の時だった。近所に住んでいる高校生のお兄さんが私の前に来て，突然こう言ったのだ。「お前の名前は英語でも書けるんだぞ。知らないだろう。教えてやろうか。」そりゃ知らなかった。漢字や平仮名，それに片仮名で自分の名前を書くことはできる。でも，英語で自分の名前を書くことができるなんて…。お兄さんの姿が大きくまぶしく見えた。

　憧れと期待に満ちた私の求めに応じて，お兄さんが紙片に書いてくれたのは，「HUKAWA GENITIRO」という綴りだった。その瞬間，なあんだ，これはローマ字じゃないか，と喉元まで声が出かかった。が，黙っていた。目の前にある綴りは，私がおぼろげに想像していた「英語」とは異なっている。ローマ字の表記法自体は，四年生で習ったから綴り方は知っているし，ローマ字で自分の名前を書くこともできる。でもそれは「英語」なのか。「犬」をローマ字で書くと「inu」だ。英語でどう書くのかは知らなかったが，確か「犬」は「ドッグ」というのではなかったか。そうだとすると「HUKAWA　GENITIRO」は，ローマ字なのか，はたまた英語なのか。混乱して口をつぐんでいる小学生の私を前にして，どうだ，さすが高校生は違うだろう，と言わんばかりのドヤ顔をして，お兄さんは肩を揺らしながら

向こうへ歩いていってしまった。

1.2　意味のレベルの問題

　自分の名前を「英語」で書くことができる，と知ったのは中学二年生の時だった。

　友人の吉川君が，自分の苗字を英語で表現するとどう書けるのか，を教えてくれたのだ。なんでも彼は父親から次のような話を聞いたらしい。「吉川」は，英語では「Happy River」という意味だ，と。確かに，「吉」は幸せ，喜びという意味であり，それは英語の Happy に相当する。川が River であることは，とうから知っている。なるほど，「Happy River」か。名前を「英語」で書くということは，こういうことなのかもしれないと，中学二年生の私は興奮した。

　吉川君は続けて，いたずらっぽく笑いながら，こう言うのだ。それなら府川君の名前を英語にすると，「Capital River」だね。なるほどそうか。それまで自分の名前の中の漢字の一字である「府」が，どんな意味を持っているのかをきちんと考えたことはなかった。しかし彼の言うとおり，「府」という漢字の意味内容は，「役所，倉，中心」である。そういえば，神奈川県西部の「国府津」は，相模国の中心（国府）の港（津）だったことを示す地名だったはずだ。

　「府＝中心地」という意味（概念）をもつ単語は，中国語にも日本語にも英語にも，あるいはその他の言語にもある。なぜならどの言語を使う社会集団においても，人々が集まり様々な富や情報が集積されるにぎやかな場所が存在するからだ。その場所のことを，それぞれの言語集団では「府」「みやこ」「Capital」などと異なった単語で言い表し，またその言語集団で使用する文字を使って表記する。単語の意味の内包は，当該の言語集団によって相互に微妙に異なるかもしれないが，おおよそ翻訳可能である。つまり「府」と「みやこ」と「Capital」とは単語の意味という側面からみれば，ほとんど等号で結ぶことができるというわけだ。

　吉川君のおかげで，自分の名前が英語に「翻訳」できることが分かった。

1.3 残る問題

　しかし，問題はまだ残る。確かに吉川君の言うように「府川」という私の苗字の「意味」を英語で表現すれば「Capital River」になる。だが「意味」という側面に着目すれば，「都川（みやこがわ）」さんという苗字も「財川（たらかわ）」さんという苗字も，「Capital River」という英語に翻訳することが可能である。すなわち，「Capital River」は，「府川」専用の英訳ではない。もし逆に「Capital River」という英語を日本語に翻訳しようとするなら，訳語として「府川」を選ぶのか「都川」を選ぶのか「財川」を選ぶのか，困惑することになるだろう。もちろん「府川」は「都川」とも「財川」とも同一姓ではない。「ふかわ」は，個人を特定する記号であって，それを「Capital River」や「みやこがわ」「たらかわ」で置き換えることはできないのだ。

　これは，「個人の名前」が，通常の名詞（普通名詞）とは性質を異にすることに起因する問題でもある。一般に名詞は，一定の対象あるいは現象を指し示している。しかもそれは，指示対象の持つ個別の属性を捨象し抽象化している。たとえば，普通名詞としての「犬」は，秋田犬という属性も，ハチ公という個別性も捨て去り，抽象的な記号としてのみ存在している。「犬」は，秋田犬もハチ公も包含していると言い換えてもいい。

　それに対して，国名，地名，人名などの名詞は，言語記号としてのあり方はきわめて特殊で，記号とそれを指し示す対象とは一対一対応の関係にある。つまり，府川源一郎（ふかわげんいちろう）という呼名は，府川源一郎という実在する唯一の個人だけに対応している。言語学では，そうした単語を名詞のうちでも特別に「固有名詞」と命名する。もちろん，人が識別できる音声の組み合わせは有限だから単語の数にも限りがある。同姓同名を持つ他人が出現することはありうるし，実際多くの同姓同名者や同じ地名が実在する。だが，基本的に固有名詞は一人の人間，一つの地域のみを直接指し示す記号なのである。

　「ふかわげんいちろう」という名詞の音声（おと）は，実体としての本人をダイレクトに指し示している。言い換えれば，「ふかわげんいちろう（音声）」という日本語の音は，現実存在としての「ふかわげんいちろう（実

体)」という人間と密着しており，それ以外の音声では置き換えることができない。したがってもし英語話者が，意味が同じだからという理由で，「Capital　Riverさん」と呼んだとしても，こちらとしては誰のことだか分からない。私は，「ふかわげんいちろう（音声)」と呼ばれた時のみ，自分が呼ばれていると気付いて振り返るのである。

　とすれば残るのは，その「ふかわげんいちろう（音声)」という固有名詞の音をどのように書き表すのか，という問題である。周知のように音声と文字とは別の存在であるから，日本語の「ふかわげんいちろう（音声)」という音は，それぞれの音声表記体系の約束事にしたがって，様々に表記することが可能である。すなわち，「府川源一郎」も「ふかわげんいちろう」も「フカワゲンイチロウ」も「HUKAWA　GENITIRO」も「FUKAWA GENICHIRO」も，同じ音を異なった文字記述体系で表記したものである。いうまでもなく「ふかわげんいちろう（音声)」は，アラビア文字でもハングルでも表記できるし，あるいは「発音記号」としての「国際音声記号」で表記することもできる。

　実は，まだまだ説明しなければならないこともあるのだが，本題は，「学びの成立」だった。そこで，今紹介したエピソードを，あらためて次節で「学び」の体験の成立という角度から考察し直してみたい。

2.「学びの成立」を考える

2.1「学び」を成立させること

　このエピソードから考えるべきことは，いくつかある。

　まず，「英語」で名前が書けることを教えてくれた高校生は小学校五年生の私に「学び」を成立させることができたかどうか，である。この時，高校生は，目の前の小学生に対して今まで彼が知らなかった知識を「教えてあげた」と思っている。したがって少なくとも高校生本人は，教授活動は成立したと主張するにちがいない。しかし見てきたように，教えられる側にとっては，無用の混乱を招いただけだった。

　その混乱の原因の第一は，明らかに高校生の側の知識不足にある。高校生

がおこなったことは，日本語の名前を，英語を記述する際にも使用するアルファベットで記述するという行為だった。なにも彼が言うように，名前を「英語」で書いたわけではない。もう少し正確に言うなら，彼は，日本語の固有名詞としての「ふかわげんいちろう」という姓名を表す音声（おと）を，表音文字としてのアルファベットを使用して，訓令式のローマ字表記法を採用して記述しただけなのである。

　もっとも，筆者はここで，文字表記に関する高校生の知識不足をあげつらったり，彼が意図的にインチキを教えようとしたのだなどと非難したいわけではない。おそらく高校生自身は，ローマ字が「英語」であると信じ込んでいたのだろう。あるいは，単に自分は名前を「GENITIRO　HUKAWA」と表記できる，という博識のほどを自慢したかっただけなのかもしれない。それを教えられた小学校五年生の私にしても，もしそれまでローマ字綴りを習っていなかったなら，「英語」で名前を書くことができると教えてくれたお兄さんを賛嘆と尊敬の眼差しで見上げることになったはずだ。

　仮にこの高校生が，私に教えてくれる前に，別の小学生にも同じことを教えていたと想定してみるとどうなるか。その時，相手が全面的に納得してくれた，というケースを考えてみたい。その場合には，誤った知識に基づいた教授活動をおこなったにもかかわらず，学習者は納得する。とすれば，そこでは一見，「学び」が成立しているようにも思える。誤った知識・情報の伝達であっても，教授者がそれに気がつかなかったり，あるいは学習者がそれを鵜呑みにして疑問を持たなければ，「学び」は成立したと考えるべきなのか。それとも，こうした事態では「学び」は成立していないとするべきなのか。これは結構悩ましい問題である。正解と思われている情報を受け渡しただけで，教授者も学習者も双方とも「学び」が成立したと思い込んでいる場合も多いと考えられるからである。

2.2　自主的な「学び」

　このケースとは別に，私が中学生の時に体験したことをどう考えたらいいのだろうか。友人の吉川君からもたらされた情報は，高校生のあやふやな知識とは異なって，間違いなく正確なものだ。さらにそれは，その場限りの豆

知識として消費されてしまうようなものではなかった。すなわち，その時私は「吉川→Happy River」という言語操作と同じように，「府川→Capital River」という変換も可能だということまでをも理解することができたのだ。個人の「名前」をことばの意味という観点からみるなら，外国語に翻訳することができる，という知識を獲得したのである。と同時にそうした変換は，一事例のみに限って可能なのではなく，一般化・普遍化することができるということも了解できた。この事例を敷衍していけば，「鈴木→Ring Wood」，「山本→Mountain Base」など，多くの例を挙げることができる。それはまた，ことばを対象化し別の枠組みから観察することによって，新たな知見が得られる，という新鮮なことばに対する「発見体験」でもあった。だからこそ，中学二年生の私は「興奮」したのである。とすれば明らかにここで「学び」は成立している。

　もっとも，この時「学びの体験」が成立したのは，まったく偶発的だった。この体験は，教授者が意図的・計画的に仕組む「授業」のような場面で起きたものではない。もし，学校の授業場面で先生が教科書を片手に同じことを教えてくれたとしても，これほど鮮明な記憶として残っただろうか。もちろんそれは仮定の話だからなんとも言えないが，私自身，学校の英語や国語の授業の中でことばの「発見」によって，わくわくした体験を持った記憶は数少ない。少なくとも中学生だった私にとって，友人の吉川君が雑談交じりに教えてくれたという状況だったのが大きかった。相互がくつろいだリラックスした場の中で，「学び」が偶然成立した。実は，そこに「学びの成立」の秘密の一端が隠れているのかもしれない。

2.3 「学び」の成立条件

　さらに，この中学生の時の「学びの成立」に関わっては，別の要因も視野に入れておく必要がある。それは冒頭に紹介した，ほかならぬ私が小学校五年生の時の体験だ。高校生のお兄さんにローマ字を英語だと教えてもらったものの納得できずに混乱した経験である。確かにあの時，小学生の私は何が正しいのか判断できず，高校生のお兄さんの発言に違和感を抱いた。それはすぐには解決されないまま私の心の中に沈殿し，そのまま封印されてしまっ

た。しかしそうしたわだかまりがあったからこそ，中学生になって吉川君が
名前と英語に関する話をしたときに，即座に反応できたのである。そうした
経験がなければ，吉川君の話も「ふーんそうなんだ」と軽く受け流してしま
い，一過性の知識の受容で終わってしまったかもしれない。いうならば自分
自身の心中にその話題に関する隠れた「問題意識」が伏在し続けており，吉
川君の発言に触発されてそれが噴き出してきて「学び」を成立させる要件の
一つになったのである。

　とするなら，学びの成立を支える条件とは，個人的な学習経験から問題意
識を引き出し，それを交流させて止揚するような場と機会を用意すること
だ，と考えるのがいいのかもしれない。言い換えれば，多様な体験をランダ
ムに十分に経験させておくことが，実感的な「学び」の体験を保障するため
の基盤になるということである。確かに，そうした「経験主義」的な見方に
基づいた実感と生活と知識の体系とを統合的にとらえるような学習観を持つ
ことはきわめて大事である。とりわけあらかじめ用意した指導事項を上から
機械的に伝達するような硬直したカリキュラムが設定されている場合には，
それに対置して学習者の個人的な豊かな体験を強調することが重要であるこ
とはいうまでもない。

2.4 「学び」を成立させるカリキュラム

　だが，そのことは意図的・計画的な系統的カリキュラムのもとでは，「学
びの成立」が困難だということを意味するわけではない。確かに私は，中学
二年生の時に吉川君の偶発的な発言から，ことばに対する「学び」を成立さ
せることができた。しかし振り返ってみればその時点では，固有名詞と普通
名詞との機能の違いというところにまで考えが及んでいなかった。あるい
は，ことばにおける音声と文字との関係という，ことばを考えるための基本
中の基本というべきことがらについても，まったく視野に入っていない。

　実をいうと，私がそうしたことに目を開かされたのは，大学に入って受け
た体系的な言語学の講義の中においてだった。先ほど記述した小・中学校に
おける個人的な体験に加えて，固有名詞に関する私の説明やことばの音と文
字についての一見小難しい解説は，すべて昔大学で学んだ知識をアレンジし

ている。そのために私の説明の中には，日常の会話の中であまり登場しない一種の「専門用語」が混入している。なぜなら，そうした用語を使わなければ，対象とする事象を正確に分析したり，考察することができないからだ。それはある意味で，体験や経験をベースにするだけでは，それとは別の次元の「学び」の成立は難しいということを意味する。総合的な「学び」を成立させるためには，「体験を語ることば」と「その体験を対象化するためのことば」の双方が必要になるのだ。「体験を対象化することば（専門用語）」は，体系性や系統性を持っており，それにふさわしい厳密な使い方が求められる。また，だからこそそうした用語の使用を通して，新しい「学び」を成立させるための素地が形成されるのである。それは主として，学校教育のカリキュラムに布置された「各教科目」が担うことになる。近年ではそれは「学習用語」と呼ばれることが多い。いうまでもなくその後ろ盾になっているのは，各教科目に関連した科学的な知識や学問体系である。

　ところが，近年はそうした専門性が軽視されることが多くなってきたように感じられる。最近の外国語教育（英語教育）や国語教育では，活動重視の教育活動，コミュニケーションの重要さという主張がくり返されるばかりで，学習者をことばの機能の本質に対する洞察へ導くような方途を示すことは少ない。当然のことだが，「学び」が成立するためには，指導者の側にも学問的な姿勢に基づいた教科内容に対する本質的な理解が求められる。従来からの教育用語を使うなら「教材研究」の重要性と「体系性を持ったカリキュラム構築」の重要性である。このことは，今，あらためて確認しておく必要があるだろう。

　もっとも，以上に述べたことは，教員養成における教育内容の編成とその教授活動の責任という側面もある。そう考えるなら，現在大学教員であり教師教育に携わっている私自身が猛省しなければならない。そうした自戒の念を込めてこの文章を綴った。もとより，「各教科目に関連した科学的な知識や学問体系」も，「私たちのことば」の一領野を占めている。「私たちのことば」の豊かさと奥深さを知ることで，「自分のことば」もより深くまたより豊かなものになっていく。そうした場を多彩に体験させる場として「国語教育」という教科目の内容と方法とをとらえたい。

第2章

教員養成の出発点としての「教育実地指導」の授業
―「教育デザイン」構築への足がかり―

はじめに

　本稿は，筆者がかつて横浜国立大学教育人間科学部において担当した「教育実地指導」で，学生を指導した際の報告である。

　「教育実地指導」という教科目が，大学の教員養成に関わる出発点に置かれた学部一年生のために設定された。この時，横浜国立大学教育人間科学部では，「教育デザイン」という観点に立って，学部から大学院に到るまで，一貫した理念にもとづいて教員養成の問題を考えようとしていた。具体的には，2011年度から発足した新しい横浜国立大学大学院の「教育学研究科」に「教育デザインコース」という名称の教育課程が設置され，入学者全員が「教育デザイン」という授業科目を受講することになったことが出発点である。つまり，大学院の教育をより教育現場と連関させた実践的なものとして構想する必要があり，そのために逆算して四年間の学部教育に関する見直しを行ったのである。横浜国立大学における，「教育デザイン」論議とその提唱は，こうした文脈に大きく規定されている。

　今述べたように，横浜国立大学の論議の中で「教育デザイン」という用語と概念が浮上してきたのは，横浜国立大学における「教員養成」をどのように展開するのかというきわめて現実的な論議の中からだった。もちろんそれはそのまま，筆者自身が横浜国立大学で行う教育行為を通して，どのような人材を育成しようとしているのか，また具体的な授業科目の中で，何を目的として，どのように実践していくのか，という問題と密接にからんでいる。

　こうした立場から，以下，筆者の考える「教育デザインの基盤」という問題を，大学での授業実践を材料にして具体的に考える。

1.「教育デザイン」の出発点として「教育実地指導」の授業を位置づける

　筆者は，2010（平成22）年10月から新しく始まった横浜国立大学教育人間科学部の「教育実地演習」という授業科目を担当した。対象学部は学部の一年生。学生たちは，前期（春学期）にクラス分けされた20名である。学校教育課程の学生の定員は240名だから，全体は12クラス編成，そのうちの一クラスを筆者が受け持った。

　前期は「基礎演習」という教科名で，どのクラスも後期とは別の教員が授業を担当していた。そこでは，これからの大学における学習に必要な知識探索技術の習得と，教育に関する基礎情報に触れることを目的として学習が進められた。あわせてそれぞれのクラス集団は，学生同士の人間関係の構築や情報交換の場としても機能してきた。

　そうした学生たちが，この「教育実地指導」という授業で，直接「学校現場」に触れ，実践的教育について考えるスタートラインに立つ。授業は，一年生の後期（秋学期），金曜日の午前中。場合によっては，午後にまたがる時間帯を使う。学部一年生の時間割では，この時間帯は「教育実地指導」のために，優先的に確保されている。

　「教育デザイン」のカリキュラム構成という観点からみるなら，「教育実地研究」という授業科目は，「教育実習」へと発展して「教員免許状」の取得につながる職業教育の出発点であり，同時に，教育という実践行為の本質とその特徴を考察する「教育研究」という営みの出発点に位置づけられる。というより，学部の一年生段階の「教育実地授業」を，そうしたカリキュラムの展望の基底に据えて「教育デザイン」の全体像を考える必要があった。なぜなら「教育デザイン」という思想とその具体像は，大学院の授業としてのみ存在するのではなく，学部段階からなだらかに大学院教育へと連続していく総体として構想されなければならないからだ。

　そのおおまかな見取り図を，仮にカリキュラムという形で示すならば，次のような系列と内容とに分けて考えることができるだろう。

　すなわち，カリキュラムの形式的枠組みとして，学部教育の段階では，

「教育実地指導」から始まって，学校教育で取り扱う教育内容やそれぞれの
教科教育法を学び，その後に教育実習に参加して，教育免許状を取得させる
という一連の流れが構築されている。それぞれの授業科目は，文部省の「課
程認定」を受けており，その単位を積み重ねることで，公的な教員資格を取
得し，社会に出て特定の職業に就くことが現実的な目的になる。「教員養成」
教育が，実際的な「職業教育」であるゆえんである。言うまでもなく，学校
教育制度の中に位置づけられた職業としての「教員」になることだけが「教
員養成」教育の役割ではない。様々な職業の中には「教員」的なセンスが必
要な職業が存在するのだから，そうした職に就きたいと考えている学生をサ
ポートすることも大きな使命の一つである。

　学部の上に置かれた大学院教育学研究科では，必須科目として「教育デザ
イン」が置かれている。ここでは，教育現場との関わりを意識して，教育行
為や教育実践を視野に置きつつ研究を進めることになる。こうして，横浜国
立大学の教育カリキュラムは，究極的に，それぞれの学生が自らの「教育デ
ザイン」を構築できる能力の育成を目指して設計されている。

　また，「学問の府」である「大学」で学ぶということから考えるなら，こ
のカリキュラムを通して，社会に出て，それぞれが教えるはずの教育内容，
教育方法，あるいは教育制度そのものに対する本質的な考察，あるいは現状
への疑いや反省的な思考方法などを，学生たちに身につけさせる必要があ
る。それには，それぞれが選択した「学問分野」に即した学習の「訓練」が
なされなければならない。すなわち，それぞれの専門を通して，自らの問題
関心を徹底的に研ぎ澄まして設定した課題を着実に粘り強く追求していくよ
うな姿勢と態度の育成，あるいは多くの情報を博捜しその中から的確に目的
物を選択できるような技術と方法の修得，緻密な思考を展開できるような言
語力と判断力の養成，さらには，豊かな感性としなやかな身体活動を通して
文化的創造行為に関わることへの喜びの実感，などの多様な体験が，各専門
領域の中で深められるはずである。実際，それは従来から，大学や大学院の
教育内容としてもっとも大事にされてきたものであろう。それを別の言い方
をするなら「研究」活動である。学生たちの研究活動は，最終的には，卒業
論文や卒業制作，あるいは修士論文などの形になって結実し，社会へ向けて

公開されて，他者の評価を受ける。

　個々の学生に，このような専門的な研究姿勢が十分に耕されていない場合には，貧弱な教育観のまま職業としての教職に就いてしまう可能性がある。言うまでもなく，教育という営みは，単に既成の教育内容を伝達するだけの行為ではない。そこで取り扱う教育内容は，日進月歩で進展している学問研究と直結しており，それ自体が日々更新されていくダイナミックな科学や文化の成果と等価である。つまり，大学における教育は，最新の学問の成果と密接に連関しており，学生たちがそこに参加して得られる確かな実感こそが，「教員養成」の基盤になる。深く学ぶ体験から得た喜びや，その苦しさに裏打ちされていない教育行為は，結局その場しのぎの受け売りにならざるをえない。学ぶ主体としての充実した研究の体験を経ていない教員が，主体的に学ぶ学習者を育てられるはずがない。

　あらためて確認するまでもないが，以上のような教師教育の考え方は，戦後教員養成の骨格をなしていた考え方である。というのも，もっぱら国家の要請する教育内容を伝達することを重視した戦前のような「師範教育」から脱却し，教育行為や教育内容を「学問」のレベルで検討することを目ざして出発したのが，戦後教師教育だからである。筆者は，横浜国立大学が目ざしている「教育デザイン」とは，こうした戦後教師教育の原点を見据え，同時に現代社会の中の新しい教育の見通しのもとに構築され，具体的にカリキュラムとして組織されたものだと考えている。

　とするなら，「教育実地指導」という授業科目は，こうした理念を具体化するための，初めの一歩として位置づけられる必要があるし，それを実際の「学校観察」という行為に中に，具現化していかなければならない。以下には，そうした理念をどのように具体的に展開したか，また学生たちがどのように反応したかを，筆者の見解を添えて記述していく。

　手探りの試行錯誤の実践ではあったが，学生たちにとって初めての「学校体験」とその記述の中から，筆者自身が学んだり，あらためて考え直したりしたことも多かった。おそらくそれらは「教育デザイン」という概念を考えていく上でも，意味のある知見となるに違いない。

2.「教育実地指導」の授業の実際

　筆者は，担当したクラスに所属している20名をA市のH小学校へ，数回にわたって引率した。ちなみに，ほかの大半のグループは附属学校へ行って，そこで様々な体験している。別に，筆者と同様，公立の一般校に参観したクラスもある。担当者によって，実際の小学校への参加回数はまちまちであり，また大学における自らの参加体験の交流の方法も，それぞれの担当者に任されている。

2.1　第一回目の学校参観

　第一回目は，できるだけ先入観を持たせないで，それぞれが自由に学校現場を見ることを目的とした。どの学生も初めて「教師の卵」として学校へ行くのだから，できるだけ予備知識を持たないで，とりあえず見たこと聞いたことを受けとめることが重要だと考えたからである。

　もちろん，全く先入観を持たない，などということができるはずがない。こちらからは，事前に参観する学校の立地条件や歴史的経緯，あるいはその学校の抱えている様々な条件などを予備知識として解説することはしなかった，という意味である。当然のことだが，どの学校もそれぞれ地域の人々との関わり方は異なっており，また教職員集団の意識や校長先生の考え方なども違う。

　とりわけ神奈川県内の小学校の数は，全国有数の規模で学校数も多い。その総数は，891校（内，公立859，私立30，国立2）で，学級数は17039ある。筆者は，ここ30年ほどの間，国語の授業参観を中心にして，神奈川県のあちこちの小学校へ様々な形で訪問しているが，県内各地域の学校間で相当の差異があることについては，よく承知しているつもりである。小学校の国語の授業を参観することが多いので，その限られた部面からだけの比喩的な発言を許していただければ，県内各地の教育実践を実践史という歴史的な見方の中に位置づけると，かなりの幅がある。（誤解の無いように言い添えておくが，「遅れている」とか「進んでいる」というような意味ではない。同じ時代を生きている人々がどこでも同じ意識を持って生きているのではな

いのと同様，各地域で行われている教育実践も，同じ学習指導要領のもとに同じ検定教科書を使って行われていても，教育理念，指導方法，教育技術などに相当の振幅がある。）学生には，その違いを身をもって体験しておいてもらった方がいい[1]。

　というのも，終局的には，それぞれの学校や学級の実態に即して「教育行為」の問題を考えていかなければならないからである。学習指導要領や教科書だけが，教育実践の方向を決めるのではない。将来，各地の様々な学校に配置された学生が，それぞれの学校の実態に即したカリキュラムを策定するためには，目の前の子どもたちにつけるべき「学力」をそれぞれの地域の文化の中に探り，それを具体的な教材との交流の中で，学習者の内側に豊かに育むような実践的な力量を必要になる。そうした力量を発揮できるような教員を育てることこそが，大学における「教員養成」の役割だろう。おそらく，「教育デザイン」を描くことのできる能力は，そうした柔軟で可変的な実践的力量へと転化していくものでなければならないと考えられる。

　そのために望ましいのは，さしあたって，多様な教育の現場を見ておくような体験をさせることである。学生たちは，この後，三年間に，教育実習も含めて数校の学校参観の体験をすることになるはずだが，それ以外にも様々に学校現場や各種の教育場と接する機会がある。そうしたチャンスをうまく生かすことは，それぞれの学生がそれぞれの「教育デザイン」を描く上でも重要なポイントになる。

　もっとも，ただ漠然と多くの学校を見るだけでは，それだけのことになってしまう。学校観察には，大きく言って二つの視点が必要になる。一つは，観察主体である「学生の立ち位置の確認」であり，もう一つは「学生自らの教育体験の相対化作業」である。

　その視点を，最初に学生たちを学校現場に連れて行ったときに考慮した二つの具体的な指示に即して考えてみたい。

2.2　学生の立ち位置と「先生」という存在
　一つは，「これからあなた方は，子どもや教師から『先生』と呼ばれる資格で参加することになる」と告げたことだ。これが，「学生の立ち位置の確

認」ということを具体化した指示である。学生たちは，この一言でかなり緊張する。というのも，学校現場へ参観に行くのは初めのことだし，実際は高等学校を出てから半年くらいしか経過しておらず，社会参加への心構えが十分でない場合が多いからである。しかし，学校現場へ行くのに，ニュートラルの立場で参加しようとしても不可能である。それは，この参観がとりあえず「教師の卵」としての行動だということと関係する。学生の学校参観は，公的機関の公的時間に，公的な営みとして行われる。それ以外ではあり得ない。そのことの意味をまず押さえる必要がある。もちろん，だからきちんとした服装をする必要があるとか，挨拶をきちんとすべきだとか，そういう表面的な説教をしたいわけではない。

　重要なことは，自分の学校参観が，公には「教師の卵」としてしか成立しえないという事実に対する諦念と，それを自覚し続けることへの覚悟を持ち続けてもらいたいということだ。隣のお兄さんとして付き合うのとも違うし，親戚の子どもにちょっかいを出すのとも違う。そうした水平の関係の中では成立したことが，もしかすると，「先生」として接したときには，成り立たないかもしれないし，逆に，だからこそ成り立ってしまうかもしれない。教師という権力機構の一端に荷担することへの恐れと，それ故にこそ生まれる圧倒的な優越感と敗北感。それはこれから続く「教師教育」の過程の中で，繰り返し経験する感覚のはずである。その最初の逡巡と違和感とを忘れないようにしたいと思う。また，それはこれからも繰り返して反芻する必要がある。その意味で，児童から初めて「先生」と呼ばれた時に，自分が何を感じたのかということを記憶しておくことは，きわめて大事な問題なのである。

　今回，その時のことを，Ｗさんは「『先生』と言われ慣れていないため，照れくさいと思う反面，嬉しい気持ちでいっぱいでした」と書いている。またＹさんは「少し違和感があった。そして，自分は先生になると感じた瞬間であった。」と記している。最初はこれで十分だと思う。まずはここから始まる。この学生たちも，すぐに教育実習などを通して，「先生」と呼ばれることに慣れていく。その時に「先生」と呼ばれることに，ある種の衒いと同時に恐れとを持ち続けることがいかに難しいか，また，実際に職業として

の「教職」に就いた時に，いかにそうした感覚を忘れやすいか，それは筆者自身も先輩方から，何度も繰り返し留意するようにと，言われてきたことである。こうした発言とその背後にある思想は，後輩へと引き継いでいくべき大事な財産だと思われる。

2.3　自分の体験とその相対化

　二つ目は，「学生自らの教育体験の相対化作業」という点に関してである。先ほど，神奈川県の学校の多様さに触れたが，それを学生たちの実体験に引き当てれば，さらにその多彩さは拡大する。というのも，学生たちは全国各地から集まっているからだ。学生たちは，自分の地域で，自分が受けてきた学校教育の経験をもとにして，目の前の教育の事実を考える。それは当然のことであるし，まっとうな反応である。しかし，それはあくまでも限られた地域の，個人的な出来事でしかない。

　初めての学校訪問で，学生たちが見るものは，自分の過去の教育体験，あるいは現在の大学生活の感覚と照らし合わされる。一般に自分が当たり前だと思っていたことは意識化されない。反対に，自分にとって新鮮に映ったことには，敏感に反応する。まず，それらを，ランダムに表出させることが重要だ。

　「最初の学校訪問で，自分が『発見』したことを，できるだけたくさんメモしよう」というのが，筆者の指示である。学生たちは何を見たか，以下にそのいくつかあげてみる。

　もっとも多かったのは「トイレがきれい」という反応である。筆者は，この訪問校のトイレの設備は通常の学校とほとんど変わらないと判断しているが，学生たちのメモが集中したのは，これだった。おそらく学校のトイレに対する自分の経験と照らし合わせて出てきた反応だろう。学生たちが小学生だったのは十数年前であるから，現在の学校のトイレと学生たちが経験したそれとが，それほど大きく違っていたとも思えない。それにもかかわらず，こうした声が出るのはなぜか。

　ささいなことのようだが，ここにも「自らの教育体験の相対化」作業を考えるためのきっかけがある。学校という公共の空間で，排泄する場所やその

行為の意味をどのように考えるのか，おそらくそれに関して，多くのすぐれた研究とその蓄積とがあると思われるが，残念ながら筆者は，今，そうした知識や情報は持ち合わせていない。しかし，小学生たちが，学校という公共空間の中で，もっとも不安な感覚を抱くのがトイレだろうということだけは，十分に想像できる。食事と排泄とは，人間生活の基本中の基本の行為である。それが安心してできなければ，「勉強」などが身に入るはずがない。

　小学校生活がはるかな過去になってしまった学生たちは，小学校のトイレはこんなにきれいなんだ，ということをあらためて「発見」したのである。逆に言えば，彼等は，小学生の時には，トイレを汚く暗く不安を感じる場所と意識していたことになる。それは，衛生的条件とか，採光の具合などといった物理的な条件整備とはまったく別の問題である。どのように清潔な環境を整えたとしても，小学生にとってトイレとは，大人と異なる感覚を誘発するところだったのである。

　自分の教育体験を相対化するためには，まずは，そうした自らの教育体験を克明に思い出す必要がある。今となってはほとんど忘れてしまっているようでも，思い出す手がかりはある。それを豊かに思い出さない限り，自らの「教育デザイン」は貧弱なものになってしまう。また，大学生になった自分が，なぜ「トイレがきれい」と感じたのかを深く考えることも必要だ。その理由を，「トイレがきれいなカラーで彩られていたから」，あるいは「水洗トイレが設置されトイレットペーパーがきちんと備えられていたから」というような表面的な観察で済ませないことが大事である。大げさに言えば，そこに大学での自分の「研究」へとつながる〈学び〉の萌芽がある。

　さらに，学生の反応は続く。「あらゆるものが低く設置されている」「ランドセルの色が多い」「雑巾を椅子の下にぶら下げている」これらの事実がなぜそうなっているのかを追求していくと，この一見つまらないような現象から，社会的時代状況や，学校特有の文化の問題などが引き出されてきそうである。何より，それぞれの学生が，自らの小学生の体験と重ねて感じた違和感から，こうしたそれぞれの反応が生まれたということを自分自身が気づくことが重要だ。

2.4　観察したことの交流

　次の週に大学へ戻ってから，これらの反応を，一つ一つ付箋紙に書き出して，グループで討論しながらグルーピングさせる。それぞれの学生は，なぜこれが自分にとっての「発見」だったのかを，興奮気味にまくし立てることが多い。それに同意する学生もいるし，そんなことは当たり前だと反論する学生もいる。そうしたやりとりの中で，同じ大学生にもかかわらず，それぞれの持っている小学校生活の体験が相互に異なっていることに気づいていく。もちろん，ただ自分の小学校の時の思い出を交流し合っているに過ぎないグループある。脱線話も多く出てきて，単なるおしゃべりに近い交流で終わってしまうグループもある。しかし，今はそれでもいい。

　さらに，「ドリルやってるときは塾みたい」「わからなくても黙ったままの子もいる」「調理実習は女の子が片付けをしていた」などと，小学校教育の実態に対する批評意識も見られる。こうした視点も当然のことながら，それぞれの学生の体験に根ざしている。現状を大きく変える可能性を持ったこの種の批評意識は，これからの大学での学習の中で，さらに拡げられ深められていくべきものだろう。

　付言すると，横浜国大でも多くの先生方が，学生たちが受けてきた自分の教育体験を交流し，そこから現在の教育について様々な観点から考察を深めていく授業を試みておられることは，様々な機会に仄聞している。筆者も，学部の三年生を対象にした「初等国語科教育法」の授業の中で，自分の教育体験を記述し，それを手紙にして当時の教師や友だちに送り，返事をもらって相対化を図るという試みをして，それを一書にまとめたことがある。いずれにしても，学生が外へ出て教育現場を参観するときには，それぞれの教育体験をベースにものごとを判断したり，観察している立ち位置がどこから生まれているのかを自覚化させる機会とその方略とを多彩に用意することが必要だと思う[2]。

2.5　第二回目の学校参観

　第一回目は，自由に一年生から六年生までの教室を，障害児学級や国際教室をも含めて自由に参観させてもらったのだが，第二回目は，一クラスの授

業をじっくりと見せていただくような計画を立てた。

　わざわざ指導案を用意してもらうのは先生方の負担になるので，通常どおりの授業を一時間だけ見せていただくことにした。ちょうど音楽祭へ向けてほかのクラスとの合同練習の予定があったので，その練習風景を一時間拝見してから，同じ子どもたちの算数の授業を参観した。学生にとっては，この音楽祭の練習における子どもの様子と比較して，いわゆる坐学の学習の様子を観察できたことは有益だったようだ。

　観察したのは算数の図形の授業だった。学生には，次のような指示をした。「子どもをよく観察すること。その際，自分が一番気になる子どもをよく見ることと，それと全く対照的だと思われる子どもの二人の子どもを見ること」。ここでも，気づいたことを各自にメモさせた。

　授業は，一斉授業の形式で，行われていた。一時間の授業をフリーに見学させても良いのだが，そうすると，教師の指導技術に目を奪われやすい。それはそれで意味がないことはないが，ここでは，あえて学習者に目を向けさせた。授業中の学習者のどこに目を付けて，何を観察するのか，この問題は，かなり射程の深い問題である。とりあえず，学生には，子どもの表情が見える位置に立つことに注意させた。二つのタイプという具体的な漠然とした指示であったが，学生が撰んだ児童は，教師の指示に従順に従わずに一見気ままに作業しているように見えるAさんに集中していた。Yさんは，事後のレポートでこう書いている。

　　●一人につき二人の児童を観察し，発表したが，驚くことに，皆ほとんど同じ子を見ていた。いくら一クラスにたくさんの子どもがいようとも目立つ子はいるということが分かった。しかし，友だちの発表内容を聞いていると，同じ子を観察していたのは分かったが，視点が違ったため，その子について新たに気づくことやさまざまな表現の仕方があるということに驚いた。

　いろいろな子どもがいる，というのは当たり前のことだが，そこで思考を止めてしまうと，具体的な観察へは進まない。それぞれの子どものどこがど

のように異なるのか，そこに着目する視点を持つ必要がある。そのために，ここでは，「気になる子ども」と，それと「対照的な子ども」という指示の仕方をしたのである。

　Ｙさんが書いているように，この授業を観察したほとんどの学生にとって，「気になる子ども」は，教師の指示に素直に従わないように見えたＡさんであった。おそらく，Ａさんが「気になる子ども」として，多くの学生から注目を集めたのは，授業中の行動が多少反抗的だと思えたからであろう。その底には，もし自分が教壇に立ったら，Ａさんのような児童をどのように取り扱ったらよいのか不安だ，という観点がすでに芽生え始めている。それを「教師の側の視点」と言い換えても良い。学生たちは，授業を観察しながら，「自分だったらどうするか」を常に意識しているのである。

　こうした反応は，この授業観察が単なる傍観者的な観察ではなく，将来教員になることを予定した「予備教育」の一貫なのだから，当然と言えば当然である。また，仮にも「先生」と呼ばれる立場で，参観しているのだから，そうした意識がなければ，意味がない。もちろんそれは大前提である。

　だが，実際に教壇に立ち，ある程度の裁量をもって，教育実践を主導できるならともかく，現在の学生の立場はあくまで観察者としての「学生」でしかない。それにもかかわらず，授業観察後に行われる話し合いでは，「もし自分が先生だったら」と言うような発言を求められる。それまでは，実際に授業を受ける側，つまりＡさんの側にいたにもかかわらず，想像するしかない教師の側の思考を要求されるのである。責任のあることをしたくても何もできない立場であるにもかかわらず，そうした答を求められる。あるいは，しなくてはならないと思い込む。学生たちは，学習者の側と教師の側の二つの立場の間に宙吊りにされてしまう。

　実は学生たちのこうした立場と姿勢とは，在学中，ずっと続く。現場を観察すれば観察するほど，そうしたジレンマが増大する可能性もある。四年間の間，あるいは大学院も含めて，かなり長い間そうした宙吊り状態にあることは，制度上仕方がないとは言え，「教育デザイン」の成立という観点からは，今後も考え続けていかなければならない問題である。学生の側にしても，観察者の方が適しているパーソナリティと，観察するだけではなく行為

者として行動する方が適しているパーソナリティとがある。そうした学生の特性に合わせて，カリキュラムを考えるという方向もあるだろうし，そうした立場を意図的に交替させてそれぞれの立場を想像的に経験させるような教育方法もあるだろう。

　なお，今回の「対照的だと思われる子どもの二人の子どもを見る」という指示については，学生たちに十分に意図が伝わらず，それぞれの学生の「気になる子ども」をめぐっての議論と考察と言うことになってしまった嫌いがある。「気になる子ども」という指示だけでもよかったのかもしれない。これに関しては，なお試行を続ける必要があるだろう。

2.6　第三回目の学校参観

　第三回目は，学生にとっては初めての二つの体験を用意した。ひとつは，学生たちをそれぞれ学級へひとりずつ配置して，給食をともにさせようと考えたことである。つまり，食事を一緒にするのだ。二つ目は，教員たちによる校内研究会への参加である。

　まず，食事体験から述べる。学生たちには，第一回目の訪問時から，休み時間には小学生と外で遊ぶことを促してきた。幸いに，どの訪問日も好天だったので，戸外で小学生たちと過ごす20分間の休み時間は，格好の運動時間であったようだ。子どもを知るには，まず一緒に遊ぶこと，室内で教材研究をするよりは，そのほうがよっぽどいい。筆者も，先輩方からそのように教えられてきたし，実際，それがかなり重要なことであるのは間違いない。小学生は，全身の感覚をフルに回転させて，ものを考え，感じ，表現する。そうした身体まるごとの子どもを理解するためには，戸外での遊びは，きわめて良い機会である。なによりも，動的な身体感覚をともなうコミュニケーションの中で得られた経験は，教室の中の子どもを見る視点を決める際のきわめて大きな素地になる。

　訪問先の校長先生も，同意見だった。そればかりではなく，校長先生は，運動場を活発に走り回る学生たちを見て，せっかくなら子どもたちと食事を一緒にさせたらどうか，という提案をしてくださった。渡りに舟である。ただし学校側が学生分の給食の用意を事前にするのは面倒なので，学生たちは

弁当持参である。

　この食事体験は，学生たちにとってきわめてインパクトのある体験だったようだ。どの学生も，一人で教室に参入することが不安だったが，すぐに打ち解けることができて安心した，と言う異口同音の反応があった。学生たちは，食事をしながら様々な質問ぜめに会い，学級の中にすんなりと迎え入れられたのである。先ほど筆者は「食事と排泄は，人間生活の基本中の基本」だと述べたが，はからずも，ともにものを食べることの効用は，こんなところからも確認できる。各自が「教育デザイン」を描こうとする根幹には，こうした相互交流や共通体験を通した信頼関係がなければならない。また，そうした信頼関係を生み出すような豊かな場の設定を保障するものとして「教育デザイン」を構想する必要がある。

　二つ目は，校内研究会に参加したことである。これまで筆者は，このA市のH小学校へ，年に二・三回の割合でおじゃまして，先生方の授業を見せていただき，その後，開催される校内研究会の席上で，授業に対する指導助言をしてきた。その研究会の場に学生たちを，ぜひ立ち会わせたかったのである。しかしこの企画は，当初は，実現できない可能性もあった。二・三名の学生が参加するならともかく，20名近くの学生が参加するとなると，研究会の「場所」をどこにするのかという問題が生じるからである。これも少々無理を申し上げて，授業とその後の校内研究会を，普段の教室ではなく，図書室で公開するという手立てをとって解決していただいた。

　人は社会に出ると，職場の人間関係の中で，成長していく。そうした場を垣間見ておくことは，「職業教育」としても大事な体験になる。さらに，学校という公的な機関の中で，教師集団が一時間の授業をめぐって様々な角度から発言し合い，なごやかではあるが厳しく切磋琢磨しあっている場を見ることは，教員という仕事が持っている共同性と創造性とを具体的な活動の中で経験することができる。

　校内研究会では，この学校の五年生の先生が国語の授業を，一時間公開した。学習指導案を作製し，それをもとに校内全員の教員が参観する。その後，その授業をめぐっての討論会がある。この学校では，数年前から，グループ討論の後，全体での意見交流をし，その後に講師の講話というスタイル

で研究会を進行している。校内授業研究会は，全国的に見ても，ほぼこれと同じようなやり方だろうと思われる。

　授業は，新任三年目の若い先生の授業だったが，教科書の教材に自作の教材を加えて単元構成をした点が意欲的で，また児童とのコミュニケーションも良く取れており，焦点のはっきりとしたいい授業だった。それだけに，参観した先生からも，たくさんの意見が出て研究会自体も盛り上がり，問題点も明確になった。学生たちが発言するチャンスはなかったが，その一部始終を近くで見ることができた。

Nさんは，次のように書いている。

　　●今までも，自分の知らない所で，先生たちが授業を見て意見を言い合っていたのかと思うと新鮮だった。一時間もない，ほんの一瞬の授業のために，先生同士で，方向性や工夫すべき点を話し合って，また反省もして授業をより良くしていっているのだと感じた。

また，Wさんも，こう言っている。

　　●校内研究会は固い感じの会議を想像していたが，グループの話し合いを中心とした自由なものだったので驚いた。やはり現場の先生方の目のつけどころは違うなと思った。貴重な体験になった。

　教育実習などに参加すれば，自分たちの指導教員となるはずの先輩の先生方が，こうして一時間の授業のために大変なエネルギーを注いでいること，またそれを義務としてではなく，和気藹々と，また時には厳しいやりとりの中で，何よりも学習者への対応を考えて行っていることを見たことは得難い経験だったと思う。

　もちろん，ここでの体験はあくまでも出発点である。実際，現場の教員たちの話し合いを傍聴しても，そこで何が問題にされているのか，また個々の子どもたちをどのように見るのか，教材研究のあり方などは，学生にはほと

んど理解できなかったに違いない。しかし，ともに教育を作り上げていくという大きな作業の末端に確かに触れたという感覚や，社会参加の糸口へのかすかな実感を学生たちは得ることができた。それは，間違いなくこれからの四年間を過ごしていくに当たって，重要な基盤になるはずだ。

3.「教育実地指導」から「教育デザイン」へ

　「教育デザイン」をすることのできる能力の育成という大きな方向へ進む基礎過程，それも大学内の坐学ではなく，実際に現場へ参加する最初の授業における，筆者の取り組みと学生の反応を紹介してきた。最後に，「教育実地指導」の授業を担当して，あらためて確認したことも含めて，筆者なりの「教育デザイン」に対する考え方をまとめておく。

　一言でいうなら，「教育デザイン」という実体的な教育内容があるのではない，ということだ。少なくとも「教育デザイン」という概念は，品詞分類的には「名詞」には属さない。また，名詞としての「教育」を，教育する側が「デザイン」するのでもない。すなわち，「教育デザイン」という概念は，対象としての「教育」を，教師が「デザインする」ことを意味しない。「デザイン」される，操作対象としての「教育内容」も，実体として存在するものではない。

　教育行為が，教材を媒介として，教師と学習者との様々な交流の中に現象として立ち上がるものだとするなら，「教育デザイン」も，主体と対象との絶えざる交渉の中に現象として立ち上げる。というより，「教育デザイン」という概念は，そういう形で表出されるしか他にはあり得ないのである。

　学生たちの〈学び〉に即して「教育デザイン」という概念を考えるとするなら，それは，自己の教育体験を相対化し，また既存の学校という存在を疑い，なおかつそこで学ぶ子どもたちへの共感と違和感とを梃子にしつつ，専門領域への学びを深めていく，そうした過程の総体である。同時に，それは各自がそれぞれ実感として体験する「経験」であり，それにともなう様々な感覚や認識をも包摂する。

　そのような「教育デザイン」体験を，それぞれの学生が，あるいは教師た

ちが，目の前の学習者とともに，日々更新し続けることができるようにすること，そこに筆者の考える「教育デザイン」の姿がある。

注
1　学校数は，神奈川県『「平成 22 年度　学校統計要覧」統計表』による。
2　府川源一郎編著『過去と記憶の "リ・メイキング" ―学校時代の「事件」に出会いなおす方法―』太郎次郎社　1998(平成 10)年 8 月。

第3章

筆談で読む「きいろいばけつ」(もりやま・みやこ)
―ねぇ，この先どうなると思う？―

はじめに

森山京（もりやまみやこ）作の『きいろいばけつ』という絵本がある。初出は，あかね書房幼年どうわシリーズの『きいろいばけつ』（1985《昭和60》年4月）で，挿絵は土田義晴が描いている。『きいろいばけつ』の中心人物である「きつねこんすけ」の登場する連作「きつねの子シリーズ」もあり，それらは，『きいろいばけつ』以降に続けて出版されて，全五冊のシリーズになっている。

筆者が，はじめてこの作品の文章に触れたのは，今江祥智・山下明生編『現代童話Ⅴ』福武文庫　1991（平成3）年，の中においてだった。この文庫本は，1960年代から80年代までの子どもの短編読み物を集成したアンソロジーであり，「この三十年間の子供の本の世界の一つの見取図」を意図して作製されたものである。アンソロジーは五巻本で構成され，各冊それぞれ400頁ほどの分量で，総勢百余名の児童文学作家の作品が収められている。「きいろいばけつ」も，その中に収録されていた。つまり，「きいろいばけつ」は，森山京の代表作品であるとともに，「現代童話」という枠組みの中においても，秀作だと評価されていることになる。もっとも，この『現代童話Ⅴ』では，文庫本という掲載媒体の制約のため，本文のみの収録で，挿絵は付いていない。

一読して，筆者は，この話に心を惹かれた。その時，「教科書教材」として使えないだろうか，と考えたことをうっすらと記憶している。

1. 作者のメッセージ

　2011（平成23）年の「毎日新聞」に，「おはなしめぐり『きいろいばけつ』森山京さん」という記事が掲載されている。タイトルは，「思い出は生きる支えになる─森山京さん（81）」。少々長文であるが，以下にそれをそのまま引用する[1]。

　　小学校の国語の教科書にも登場する「きいろいばけつ」（85年，あかね書房）は，きつねの子が森の中でみつけた黄色いバケツと過ごす，1週間の物語。作者の森山京さん（81）は，「思い出は，何よりも生きる支えになる」と語る。

　　きつねの子は，誰のものかわからないバケツが欲しくてたまりません。1週間たっても持ち主が出てこなかったらもらおうと考えます。毎日バケツを見に行き，自分のものになる日を待ちわびます。ところが，最後の日にバケツは無くなっていました。でも，きつねの子の心には，バケツと過ごした時間がかけがえのない思い出として残る，そんなストーリーです。

　　幅広い年齢の読者からお手紙をいただきました。幼い子どもはきつねの子をかわいそうに思い，なんとか慰めようと「私の幼稚園に遊びにいらっしゃい」「バケツをあげる」と，たどたどしい文字で書いてくれました。お小遣いで買ったプラスチックの黄色いバケツを送ってくる子もいました。小学生になると，「自分だったら1週間も我慢しないでもらっちゃう」とか「バケツは手に入らなかったけれど，一緒に過ごした時間がある」と感じ方が変わります。年配の方は子どものころの宝物を思い出すこともあるようです。作者の私が，思いもよらない読み方をしてもらっています。（中略）

　　私が女学生のころは戦争のまっただ中で，何も無いような時代でした。そのころ，本屋さんで偶然手に入れたのが「プー横丁にたった家」でした。こんなに楽しい世界があるのかと驚き，何度も何度も読みました。戦中戦後，いろいろなものを無くしましたが，この本だけは今でも

手元にあります。今回の大震災や原発事故では，たくさんの人が大切なものを無くされました。でも，良い思い出は，生きるうえで何よりも支えになり，きっと心に残るでしょう。

記事の中で，作者の森山京は，現実のモノとしてのバケツを手に入れることの是非はさておいても，各自が経験した濃密な時間の思い出の中に意味がある，と語っている。

　同じ主旨は，あかね書房の『きいろいばけつ』の「あとがき」にも記されており，そこでは，さらに直截な言い方で作者の意図が書かれている。

　　この本の中のきつねの子が見つけた黄色いバケツは，ほんの一週間ほどで，だれにともなく持ち去られてしまいました。しかし，きつねの子の記憶の中では，いつまでもぴかぴかで，まっ黄色の，自分のバケツであり続けることでしょう。こののち，きつねの子が別の色のバケツを手に入れたとしても，もう黄色いバケツといっしょに過ごした時ほどの感動や喜びは持ち得ないと思います。だからこそ，きつねの子は「いいんだよ，もう」と，きっぱりといいきることが出来たのです。

　確かに，「きいろいばけつ」の入手を熱望したきつねの子は，最終的にそれを自分の所有物にすることはできなかった。しかし，バケツに寄り添うようにして過ごした一週間の思い出は，きつねの子のだいじな「財産」となった。それを成長の糧とすることで，これからの人生を生き抜いていくことができる。作者は，そうしたメッセージを，この作品に込めたようだし，またそれを明言している。

　もちろん，個人の思い出の大切さを自覚することによって成長できる，という作者の主張に共感し，そのメッセージを了解するところに〈読むこと〉の最終目的を設定するような享受の仕方があってもいい。だが，そうした言述レベルの理解よりは，まずはこの作品に書かれたきつねの子の過ごしたかけがえのない時間と空間を想像的に共有することが重要だろう。すなわち，きつねの子の言動の理解を通して，読み手がきつねの子の体験に共感するこ

とが先決なのだ。その過程を経ずして，作者のメッセージへの通路は確保できない。いや，最終的に作者のメッセージを了解することなど，本当はどちらでもいい。この作品を教材とすることの意味は，なぜきつねの子が「いいんだよ，もう」ときっぱりと言えたかを追求的に性急に考えさせるのではなく，きつねの子の言動にていねいに寄り添って，そこに共感させるところにある。

2. 学習指導の現状

　新聞記事でも触れられていたように，この「黄色いバケツ」は，小学校二年生の教科書教材となっていた。すなわち，光村図書の平成17年度版（平成17年～22年使用）の『小学国語』に採用され，引き続いて平成23年度版（平成23年～26年使用）の教科書にも，教材として登載されているのである。（それ以降は，この作品は国語教科書に登載されていない。）

　筆者は，この作品が二年生の教科書教材として採用されたことを知った瞬間，大きな驚きを覚えた。と同時に，そのことを強く支持したい気持ちになった。というのは，それまで，検定教科書に登載されている教材文は，短編が選ばれることが多かったからだ。この作品は，これまで使われていた各社の低学年用教材文のおよそ二倍の文章量がある。従来の教科書編集の常識から考えれば，それだけでも大英断である。

　長編の作品には，短編とは異なる魅力がある。〈読むこと〉の面白さを味わわせるには教科書に短編以外の作品を導入する必要があるだろう，というのが筆者の持論である。したがって，この試みには大いに期待を寄せたのだった。

　だが，実際にいくつかの授業実践を拝見させていただいたり，教科書の「学習指導書」を読んだりすると，まだこの作品に関する指導法の開拓は十分に行われていないのではないかという疑義も浮かんできた。また，この作品の特質を十分に踏まえた上で実践されているのではないようにも感じられた。

　というのは，たいがいの教室では，教材を一読した後に，各場面を順番に

精査していき，最後に，なぜきつねの子が「いいんだよ，もう」と言ったのかを考えさせるという，「読解指導」が展開されていることが多いからである。とりわけ，最後の場面のきつねの子の心境を「主題＝作者のメッセージ」と結びつけて理解させようとしたとき，問題が表面化する。きつねの子が「いいんだよ，もう」と言ったことに対して，教師が，作者のメッセージだという「思い出は生きる支えになる」を持ち出して説明しても，学習者の二年生は必ずしも納得しない。作品中のきつねの子は「きっぱりと言いきっている」かもしれないが，読み手たちは釈然としない顔をしているのである。その理由は様々に考えられるが，「学習指導書」の記述にもその原因の一端があるのではないか。

3.「学習指導書」の記述

　光村図書の「学習指導書」では，この作品は「読書単元」の中に位置づけられており，10時間扱いのうち6時間をこの教材の指導に当てる案が標準的なプランとして提示されている。指導書の指導過程自体は的確であり，きつねの子の行動からその様子を想像させるための手立てや発問などはよく工夫されたものだ。また，学習指導書には読書活動を主体にした別案も提示されていて，新しい指導法を積極的に導入しようとしていることがよく分かる。その限りにおいて，この「学習指導書」の記述は，きわめて良くできている。

　しかし，この指導書には，作者である森山京の「かけがえのない一つのもの」という文章が見開き二頁にわたって掲載されている。その内容は，先ほど引用した「毎日新聞」や，『きいろいばけつ』の「あとがき」と同趣旨である。さらに，「学習指導書」の「教材文の分析」の項目には，次のように書かれている。

　　　黄色いバケツと過ごした一週間はきつねの子の中で生き続け，永遠に色あせることはない。一人一人の読みを尊重し，この作品との読者としての出会いを幸せなものにし，きつねの子の満ち足りた思いに共感させ

たい。

　ここから，この指導書を読んだ教師たちが，この教材の学習の終着点を
「きつねの子の満ち足りた思いに共感させ」るところに置くべきだと受け止
めてもおかしくはない。もちろん，そのきつねの子の「満ち足りた思い」
を，主としてバケツとともに生活した時間だと考えるのか，それともバケツ
が消失した後の「きっぱりと言いきった」ところだと考えるのかによって，
学習指導の方向はかなり異なる。しかし，作者のメッセージと合わせてこの
「教材文の分析」を読んだ教師たちが，最終場面に描かれているのは，きつ
ねの子の「満ち足りた思い」だと考えてしまうのも無理はない。そこで，教
師たちは，最後のきつねの子の爽やかな心情を教材の「主題」だと捉えて，
それ理解させようとやっきになるのだが，それが空回りする場合が多いので
ある。

　筆者は，こうした読解的な指導展開に意味がないとは思わない。一つ一つ
の叙述をていねいに読んでいけば，学習者は最終的にそうした「解釈」にた
どり着くかもしれない。「学習指導書」も，そのような〈読み〉を最終ゴー
ルにしているわけではない。また，作者にしても「思いもよらない読み方」
を，歓迎しているように見える。しかし，単なる情報として掲載したにせよ
「学習指導書」の「作者の言葉」は，強力な拘束性を持ってしまう。その作
者の言葉の方向に学習者を引っ張っていこうとする授業実践をあちこちで見
かけるのも間違いの無い事実なのである。

4.「黄色いバケツ」を途中まで読んで考える―いくつかの例

　以上のような問題をあらためて考えるために，この作品を横浜国立大学の
「初等国語科教育法」の講義の中で取り上げた。そこでは，教材「黄色いバ
ケツ」を途中まで読み聞かせて，その先を自由に想像させるという活動を組
み，教材としての意義を考えさせようとした。

　手順は以下のようである。教材文を配り，教材の冒頭から，ゆっくりと筆
者が朗読する。教材文中には，べつだん難語句が存在するわけではないか

ら，学生たちは，作品世界に徐々に引き込まれていく。それぞれの曜日ごとの出来事の間にある空白を意図的に強調して，時間の経過を表すように音読した。とりわけ日曜日の夢の場面に入る個所は，それが夢であることが明確に伝わるように意識して読むように心掛けた。

　講義で配布する教材文は，「そして，とうとう月曜日。」までが印刷されており，その先はカットしてある。つまり，次の月曜日にバケツがどうなったのかは分からないのである。そこで，その後の物語の展開を，二人組になって，「鉛筆対談」によって想像させる。もし学生たちが本文のストーリー展開を知っている場合には，「私は結末を知っている」と書けばいいからと，事前に告げておく。なぜこうした学習活動を組んだのかに関しては，追々説明することにして，まず，いくつかの代表的な例を紹介していこう。

　ちなみに，「鉛筆対談」とは教育用語であり，先輩教師たちが開発し伝えてきた学習活動の工夫の一つである。小学校低学年，または中学年の学習で使われることが多い。一般的に「筆談」と言われる活動と同じものである[2]。

4.1　第一グループ

A：ねぇ，この先どうなると思う？

B：本当の持ち主が取りに来るけど，きつねくんにあげちゃうんじゃないかな。

A：本当の持ち主って，さるの子？

B：うーん。わからない。まだ登場していないかも。

A：私はさるくんが無くしたけど，あたらしいものもらったとかで，きつねの子のものになると予想した。

B：なるほどねー。私の願望になっちゃうけど，きつねくんすごく欲しそうだったから，きつねくんのものになってほしいな。

A：確かに。でも，無かったとしても，お父さんに買ってもらえたらいいんじゃない？

B：そうだね。もしかしたら買ってもらえないのかもね。きつねくん，なんでそんなにバケツ欲しがるんだと思う？

A：それはリンゴの木に水をあげたいから？あと，仲の良いうさぎの子とく

　　まの子がバケツ持ってるからでは。（下略）

　二人のやりとりは，終始，現実的なモノとしてのバケツをめぐってなされ
ている。ほかにも，結末の予想として，誰かがくれるとか，実は家族からの
プレゼントだった，あるいは購入するというパターンもある。つまり，きつ
ねの子がバケツを実際に入手するのではないかという予想である。このグル
ープの場合は，さるくん，あるいは家族がきつねの子にバケツをくれるので
はないかと想像している。

　きつねの子がバケツと一体化し，まるで自分自身の一部にでもなってしま
ったようなコミュニケーション行動を毎日毎日展開しているのを見て，読み
手がその夢をかなえてあげたいと思うのは自然であろう。きつねの子が目の
前にしているバケツは，抽象的な遠い目標や観念的なスローガンではなく，
現実の物質＝商品そのものなのだから，「あげる」とか，「買う」という行為
によって，その所有欲を満足させてあげたいと思うのも当然ではないか。

　こうした学生たちによる「予想」活動は適当なところで切り上げて，別に
プリントしておいた教材文の最後の場面を裏返しにして配る。こちらかの合
図で，そのプリントを一斉にひっくり返して本文を朗読する。こうして教材
文「黄色いバケツ」の結末に触れさせてから，再び，同じメンバーで鉛筆対
談を再開する。

第一グループ（読後）

A：さる出てこなかったね。

B：出てくるフラグがあったのにーい。せつないね。なんかラブコメみたい
　　な終わり方。

A：確かに。でも，全然伏線じゃなかったのかよ…。

B：ちゃんと伏線，回収して欲しかったね。ストーリーとしては65点くら
　　いだな。

A：65！確かにそのくらいかも。すっきりしなーい！

B：ね！でも最後のきつねくんはイケメンだと思った。

A：それな！「いいんだよ，ほんとに」にきゅーんってきたわー♡

B：かっこいいよね！きつねくんバケツ買ってもらえるといいなー
A：確かに。去る者追わずって感じでかっこいいよね。
B：男らしい！武士的だよね。

　このグループは，ここまで相当きつねの子に肩入れしているので，結末を知っても，あまり「すっきりしない」と言い合っている。
　それでも，きつねの子の思い切りの良い姿には，感動したようだ。多くの学生たちは，このきつねの子の姿に対して，「おとなになっちゃった」「成長した」「心が強い」「切ない」「心の中では泣いている」「虚勢を張っている」などの意見を出している。ほとんどの学生は，こういう展開になるとは想定していなかったようだ。
　ほかのグループの対談も見てみよう。

4.2　第二グループ

A：ねぇ，この先どうなると思う？
B：バケツ無くなってると思う。
A：根拠はあるの？
B：日曜日の夢。きつねの子はバケツに手が届かなかったよ。
A：夢は所詮，夢だと思うけど。あぁ自分も無くなると思う。
B：ほのめかしてるよね。どうして無くなると思うの。
A：だって，ここでバケツがあったら，ストーリーとして成り立たないじゃない。（笑）
B：確かに！一週間楽しみにしてきて，最後の最後で何か事件がないと面白くないよ。
A：敗因は，この一週間バケツを自分のモノのようにふるまいすぎたことだと思うんだ。（笑）
B：ショックが大きい。（笑）月曜に現れたのだから，月曜に消えてもおかしくないよ。一週間周期で働く人が持ち主かもしれないし。
A：なるほど。あと，くまとうさぎの発言でフラグが成立したよね。（笑）
B：「ぜったい，きみのものだよ」（笑）起承転結の「転」がくる！

A：この黄色いバケツはだれのものだったんだろうね。

B：なんとなく出て来ない気がする。このバケツが消える代わりに他のバケツを手に入れそう。なんとなく。

A：うーん。ハッピーエンドならいいんだけどね。確かにハッピーエンドにはならなさそうだけど。

B：さっきの話，小学校二年生向けならハッピーエンドでしょ。笑顔で終わりたいね。

　このグループでは，バケツが無くなると予想している。その話し合いを進める際に，物語に関する自らのメタ知識を利用して，展開を考えているのが特徴的である。そういえば，先ほどの第一グループのBさんも「フラグ」という用語を使っていた。様々なゲームに日常的に触れている学生たちは，ストーリー展開そのものに対しても，自覚的・反省的な思考を働かせている。そうした思考を意識化する用語の一つに「フラグ」がある。「フラグ」はストーリー予測を可能にするための伏線のことであり，分岐型のゲームでは実体的なセリフや人物の行動として表出されている場合が多く，作品の中にあらかじめ仕組まれている装置である。

　第一グループでは，きつねの子が，さるくんもバケツを持っていないと言っていたことに注目した。くまとうさぎばかりでなく，たぬきもぶたも，バケツを持っている。したがって，きつねの子と同様にバケツを持っていない特別な存在である「さるの子」が，物語展開になんらかの役割を果たす「フラグ」だろうと考えたのだ。そこでBさんの「伏線，回収して欲しかった」という意見が出てくるのである。バケツの持ち主が「さるの子」だったのではないか，あるいはバケツの消失に「さるの子」が関係しているのではないかという推測が，ほかのグループにもかなり多く見られるのは，こうした事情からだろう。

　第二グループのBさんが，「あしたは，ぜったいきみのものだよ」というくまの子のセリフを，フラグだと考えたのも，同様である。おそらく，このくまの子の念押しのようなセリフは，月曜日のバケツの消失を劇的に感じさせるために，作者が意図的に書き込んだものだと思われる。Bさんは，それ

に対して「ほのめかしてる」と判断しているのである。

　こうして学生たちは，ここまでの物語の展開の中から，終結部分につながりそうな「伏線」を拾い出して，それをもとに想像を組み立てている。そのような内的な予測活動は，通常の読書行動のような教材文を通して読む（通読する）際にも行われているのだが，ストーリーを意図的に分断してそこで話し合い活動を行うことで，様々に推測行動が掻き立てられ，またそれが言語化される。その時，読み手自身が，文章中の様々な情報や自分が今までに獲得してきた「物語文法」を積極的に活用していることも分かる。

　では，第二グループは，結末を読んで，どのように反応したのか。

第二グループ（読後）

A：納得いかないエンディング…！

B：一応，ハッピーエンドか？

A：ふつうエンド（笑）

B：一週間，夢見れたからよかったのかな。

A：まぁ夢ねぇ…。びみょー。もうちょい，しっかりまとめて終わって欲しかった。

B：バケツだからかな。バケツがそこまで大切に思えないから，微妙な終わり方に納得がいかない。

A：でも，バケツ結構大切に思っていたんじゃないの？そんなに悲しんでるわけではないんじゃないかな？きつねは。

B：大人の恋みたいな感じ？一週間の不倫みたいな。

A：ア　ホ　カ（笑）

B：いや（笑）そう置き換えたら誰かのバケツ（不倫相手）も大切に思えるかなって。

A：不倫と考えたら，教科書としてアウト！（笑）

B：勝手に考えるのが面白いのだ！

A：じゃあ，自分も勝手に考える。バケツは，実はまぼろしだったって，のは？

B：うらやましすぎて具現化したってこと？一週間で目が覚めたか。

Ａ：それもそれで怖いねー（笑）

Ｂ：月の魔力。（下略）

　学生たちが結構面白がってこの作業に参加している様子が伝わってくる。実は，この鉛筆対談では，最初にＡさん役になる人は必ず「ねぇ，この先どうなると思う？」と書き出すことに決めてあった。それぞれに自由に鉛筆対談をさせると，自分の予想した続き話を一人で長々と物語形式で書き始めてしまうことがある。続き話を書かせるのは，また別の面白い活動になるのは確かだが，ここではそれをねらいとしていない。また，最初の担当者が真面目な硬い文体で記述を始めると，四角四面のやりとりが連続してしまい，柔らかな想像が出てきにくい。そこで，日常のおしゃべりの続きという雰囲気を設定するため，書き出しのセリフを，短いセリフで始めるように指定したのである。

　そのせいか第二グループでは，調子に乗って，「不倫」だというような反応も飛びだしている。しかし，きつねの子がふだん体験できないような時間を過ごした，という文脈の中なら，Ｂさんが考えたことも当たっていないわけではない。このグループは，この後，水曜日にはきつねの子が「水」と戯れている。木曜日には「木」が出てくるなどと，教材文を「深読み」した後，「たぶん作者はなんも考えてないよ（笑）」とこの対談を締めくくっている。

　次のグループも，かなりやりとりは脱線気味だが，ポイントだけは押さえているように思う。

4.3　第三グループ

Ａ：ねぇ，この先どうなると思う？

Ｂ：伏線みたいのあった？

Ａ：「次の月曜日にしたら？」あたりの会話のとこ。

Ｂ：どんな伏線が？

Ａ：実は月曜の一週間後は月曜日ではないという新事実。

Ｂ：だから何だよ。

A：すいません。

B：この夢のとこ，なんかありそうじゃない？

A：まさか，全てが夢だったパターン！

B：なくはない。悲しすぎる。

A：きつねくん。かわいそすぎる。

B：なんか既に自分のバケツっぽいことしてるよな。

A：確かに。所有権侵害によりタイホ！

B：馬鹿なの？

A：すいません。

B：月曜の朝に母が新しいバケツくれるけど，愛着のあるバケツを取りに行くといういい感じのオチはどうよ？

A：物は大切にしようということを伝えるためにか！

B：すぐに交番に届けるのが正義なのでは？

A：そうだな。きつねくんに幸いあれ！

　二人のやりとりは，ボケとツッコミのようだ。このグループも，動物たちが自分たちで一週間の限定を付けたところに，「フラグ」を感じたらしいが，そこから考えを深めるという方向に進んではいない。また，この先バケツがあるのか無くなるのか。それぞれの判断もよく分からない。

　その代わりにこのグループでは，落とし物は交番に届けるという意見が出ている。それをもう少し進めれば，「落とし物を自分のものにする話は教科書には載らない」ということになる。他のグループでは，この話が教科書教材であることを前提とした意見が展開しており，教科書に載っている話なら「バケツは無くなる」と想像していた。

　そういうことを言うと身も蓋もないと言われてしまうかもしれないが，この学生たちの発言のように，落とし物であるバケツをそのまま入手する結末だったら，確かに教科書には掲載されない。学生たちは長い学校教科書における読書体験の中で「教科書文化」と「一般文化」との差違を十分に学習してきているのだ。それで学生たちは，既存の「教育的」な枠という限定を持ち出してきて，この話の最終的なオチを考えようとしているのである。これ

もある意味で「戦略的」なメタ認識の表れの一つである。

第三グループ（読後）
A：いやいやきつねくん。かわいい顔してかっこいいこというけど…。
B：絵見てよ，絵。この歳にして，もう背中で泣いているよ。
A：最後のきつねの笑み良いな。
B：俺の経験からいくと「いいんだよ，ほんとに」って，笑みを浮かべた時
　　は，男として心に疵を負った時。俺もフラれたときこんな感じだった。
A：…………。
B：こういうとき何も言ってくれないのが一番つらい。うさぎちゃんとくま
　　くんにはネタとして笑い飛ばして欲しいんだよ。
A：なるほど。反省してます。
B：きつねくん。強くなれよ。
A：お前もな！

と，ここでも，この二人は最後の場面をサカナにして。自分の経験を交流し
てふざけあっているだけのように見える。そうだとするなら，何も学校で
そういう活動をする必要はない，国語の学習は読む力を付けるために行われ
るのであり，単なるおしゃべりをする場ではない，と言う意見が出てきそう
だ。もちろん，それが単なるおしゃべりなら，正論である。
　しかし，Ｂさんは，自分の失恋体験を語りながら，うさぎとくまの子が，
きつねの子に反応していないことに不満を漏らしているように思える。つま
り，物語展開として，最後にうさぎとくまの子の動きがないことに，Ｂさん
としては，何か言いたいのだ。もちろん，この物語の展開としては，うさぎ
とくまの子は子どものままであり，「成長」してしまったきつねの子の内面
を理解することは不可能である。したがって，二匹はきつねの子を「笑い飛
ばす」ような心の奥行きを持っているわけはなく，ただきつねの子のそばに
たたずむしかない。だが，それにしても，きょとんとしているうさぎとくま
の子の描写が，ここにあってもいいかもしれない。
　このＢさんの意見を敷衍すると，こういうことになるだろう。すなわち，

大方の学生たちは，最後の場面の展開自体に納得できない。というより，あまりにも唐突にきつねの子が「成長」してしまうので，そこに十分に感情移入をすることができないのである。別の言い方をすると，この教材文には，学生読者を十分に納得させるような心情描写が書き込まれていない。この結末自体は，それこそ，きつねの子のセリフのように「どっちでもいい。」のである。とりあえず「お話」は最後に結末がなければストーリーとして成立しないから，こうした終わり方になっているともいえる。作品としては，終末のきつねが「成長」したことが問題なのではなくて，それ以前の子どもであるきつねの子の日常生活の様態が重要なのだ。だからこそ。きつねの子の似たような毎日の行動が繰り返し繰り返し描写されるのである。

　さらに，このグループが挿絵に着目しているのも大事な点である。教科書の挿絵は，「あかね書房幼年どうわシリーズ」の『きいろいばけつ』（1985年4月）の挿絵と同じように土田義晴が担当している。しかし，教科書にこの絵本を再録するに当たって，教科書会社の編集担当者は，教科書用に新しく書き直した挿絵を使っている。とりわけこの最後の場面の挿絵は，絵本のものとは大きく異なる。

　絵本では，動物たちが三匹とも空を見上げている図柄で，それぞれの動物の横顔が描かれており，三匹の表情もよく分かる。また，空には白い雲がいくつか浮かんでいて，その雲のうちの一つは，どうやらバケツの形をしているように見える。もちろんそのバケツ型の雲をどのように「解釈」するかは，読者各自に委されている。たとえば，きつねの子の願望が空中に現れたのか，あるいは夢の中で月に向かって飛んでいったバケツが雲になったのか，どちらにしてもバケツは，三びきの動物たちの抱懐する共通のイメージとして，空中に浮遊している。

　一方，教科書の挿絵は，三匹とも小さな後ろ向きで姿で描かれており，かれらの表情はつかめない。また，遠くの空には，何の変哲もない白い雲が一つ浮かんでいるだけである。Bさんも絵本の挿絵を見たのなら，きつねの子が「背中で泣いている」という発言はしなかったにちがいない。つまり，教科書は，動物たちの後ろ姿だけを見せて，その表情や心情は，読者の想像にまかせているのである。教科書の挿絵としてはよく考えられており，読み手

を大事にしようという編集の配慮が行き届いている。

　さらに，教科書の手引きには，「すきなところ，気に入ったところ」を書き抜き，自分の感想やきつねの子に言ってあげたいことを書く，という活動があるだけで，その他の活動指示はない。したがって，少なくとも教科書の構成としては，なぜきつねの子が，「いいんだよ，もう」と言ったのかを追究的に考えさせるような方向への示唆はない。あくまでもこの単元は「本は友だち」という読書単元として設定されているのであって，その扱いは教授者に委ねられている。

4.4　放送大学の事例

　実は筆者は，放送大学の講義の中でも，同じ試みをしたことがある。周知のように放送大学には，社会人が多く集まっており，大学の学生よりも，はるかに平均年齢は高い。もちろん人生経験が豊富な方々が多く在籍されている。そこで，たまたま，次のような鉛筆対談に出くわした。

A：ねぇ，この先どうなると思う？
B：この話は，以前，娘に何度も読んであげた覚えがあるのですが…。
A：そうなんですか。お子さんに読み聞かせするのは，いいことですよね。
　　私もこの話を読んだことがあるのですが，忘れてしまいました。
B：実は私も，最後の所は忘れてしまっているんですよ。
A：そうですか。バケツは人間の男の子のもので，置き忘れて取りに行ったら，きつねの子が大切にしているようだったので，きつねの子にプレゼントしてハッピーエンドになるといいなと，思います。
B：そういう結末は良いですね。私は何となくバケツが無かったように思うのですが，月がバケツの中に浮かんでいるイメージだけはしっかりと残っています。
A：ああ，じゃあ普通のバケツで，昼は太陽の光，夜は月の色が浮かんでたんですね。きつねの子は自分のものにはせずに，共有財産にしたのかな…。
B：何か，いろいろな想像をしながら，無くなったバケツについての思い出

　にふけっていたような気が…。でも，自分のものにしたいきつねの子の
　毎日の仕草がとてもかわいいですよね。

　年配のご婦人同士の対話である。筆者は「ねぇ，この先どうなると思
う？」と親密さを醸し出すような書き出しを指定したのだが，初対面の相手
とのやりとりということもあってか，自然に文体があらたまったものになっ
ていく。そのことも興味深いが，ここではその内容に注目してみたい。Aさ
んは，娘さんに「何度も読み聞かせ」したはずなのに，最後の結末は覚えて
いないという。また，Bさんも，バケツの中の月のイメージは残っているも
のの，「（きつねの子が）無くなったバケツについての思い出にふけっていた
ような気が」すると，うろ覚えである。
　実際にはきつねの子は，バケツそのものに執着していない。したがって，
もし思い出にふけるようなことがあっても，それはかなり時間が経って，当
時の経験を回顧できるようになってからのことであろう。ここでは，最終場
面に込めたという作者のメッセージそのものが読者たちに概念として想起さ
れるわけではなく，月曜日から日曜日までのきつねの子の言動とその雰囲気
が記憶されていることが重要である。もちろん，最終場面を実際に読めば，
「あぁそうだった」と，ストーリーを思い出しはするのだが，そこでなされ
る鉛筆対談は，やはりバケツをめぐるきつねの子のかわいさを語り合うこと
に終始するのである。つまり，文学の読書体験は，細部のイメージや全体の
ぼんやりとした雰囲気のようなものによって支えられているのであり，必ず
しもそれが「作者のメッセージ」に収束するような形で回収されるとは限ら
ないのである。

＊

　以上，様々に見てきた対談例からは，次のようなことがいえそうである。
つまり，読者たちは，きつねの子がバケツとともに過ごした過程そのものに
共感し，またストーリー展開の面白さに惹かれ多様な反応を示すものの，最
後にきつねの子が「成長」したというテーマ（？）には，あまり応答してい
ないということだ。おそらくその原因は，作品の表現の中に潜んでおり，必
ずしも読み手の側の問題ではないように思われる。

5.「きいろいばけつ」の作品構造

　とすると，この作品は教材としては不適格なのか。おそらくそうではない
だろう。

　最後の場面だけを過剰に取り立てて，作者のメッセージを絶対化して受け
取らせるような読み方を終着点にするのがマズいのである。この作品の持つ
多彩な面白さを「教材」として取り上げれば良いのだ。そのためには，まず
この作品の様々な魅力を分析して整理しておく必要があるだろう。

　最初に，この作品の構造について考えてみよう。「きいろいばけつ」は，
持ち主不明のバケツを見つけたきつねの子が，そのバケツと充実した一週間
を過ごす物語である。月曜日にきつねの子が発見したバケツは，次の月曜日
には姿を消してしまう。すなわち，この物語は「月曜日から始まって，月曜
日に終わる」という期間限定の話である。同様な趣旨は，第三グループのA
さんも述べていた。

　一週間という時間経過を描くだけなら，日曜日に始まり日曜日に終わって
もいいし，火曜日に始まって火曜日に終わってもいい。しかし，この作品の
時間設定が，月曜日から次の月曜日までという区切りを採用したことにある
意味を読みとることも出来るだろう。つまり書き手は，特段に「月」を強調
したかったのかもしれない。そのことは，日常世界を舞台にしたこの物語の
中に，唯一挿入された夢の場面（非日常場面）が，どのような意味を持つの
かということと深く関係している。

　きつねの子は，日曜日の夜にバケツを確認しに行った。風に吹かれてカタ
カタと音を立てているバケツを見たきつねの子は，それが吹き飛ばされてし
まうことを懸念して，縁までいっぱいに水を汲む。それまでは，バケツに見
とれているだけだったきつねの子が，はじめてバケツに能動的に手を加えた
瞬間である。つまりきつねの子は，これまでしなかった新しい行動をした。
そのことで，従来続いていた両者の関係は，別の方向に動き出す。

　果たしてバケツの水面には，頭上の満月が映る。きつねの子にとって，初
めて見る光景である。それは「ばけつとおなじきいろ」だった。つまり，こ
こには，月と黄色いバケツとが極めて近い存在であることが暗示されてい

る。「近い」という言い方が不適切なら，ここで初めてきつねの子が両者を関係づけて認識したと言い直してもいい。きつねの子がそれまで見ていたバケツは，すでにこれまできつねの子が見ていたバケツと異なった相貌を表したのだ。第二グループのAさんが「敗因は，この一週間バケツを自分のモノのようにふるまいすぎたことだと思うんだ。（笑）」という背景は，そういうことだ。だからこそ，きつねの子がその晩見た夢の中で，金色に輝いたバケツが月に向かって飛んでいくのである。まるできいろいバケツが，もともと所属していた月へ戻っていってしまったかのように…。

　もちろん，きつねの子が夢の中で経験した出来事は，実際にバケツが無くなったこととなんら関係はない。月曜日の朝にバケツがもとの場所に無かったのは，持ち主が現れて持っていったからかもしれないし，まったく関係のない誰かが拾っていったからかもしれない。あらためて確認するまでもないが，きつねの子が夢で見たように，バケツそのものに，月に向かって飛び続ける推進力が備わっているはずはない。しかしきつねの子の見た夢の中では，バケツは月へ向かってみるみる小さくなっていく。当然のことであるが，夢は，非現実の出来事なのである。

　ここで思い出すのは，いわゆる「ファンタジー」の構造には二つの種別が存在することだ。すなわち，ファンタジーには，登場人物が日常世界から異空間へ出かけて再び戻ってくるパターンと，何物かが異空間から日常世界へやってきて再び異空間へと帰っていくパターンとがある。前者の代表的な作品は，「不思議の国アリス」や「ホビットの冒険」などであり，後者のそれは「E.T.」や「竹取物語」などである。この類別にしたがうなら，「きいろいばけつ」の「夢場面」は，あきらかに後者に分類される。バケツは，異空間（おそらくは月の世界）から，きつねの子たちの世界へやってきて，再び，異空間へと戻っていったのだ。まるでかぐや姫のように。

　大概の場合，日常世界の住人がファンタジー空間へ参入したり，あるいはそこから異人が日常世界へと訪れることによって，現実世界の登場人物に何らかの変容が生まれる。つまり，登場人物たちは，日常とは別の世界の存在を知り，異空間での体験を通して，人間的に成長したり，新しい何かを発見したりするのだ。異空間が介在するのは，人間の側の劇的な変化を保障する

ためであり，だからこそ多くの人々に語り継がれるのである。

　以上のような説明を「きいろいばけつ」に適応するなら，次のようになる。すなわち，この物語は，異空間から遣わされたバケツと交流する時間を経験したことで，きつねの子が成長する物語だ，と。この説明は，突然出現し再び突然消失するという不可解な「機能」を持っているバケツを，ファンタジー世界を介在する特別な役割を担っていると考えた結果である。しかし，バケツ自体は，日常的なモノと同一の物質でできており，異空間からの使者を思わせる特別な表徴を持っているわけではない。バケツがあまりにも日常的なモノそのものに近いので，読み手たちも，プレゼントするとか購入するとか，日常生活に密接した思考から離れられないのである。

6.「成長」するきつねの子

　それにもかかわらず，バケツは，きつねの子にかつてないほどの充実した時間と空間をもたらした。バケツとほとんど一体化して過ごしたきつねの子は，その結果，何らかの変容を経験する。すなわち，子どもからある意味での大人へと「成長」したのだ。そうなったきつねの子は，もうもとへは戻れない。先にも述べたようにここでは，くまの子とうさぎの子は「成長」していない。対照的にきつねの子は，精神的に大きく成長するが，その代わりに何かを喪失する。なぜなら，成長とは喪失することと同義だからである。何を喪失したのかは，作品には書かれていない。また，そこに焦点が当てられているわけでもない。しかし読み手は，結末部にかつて子どもであったきつねの子の相貌を見つけることはできない。

　一段と成長したきつねの子が，それまで知らなかったものの見方を獲得することで，ストーリーは完結する。その代わりに，おそらくきつねの子が子どもじみた執着心や好奇心などを無くしてしまっただろうことを，大人読者たちはよく知っている。何気ない日常そのものにかけがえのない価値があると言う「発見」は，それを失った後でしか分からない。だからこそ，大学生たちは，自分の実感と重ね同情を込めて「切ない」と述懐するのである。もっとも，「きいろいばけつ」は，幼年童話として発表されているせいか，そ

の部分に関しては，十分に書き込まれているとはいえないかもしれない。というより，すでに子ども期を脱した大人読者がこの場面を読むからこそ，そうした「意味」がそこに立ち現れてくるのだ。

　このように作品構造を検討してくると，この作品を指導する目的を，作品構造の分析に置くことも考えられる。学生たちが見つけた「フラグ」を手がかりにするような方法を採用し，作品構造のメタ理解を目指して，この作品を学習材にするのである。もちろんそれは，中学生や高校生を対象にした国語の授業の場合であって，小学校二年生に要求することではないだろう。この作品を二年生の教材とするなら，この作品が如上のような構造を備えていることを教師が踏まえた上で，読みの指導にアクセントを付けることが考えられる。

　すなわち，教材の冒頭場面に時間をかけて，バケツと出会うきつねの子の言動をていねいに読むことにより，きつねとバケツの世界に参入しやすくする。バケツは，最初に登場した時から十分に謎めいた存在である。誰も持っていない色彩の「黄色いバケツ」が，いきなり登場したのだから当然だ。それも，前からきつねの子が欲しかった，おあつらえ向きの大きさと色をしている。おまけに，中には誰が入れたのか，水が少し入っていた。このバケツときつねの子が出会う場面を，読み手の身体感覚を総動員させて，じっくりと想像させるのである。一度，この作品に没入することさえできれば，あとは，読み手の中で想像が広がっていく。読み手ときつねの子とバケツとのイメージが動き出す。

　それが十分になされていれば，最後の場面で，小学校二年生に「なぜきつねの子は『いいんだよ』と言ったのか」などというむき出しの発問をしなくても済むだろう。いまだ成長途上にある二年生がきつねの子の「成長」を体感的に理解することは難しい。それは，あくまでも大人の理屈であって，小学校二年生のものではない。

7. 「きいろいばけつ」の言語表現

　次には，作品の言語表現を考えてみる。

　この作品には，会話文が多出する。そのほとんどが，きつねの子とくまの子とうさぎの子との相互の会話である。それも，三人（三匹）が，言葉を発した後には，話者を特定する「…が言いました。」というフレーズが必ず付いている。幼い子ども向けの作品であるから発話者を特定するために，それが誰の口から発せられたのかという情報を付け加える必要があったのだろう。活字でそれを見ると，いささか単調で，なおかつ煩雑にさえ感じられる。しかし，文章をていねいに音読していくと，その単純な繰り返し表現が，作品の基調を形作る大きな要素になっていることに気がつく。すなわち，「…が言いました。」という同じ地の文の表現が繰り返されることで，ゆったりとしたトーンや，とぼけた雰囲気がそこに現出するのである。

　一般には，文学作品を享受する際に，誰が，何時，何をして，その結果どうなったのかというストーリー情報や，その作品がどのような「思想」を表現しているのかという理知的な情報を読みとることが，大事な活動だとされる。だが，作品世界がどのような雰囲気をともなっているのか，あるいはまたどのような音の世界がそれを現出しているのかなどを感受することは，文学を豊かに受け止めるための必須条件である。とりわけ低学年の子どもにとって，作品の世界を大きく支えている音やリズムによって形成された雰囲気を感受することは，きわめて大事なことである。そうした体験をさせるためには，「音読」活動が重要になってくる。具体的にいえば，多少時間がかかっても，できるだけゆっくりとこの教材を音読することが重要である。

　さらに，この作品には，ほかにも多出する類似表現がある。それはきつねの子がバケツを発見した月曜日から，日曜日までに繰り返される「バケツがそこにある」という事実認定に関わる言表である。順に書き出してみよう。

月曜日　きいろいばけつを見つけました。
火曜日　なし
水曜日　「あるね。」（くま）「あるわ。」（うさぎ）
木曜日　同じ所にありました。
金曜日　同じ所にありました。
　　　　同じ所にありました。

土曜日　（かがやいて見えました。）
日曜日　ばけつはちゃんとありました。

　このように，語り手や動物たちが，バケツが定位置に「ある」ことを確認する表現が，各場面で繰り返される。それは当然，「ある⇔ない」という対立構造を際立たせるための仕掛けである。「現存」という事実を過度に反復確認することにより，その背後に控える「不在」への意識は増大していく。
　案の定，日曜日に「ちゃんとあった」と強調表現されたバケツは，月曜日には「なくなって」いる。バケツが「ある」ことが何度も強調されることで，読み手は，バケツの行く末をおぼろげながら予感する。「ありました」という表現の裏側に「なくなっていました」という声が微かに聞こえてくる。もし，最初の一読で，バケツが「ない」という正反対の事実を示す声が耳朶に響かなかったとしても，二度目，三度目に読む時には，そうした声がきっと聞こえてくるはずである。だからこそ，読み手は，それが実際に消失するという事態に出会ったときに，きわめて切実な体験として受け止めるのだ。同じ表現の繰り返しは，ストーリーをクライマックスに向けて漸層的に盛り上げていく仕掛けにもなっている。
　このような「ありました」という表現の二重性を〈読む〉ことで，言語表現の重層性の面白さを感じることもできるだろう。文学作品の中に出てくる繰り返し表現は，同じ事実を単に繰り返しているだけではない。言語が直接指し示している事実ばかりでなく，そこから別の「意味」を汲み出す面白さの体験が，〈読む〉という言語活動の醍醐味なのだ。それは「黄色いバケツ」の教材文を三読・四読することによって，小学校二年生の子どもたちにも十分に理解してもらえるだろう。
　言語表現の話題について書くなら，きつねの子の行動や心情に関わる描写に言及しないわけにはいかない。筆者は先に，「きつねの子の言動にていねいに寄り添い，そこに共感させる」ことがこの作品を教材として読ませる時にもっとも重要だと述べた。それは，きつねの子の行動を叙述に即して追いかけていき，その時の様子を想像させることによって実現される。
　いうまでもなく行動や心情を表す言語表現を手がかりにして，想像をふく

らませるような表現分析とそれに基づいた国語科の学習指導は，従来から大事にされてきたし，この教材でもそうした指導は不可欠である。したがって，そうした表現の分析や学習指導に関して，ここで紙数を費やすことはしない。また，その際に採用すべき指導過程にしても，前から順に場面ごとに行うか，あるいはそれぞれが気に入ったところを書き抜いてから行うか，あるいはグループで話し合うか，などは，教室の実態とこれまでの学習経験などを勘案して決めればいいことだろう。

　ここでは，「黄色いバケツ」の学習指導に当たっては，音読をすることと何度もこの教材を読むという方法が，この教材の言語表現の特質を生かすためのもっとも適した方法であるということを再確認しておく。

8. 作品の特質を踏まえた読みの活動

　「読むこと」の活動も，近年では大きく変化している。PISAを意識した，「思考力・判断力・表現力」を育成することを目指した国語科指導が展開している。そこでは，従来型の「詳細な読解」ではなく，最終的に言語表現活動をすることを目的として，理解活動を組織するような「単元」を組むことが奨励されている。あるいは，アメリカで行われている「ブッククラブ」や「リテラチャー・サークル」などの活動が紹介され，読書指導にも光が当たっている。

　「思考力・判断力・表現力」は，いずれも大事な能力であるから，それらを育成することに力を注ぐことに反対するつもりはない。また，学習者の問題意識を中心に言語活動を組み立て，それを話したり書いたりして発表するような単元の開発にも魅力を感じるし，実際，筆者もそうした単元を実践してきた。さらに，前述したように，以前から，多くの作品を読むことや長編作品を教室に導入することを主張してきた経緯もあり，読書指導を推進しようという動きには，基本的に賛成である。

　だが，学習方法の良否の論議だけが先行し，そこでただ一つの指導方法を絶対化して喧伝するような風潮には，大いに疑問を持つ。そもそも，なぜ「詳細な読解」は，否定されなければならなかったのか。否定されるべき

は，授業時間だけを数多くかけたものの，学習者の興味関心から遠いところで展開されるような形式的な〈読み〉の授業であったのではないか。おそらくそれは，「詳細な読解＝ていねいな読解」とは全く別の位相にある。

　いうまでもなく，〈読むこと〉の学習は，学習者と教材とが関わり合うところに生まれる。学習者の興味関心がそれぞれ異なるように，教材にも様々な特質がある。もともと多様な顔を持っている文学作品を教材にしようとする時には，できるだけその作品の様々な特質に触れさせる必要がある。そのための学習指導の方法は多様であっていいはずだ。教材を「詳細」に読まなければならない場合もある。あるいは，さっと通り過ぎるだけで良い場合もある。

　それぞれの文学作品の特質は，あらかじめ固定的に決まっているわけではない。多様な学習指導方法を採用することによって，はじめて作品＝教材の特質が見えてくることがある。また，思いもかけない学習者の反応から，教師自身が作品そのものを見直すこともある。事前の作品分析・教材把握は，十分に行うべきではあるが，実際の教育実践は，教師の予想を超えて，ダイナミックに展開するというのもまた一面の真実だろう。

＊本稿中では，絵本は『きいろいばけつ』，教科書教材は「黄色いバケツ」と使い分けている。しかし漢字使用などを別にすれば，両者の文章自体は同文である。

注

1　「毎日新聞」朝刊（東京版）2011（平成23）年04月27日。

2　「鉛筆対談」や「筆談」は，基本的には「対面活動」である。つまり，コミュニケーション活動をするもの同士が，同じ紙片に書き込んだ文字を，読み合う活動である。この活動は，場所と時間を同じくすることによる効用とそのために生まれる限界とがある。もし，「手紙」による交流ならば，時空を隔ててのコミュニケーションが可能になる。ただしこちらは，タイムラグが生まれる。そこにもその効用と限界がある。さらに，オンライン上ではチャットやSNSによるつぶやきの交流などがあり，こう

　した交流は，これからも盛んに行われる活動になるだろう。いずれの言語活動も，それを学習活動に採り入れる際には，それぞれのコミュニケーション活動の特徴を摑んでおくことが基本的な配慮として必要になるだろう。

第4章

分岐展開型作文の可能性
―「お話し迷路」という場の設定―

1.「お話し迷路」とは

　「お話し迷路」と呼称される言語作品がある。ストーリーと迷路とを組み合わせて構成された一種の「言葉あそび」のゲームである。外国にも同様の作品が存在するのかどうかは承知していないが，日本では杉山亮がその才能を思う存分発揮して優れた作品を多数発表しており，とりわけ幼児や小学生に人気がある。「お話し迷路」の題材には，よく知られた昔話や民話，あるいはお伽噺などが取り上げられている。というのも，お話しの筋をある程度承知していることが，この言語作品を楽しむための前提になっているからだ[1]。

1.1 「お話し迷路」の具体例

　「お話し迷路」とは，どんなものか。一言で言うと，「お話し（ストーリー）」が書き込んである「迷路」である。そのイメージを掴むために，Aさんの作成した「スイミー」を例にしよう。ちなみにこのAさんの作品は，府川の担当する日本体育大学の「国語教育実践論」の授業の中で，杉山亮の「お話し迷路」の真似をして作られたものである。この「図1」の作品をもとに「お話し迷路」の仕組みとその面白さを説明してみたい。

　「迷路」の解答者は，「図1」の右上の「⇦」から入って，左下の「⇦」へ抜ければ，この「迷路」を攻略したことになる。もちろん「迷路」なのだから，途中には迷い道が数多く存在しており，すんなりと出口にたどり着けるわけではない。解答者が迷路の中を進んでいくと，必ず分岐点に出くわして，どちらに進んだらいいのか「迷う」ことになる。

　通常の「迷路」の場合は，分岐点にさしかかった際にどちらへ進むのかは

図1

解答者の勘によるしかない。また，その選択の正否は少し先に進んで「行き止まり」にぶつかるまでは分からない。道が封鎖されていて，そこから先に進めなければ，直前の分岐点まで戻り，別の道を選び直す必要がある。その時には，不安や緊張の感情が生まれ，それゆえに抜け出られたときの解放感はたまらない。

　もっとも「お話し迷路」の場合は，取り上げられた話材の「正しいストーリー」をたどっていけば，自然に出口にたどり着くことができる。解答者は通常の「迷路」のように手探りで進む必要はなく，既知の物語の筋の手助けで出口へと導かれる。すなわち，解答者は一マスごとの文字を読んでストーリーを追い，分岐点にさしかかった場合には，正しい話の筋の方向に進んでいけば，間違いなく出口に到達することができるのである。

　試みに「図1」の正解ルートに網掛けをしてみた。それが「図2」である。墨ぬりの下に記された文字列は「スイミー」の物語のストーリーであり，次のような文章になっている。

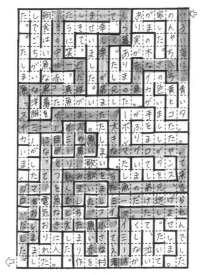

図2

⇨ ひろい海に，ちいさな赤い魚の兄弟が，楽しく暮らしていました。その中に一匹
だけ真っ黒な魚「スイミー」がいました。大きなマグロがやって来て，兄弟の魚た
ちを飲み込んでしまいました。スイミーだけ逃げられました。スイミーは考えて，
小さな赤い魚たちと大きな魚をつくり，黒い魚のスイミーが目になって，マグロを
おいだしました。⇨

　いうまでもなくこれはレオ・レオニ原作の『スイミー』の原文そのままで
はなく，「あらすじ」である。それも，作成者のAさんがまとめたもので，
別の人なら多少異なった「あらすじ」になるはずだ。どんな物語のあらすじ
をまとめたとしても，個々人によって文体や語彙の選定あるいは強調点など
に関して若干の異同が生まれるだろうし，とりわけこの「お話迷路」の場合
には，かなりの字数制限があるから的確な「あらすじ」を求められると，か
なり難しい作業になる。だが重要なのは，解答者がそれを「スイミー」の話
であると同定できるかどうかである。その意味で言うなら，このAさんの
「あらすじ」は「お話し迷路・スイミー」の「正しいストーリー」として十
分に機能している。

1.2 「お話し迷路」の面白さ

　「お話し迷路」の魅力は，通常の迷路のようにできるだけ早く出口に到達することではない。ここが重要な点である。それを具体的に確かめてみよう。

　まず，「図1」の入り口から「スイミー」のお話し迷路に入る。「ひろい海に，」まで進むと，二つの分岐点がある。そこで，まっすぐに下に行くと「青いタコと黄色のイカがいました。」という文で，行き止まりになる。文には読点が打たれていて，障壁もあるので，もう前には進めない。したがって解答者は，元の分岐点に戻ることになる。再び「ひろい海に，」の分岐点に戻り，今度は左横に進む。二マス行くと，また道が分かれている。「ひろい海に，ちい」のところである。そこで上に進んでみると「ちゃんの家がありました。」で，また行き止まりになってしまう。仕方がないので元に戻って，「ひろい海に，ちいさな」と進むと，また新しい分岐点になる。今度は，上に進むと「木の実がありました。」で，行き止まり。再び元の分岐点に戻ると，今度は次の分かれ道がなかなか現れず，「ひろい海に，ちいさな赤い魚の兄弟が，楽しく暮らして」まで文が続く。この分岐では，下に進むと「，幸せそうに笑っていました。」となる。また，左に直進すると「いました。その中に一匹だけ」とストーリーが続く。

　こうして文章記述をすると，いかにも回りくどい説明になってしまうが，「お話し迷路」で間違ったルートを選択しても，通常の「迷路」のような徒労感や焦燥感が生まれないことは理解していただけたのではないか。というより，分岐点で迷った方が別のストーリーに出会うことができて，より楽しいことも確認できるだろう。

　「スイミー」の原作には，「青いタコや黄色のイカ」は登場しない。しかし，ここには新たな珍しい生きものが出てくることが面白い。「ひろい海に，ちい」の分岐点でも「ちい」なら「ちいさな魚」だろうという予測が，「ちいちゃん」という人物名に変換される意外性がある。「ひろい海に，ちいさな赤い魚の兄弟が，楽しく暮らして，幸せそうに笑っていました。」や，「ひろい海に，ちいさな赤い魚の兄弟が，楽しく暮らして，幸せそうに笑っていました。朝食はいちごでした。」となれば，これはこれで「正しいスト

ーリー」とは異なる別のサブストーリーになっている。

　一般的な「迷路」ならば，早く出口へ到達したいから，できるだけ間違った道へ侵入したくはない。しかし，「お話し迷路」では，かえってサブストーリーに入りこんだ方が楽しい。そこでは，しゃれやもじり，パロディや語呂合わせなどの言葉あそびの技術が駆使されており，また思いがけない別のストーリーを楽しむこともできる。本節の冒頭で筆者が，「お話し迷路」は「ストーリーと迷路とを組み合わせて構成された一種の言葉あそび」だと述べたゆえんである。

2.　作文活動としての「お話し迷路」

　「お話し迷路」を受容して楽しむだけではなく，実際にそれを作成する活動をしてみると，どのような問題が出現してくるのか。

　国語教育の一環として「お話し迷路」の作成という活動を考えれば，「迷路」の中に書き込む「文章」は，いわゆる「作文」である。それも「迷路」という枠組みにうまく収まるように，細かい文字調節をしなければならない。これは，相当制作条件が厳しい作文活動である。この「お話し迷路」のストーリー制作活動に焦点を当てることで，「作文制作」の意味をあらためて考えてみよう。

2.1　「お話し迷路」作りの様子

　先ほど示した「図1」の「スイミー」を材料にした「お話し迷路」を具体例として説明する。前述したようにこの作品は，府川が担当する「国語教育実践論」の授業の中で，杉山亮の「お話し迷路」を手本にして作られたものである。

　まず，学生たちが各自の「お話し迷路」を作成する様子を紹介したい。迷路を作成するに当たって，「縦21×横15」のマス目を書いた用紙を配布した。用紙の字数に特段の意味はない。単に書きやすいように，あらかじめマス目の用紙を準備しただけで，必要によってマスを書き足したり，二列・三列とまとめて削除したりして総字数を少なくしても構わないと告げた。

　杉山亮の作品群のように，人口に膾炙した昔話や物語を材料にする場合は，迷路の「正しいストーリー」が題材に選んだお話しの「あらすじ」になる。この「あらすじ（作文）」の冒頭が迷路の入り口になり，文章の結末部が迷路の出口になる。

　そこで学生たちは，「お話し迷路」を作成するにあたって，何を題材にするのかを考えた。そのためには，取り上げようとする「お話し（題材）」のストーリーを正確に思い出す必要がある。しかし，題材にしたいストーリーはうろ覚えだという学生が多数いたので，スマホを利用してあらすじを検索したり，隣同士で話し合ったりして，それぞれが取り上げる題材のおおよそのストーリーを確認した。こうして自分が取り上げる物語の題名とそのストーリーが決まる。

　次には，マス目の記された作成用紙に，迷路の入り口にあたる部分から「あらすじ（作文）」を書き始めた。その文章をマス目の中に上下左右に適当に折り曲げながら配置し，迷路の出口に当たる部分で文章が終わるように「ストーリー（あらすじ）」を書き込んでいく。これで「図2」の墨ぬり部分にあたる「正解ルート」が完成したことになる。このあとに，まだ文字が書かれていない部分を埋めるために，メインストーリーから分岐点を作って，サブストーリーを付け加えていく。

　大部分の学生は，上記のような手順で「お話し迷路」を作成していた。だが，最初に正解ルートを出口まで書き込まず，「正解ルート」とサブストーリーを同時並行的に書き込みながら迷路を作っていく学生もいた。この場合，あらかじめ出口の位置を決めていないので，思いもかけないところが出口になってしまうことがある。あるいは，分岐点から別れたサブルートの文章の文字数をうまく調整できず，コマの一部を塗りつぶして処理したり，挿絵のような図を挿入して空白を埋めたりして形を整えるような学生もいた。つまり，びっしりと文字で埋め尽くすようなＡさんの作成した「お話迷路」のレイアウトとは異なる「お話迷路」である。しかし，図の挿入や塗りつぶしがアクセントになって，思いがけないレイアウト効果による面白さが生まれる場合もあった。

　こうして多くの学生たちは，手本にした杉山亮作品の完成度には及ばない

ものの，有名な昔話や民話，あるいはよく知られた絵本や教科書教材などの
ストーリーをもとにして，なんとか「お話し迷路」を完成することができ
た。そのうちの平均的な出来映えの作品が，Ａさんの作成した「スイミー」
なのである。

2.2　文章展開の型<ruby>タイプ</ruby>

　ところで「お話し迷路」には，同一紙面に「正しいストーリー（メインス
トーリー）」と「サブストーリー」が書き込まれている。「お話し迷路」にと
って，サブストーリーは必須の存在である。というのも，もし「お話し迷
路」に「正しいストーリー」だけしか書き込まれていなかったら，迷路の解
答者は単に既知の物語の「あらすじ」を追うだけになってしまうからだ。サ
ブストーリーが存在するからこそ「お話し迷路」の面白さが生まれるのであ
る。

　これに対して，通常の「迷路」では，正解ルート以外の空間は単なる「行
き止まりの通路」であり，解答者を惑わせる機能しか持ち合わせていない。
つまり通常の迷路では，「行き止まりの通路」は，「出口に通じる正しい通
路」の「背景」，あるいは「地」としての役割を果たしているだけで，それ
自体が一定の意味を持っているわけではないのである。

　これを，私たちが一般的に考える「文章＝作文」の話題にスライドさせて
みよう。

　通常，私たちは，どのような種類の文章を書くにしても，整合性を持つま
とまりを産出しようと作文活動に取り組む。「作文の作成」とは，あらかじ
め想定した一定の記述内容を，文末に向けて収斂させるべく文字列を生成し
ていくことにほかならない。たとえ作文作成の途中で，脳裏にサブストーリ
ーに類する想念やイメージが浮かんだとしても，それらはメインストーリー
に吸収するか，とりあえず消し去るという処理を施すことになるだろう。な
ぜなら，そうしなければ，文章の筋道は混乱し，一貫したひとまとまりの作
文を形成することはできないからだ。もし，そこで生まれたサブストーリー
的な想念やイメージを大事にしたいなら，新たに別の作文として，別の用紙
に書き記すほかはない。

　私たちが一般的に書く作文は，文章の「線条性」という性質に即して，一方向に単線的に展開するという特徴を有する。ここではそうした文章を，あえて「一方向展開作文」と名付けておく。いうまでもなく私たちが目にするほとんどの文章は，このように一方向に展開していき，そのまま結末に向けて収束する文章である。それらの文章を，形式という側面から見るなら，記述内容を支える文字列が一方向に整頓された形状になっており，また，内容という側面から見るなら，主張したい内容を要約することが可能だという特徴を持っている[2]。

　一方，「お話し迷路」には，一方向に収束する「正しいストーリー」型の文章も書き込まれているが，その正しいストーリー自体から，いくつかのサブストーリーが直接に枝分かれしている。このサブストーリー群は，正しいメインのストーリーと比べると字数（文量）はそれほど多くはないものの，やはり一方向に展開していく作文である。しかも，正しいストーリー展開の途次に派生した，正しいストーリーと比べると，正しくない内容を持つ「一方向展開作文」である。この「お話し迷路」の中に収納されているメインストーリーとサブストーリーの全体を，短く要約したりあらすじとしてひとつにまとめることは不可能である。なぜなら，「お話し迷路」の作文は随所で分岐して樹木状になっており，それぞれのサブストーリーが異なった文章内容を抱え込んでいるからである。こうした樹木状に分かれる作文を，文章形式に着目して「分岐型展開」と呼ぶことにする。

　以上ここまで述べたことを整理する。形態的に分類するなら，通常の「一方向展開作文」は，さらにそれを「単線展開型」と「分岐展開型」に下位分類することができる，ということになる。この分類にしたがえば，原稿用紙に書かれたりワープロで打ち出されたりする一般的な形式の作文は「一方向単線展開型作文」であり，今見てきた「お話し迷路」は「一方向分岐展開型作文」である[3]。

2.3　分岐展開型作文の可能性

　分岐展開型の作文に分類されるのは，「お話し迷路」だけというわけではない。

　たとえば，今，読者が目にしている，この「注」をともなった論文形式の
文章も，ある意味で「分岐展開型作文」の仲間である。本論考では論考末
に「注」をまとめてあるので，ほとんどの読者はいちいち「注」を参照せず
に，本文のみを読み進めていることだろう。しかし，各ページごとに「注」
をつける書式に変更すれば「注」の存在が前面にせり出してきて，いかにも
分岐展開型作文らしい外観を呈することになる。また文章によっては，本文
を解読する際に，頻繁に「注」の参照が必要になることもあるし，それを要
求する文章もある。そうした場合には，サブストーリーである「注」は，単
なる「背景」や「地」という役割に留まらず，メインストーリーを直接に支
えたり補ったりするような機能を持つことになる[4]。

　つまり，本文を読みながら「注」に出会った読者は，メインストーリーで
ある本文の叙述を追うことをいったん止めて，サブストーリーである「注」
の文章を確認し，そこでまた，本文に戻ってくるのである。試しに，この文
の文末にはあえて「注」をつけてあるので，ここまで「注」を参照せずに本
文を読んできた読者は，本文を読む作業を一旦停止して，文章末に掲載した
193頁の「注5」を必ず見ていただきたい[5]。

　別の例として，RPG（ロールプレイングゲーム）やアドベンチャーゲー
ムなどの「脚本」を挙げてもいいかもしれない。これらも「一方向分岐展
開型作文」の類似作文とみることができる。通常，ゲーマーは脚本として用
意されたいくつものストーリーのすべてを体験するわけではなく，ゲーマー
自身が決定したストーリーを，自らのメインストーリーとして選び取ってい
く。しかし，ゲームの脚本家は，分岐する数多くのストーリー展開を実体的
な文章としてあらかじめ用意しておかなければならない。それらのサブスト
ーリーの中には，「お話し迷路」のように行き止まりになるものもあるだろ
うし，再びメインストーリーに回帰していくものもあるだろう。これらの脚
本の文章は，樹木状に分岐していくだけではなく，分岐した先で再びメイン
ストーリーに接続したり，別のサブストーリーと連接したりして編み目のよ
うな構造になっていると考えられる。

　先ほど筆者は，一般的な作文活動では，「たとえ脳裏にサブストーリーに
類する想念やイメージが浮かんだとしても，それらはメインストーリーに吸

収するか，とりあえず消し去るという処理を施す」と述べた。だがそれは，あくまでも「一方向単線展開型」の場合である。「一方向分岐展開型」の「お話し迷路」や「注付き論文」，あるいは「RPG（ロールプレイングゲーム）やアドベンチャーゲームなど」の文章は，「単線展開型」が作成途中で消し去ってしまったサブストーリーを顕在化し，なおかつそれを可視化させている。つまり，「分岐型展開」の作文とは，私たちが単線型の文章のメインストーリーを作成する際に切り捨ててきた多様な要素を様々な形で浮上させ，選択可能性を持った作文として実体化させた文章形式なのだ。

　あらためて確認するまでもないが，現在，人間同士のコミュニケーション手段としては，言語ほど普遍性を持った媒体（メディア）は，ほかには存在しない。とりわけ文章は，その緻密性や説得性，あるいは記録性において卓越した特性を持っている。そのおかげで私たちはこれまで文章によって，時代や地域を超えたコミュニケーションの文化を積み上げてきた。学校教育において文章作成の技術や能力の育成が中心的な課題とされていることは，ある意味で当然のことだともいえる。

　しかし，現実世界を生きる私たちは，瞬時瞬時に立ち上がってくる想念や感覚のすべてを言語化できるわけではないし，ましてや文章化できるわけでもない。私たちの生活や文化の総体は，文章のような形で整序することは難しいのである。つまり，それは一般的に通行している一方向展開作文も，私たちが行動したり頭の中で考えたりしたことを相手取る言語形式として十分ではないということだ。

　その上，これまで見てきたように一方向展開作文には，単線展開型と分岐展開型とがあり，それぞれの特性も異なる。にもかかわらず，学校教育で取り上げられるのは，主に単線展開型の作文活動がもっぱらであり，とりわけ整合性・一貫性を持つ文章の作成が求められる。それに関して詳述することはここでの目的ではないが，もちろんそれにはそれ相応の理由があるだろう。

　だが，ここで強調したいのは，「分岐展開型」の作文にも光を当てる必要があるのではないか，ということだ。なぜなら「分岐展開型」の文章は，私たちの世界を一方向展開型とは別の形でとらえ，それを表現する可能性を持

った文章形式であると思われるからだ。とすれば，この「お話し迷路」を手がかりにして，別の文章表現指導の道筋を探ることができるかもしれない。

3．メインストーリーのない「お話し迷路」

「お話し迷路」作りにはどのような「新しい文章表現」の手がかりがあるのか。

筆者は先ほど，学生たちが作成した「お話し迷路」の一つを紹介した。それぞれは極端に言うと，プロ作家の杉山亮の作品の模倣とでもいうべき仕上がりになっている。もちろんそれは，杉山と同じように昔話や民話，あるいはお伽噺などをメインストーリーとして選択するよう筆者が指示した結果である。したがって，Aさんの作品（図1）のようなスイミーのあらすじと，そこから分岐したサブストーリーによって構成される「お話し迷路」が出来上がったのだ。言うまでもなく，この作文活動自体にも，それなりの教育的意義がある。

だが，同じ「お話し迷路作文」を，その「分岐展開型」という特徴に着目して，別の方向に拓いていくことはできないか。そのためには，メインの話材を昔話や民話，あるいはお伽噺などの既成の「お話し」をメインストーリーとして採用せずに，自分でストーリーを創作するような活動を展開することが考えられる。

実際にそうした指示をしてみると，事前には予想していなかったような作品が生まれてきた。そのうちのいくつかを以下に紹介して，分岐展開型作文を作成する意義とその可能性について考察してみたい。

なお，それぞれの作文は，「図1」のようなマス目用紙の中に収まっているのだが，ここでは分岐した文章が見やすいように，横書き形式として整理した。その結果，迷路の解読者が分岐点であちこちに迷う面白さは半減している。だがそれは，あくまでも分岐型作文の検討という観点を最優先したからであることをご了解いただきたい。

以下の作文例では，メインストーリー（一番長く続いたストーリー）を，ゴジック体で示した。ストーリーが分岐する箇所は「□」で示し，そのすぐ

下に分岐したストーリーを記すようにした。スペースの都合で分岐点を直接当該箇所の上や下に配置できない場合には，「□」や「□」などの記号で示してある。また，ストーリーの行き止まり箇所は「｜」を使って表した。

3.1　Bさんの作品の紹介と分析

　では，まずは，Bさんの「お話し迷路」を取り上げてみよう。

Bさんの作品　「無題」スタートあり、ゴールなし

【お】はよう。あ【さ】はばん。ば【ん】だにたべら【れ】たとおもっていたら【ゆ】かいなともだちになった。」
　　｜　　　　　　【ん】ばばん。」　　　【れ】ないようにね。」　　【ゆ】めだった。」
　　　　【さ】ごはんは【め】だまやきおやじ。」
　　　　　　　【め】だかをたべるわけがない。でもやいたら【お】いしいかも。」
　　　　　　　　　　　　　　　　　　　　【お】なか【が】せなかとくっつきそうだ。」
　　　　　　　　　　　　　　　　　　　　　　【が】すいてきた。しおをかけ＊
　　　　　　　　　＊ようか、いやしょうゆにしよう。【や】っぱりやめとこ。」
　　　　　　　　　　　　　　　　　　　【や】きかげんどうかな。いただきます。」

【お】やすみ。ゆめを【み】た。とびおきたらいえをでるさんぷんまえだった。」
　　　　【み】ている。そう、これはゆめである。」
　　　　　　　　　おだのぶ【な】りとスケートをしていた。」
　　　　　　　　　　　　　【な】がとけっこんしてこどもがさんじゅうさんにんいる。のぶな
　　　　　【が】はたたかいでいそがしかった。」
　　　　　【が】とバトミントンをしたらよわかった。」

　Bさんの迷路は，迷路の入り口が「お」という文字で始まるが，そのまますぐに左右に分かれる構造になっている。すなわち，片方は「おはよう」，もう片方は「おやすみ」で始まって，「朝」と「夜」という二つの世界を背景にそれぞれメインストーリーが展開される。なお，この作品の場合には，「お話し迷路」のゴールが内部閉塞していて「出口なし」の状態なので，とりあえず文章量の一番多いものをメインのストーリーだと考えて，ゴジック体で示した。

　まず，「おはよう」から始まるメインストーリーを追っていく。「おはよう。あさごはんはめだかをたべるわけがない。でもやいたらおながすいてきた。しおをかけようか，いやしょうゆにしよう。やきかげんどうかな。いただきます。」が，それである。「メダカ焼き」というアイディアが効いている。お

そらく作者は，朝ご飯は「目玉焼き」として話を展開しようとしたのではないか。だが，それではあたりまえの展開になってしまうので，「めだ」という文字列から「メダカ」を思いついたのだと思われる。それによって，通常の「お話し迷路」では脇筋になりかねない「メダカ」のサブストーリーが，急遽メインストーリーに昇格した。メインとサブとが入れ替わったのである。

　というより，この「お話し迷路」では，どれがメインのストーリーなのかを判断する基準は存在しない。とりあえず長く続いたストーリーを，ここでは仮に「メインストーリー」と呼んでいるだけで，分岐したストーリーと長く続いていくストーリーとの間に実質的な差違はない。それにもかかわらず，サブにもメインにも「朝食をめぐる逡巡」という一貫したイメージが共通しており，分岐点でどちらの道を選んでもそのトーンは大きく変化しない。

　さらに，この「おはよう」の世界には，「あさごはん」と対になった「ぱん」を主題にしたサブストーリーも書き込まれている。したがって，この「お話し迷路」は「おはよう」の世界が，さらに「ぱん」と「ごはん」の二つの流れに分かれているのである。「ぱん」のストーリーでは，「ぱん」から「パンダ」を連想した思いつきが面白く，「ぱん」の弾けるような音感から「ぱんぱぱん」という擬声語が連想的に引き出されている。

　もう一方の「おやすみ」のストーリーでは，舞台設定を「夢」としたせいか，奇想天外なイメージが連続する。スケート選手の織田信成から戦国武将の織田信長へと転換し，信長と結婚したり，バトミントン競技をしたりするというストーリーになっている。この「おやすみ」の世界も，「信長は戦いで忙しかった」が，メインなのか「信長とバトミントンをしたら弱かった」がメインなのか，判断はしにくい。そのもっとも大きな理由は，杉山亮の「お話し迷路」のように，よく知られた昔話や民話，あるいはお伽噺などをメインストーリーとして採用していないからである。

　それは当然だとしても，別の理由も考えられる。

　まず，この「お話し迷路」を作成している書き手の意識に着目してみる。学生たちは既成の「お話し」をメインストーリーに使えないことになった。すると，自分でストーリーを作っていくしかない。言うまでもなくストーリーの題材は様々に選択可能である。だが，おそらくBさんは，あらかじめ

出口まで到達する一貫したストーリーを最初に記入したのではなく、「おは
よう」と「おやすみ」を出発点にして、手探りでストーリーを紡いでいった
のではないかと思われる。そこでは、もともとメインストーリーとサブスト
ーリーとを区別する意識はない。分岐点では、そこで取りあえず思いついた
アイディアにしたがって話を展開していけばいい。

　つまりメインストーリーとしての一貫性や整合性を考えることよりも、い
くつかのしゃれた枝分かれを作ることの方に関心が向いたのだろう。その結
果として、メインストーリーとサブストーリーとの区別が曖昧になり、メイ
ンストーリーらしきものをたどっていっても、「出口」には到達しない。B
さんのこの作品には、「題名」もないし、二つの（三つの）メインストーリ
ーは外部への「出口」も持っていない。

3.2　Cさんの作品の紹介と分析

　「入り口」はあるが、「出口」がないという点では、以下に紹介するCさ
んの作品も同じである。ただ、この作品は、全体的にかなり統一された「主
題」のようなものを持っている。

Cさんの作品　題「物語は永遠に」　スタートあり、ゴールなし

○くんは毎日毎日素振りを千本やる。将来の夢は野球をして、お金をもらうことだ。」
　　　　毎週さくらの花を見る。」
　　　　　　さざえさんを見るが面白いと思ったことは一度も無い。」
　　　　　　　　るふりをしては食べることに集中しすぎて良く怒られている。」
　　　　　　　　　るものが冷めてしまっている。」
　　　　　　　　　てお母さんをだましてお金をもらっていると見せかけるのが得意技だ。」
　　　　　　　んをあざむいていたが先日とうとうばれて家を追い出されて今は公園で暮らしている。」

　Cさんは「○くん」の隣の席に座っていた。「お話し迷路」に自由なスト
ーリーを書くという課題が出たので、隣席の友達の悪口を書き始めた。もち
ろんその内容はフィクションで、○くんにじゃれついているに過ぎない。完
成した作品を「○くん」に読んでもらい、二人で大笑いをしようという算段
なのだろう。多くの分岐を作ることよりも、とにかく悪口を書き連ねること
に専念している。

　出来上がった「お話し迷路」は，形式的には確かに分岐展開型である。しかし，内容的に見ると「○くんの悪口」という話題で，ほぼ一貫している。いくつか話題の異なるサブストーリーも存在するが，このお話し迷路作文は，ある程度「要約」可能である。

　とすると，この作文は形式的には「分岐展開型」に分類できるが，内容としては「単線展開型」にかなり似通っていると整理できる。あるいは「並列展開型」と言ってもいいのかもしれない。つまり，サブストーリーを取り出して，それぞれを順接の接続詞でつないでいけば，通常の「単線型展開」に近い作文になってしまう。これは，最初から記述内容に関しての強い「主題意識」が，書き手の側にあったからだと考えられる。メインであれサブであれ，とにかく「○くんの悪口」を書くという姿勢が一貫している。メインストーリーをサブストーリーが相対化したり，言葉あそびの技術を繰り出したりすることもない。というより，この「お話し迷路」に記述されている内容のほぼすべてが，現実の「○くん」という存在に向けての，ある意味での「しゃれ」や「パロディ」の応酬なのだ。

　さらに，この「お話し迷路」の題名が秀逸である。Ｃさんは，タイトルを「物語は永遠に」としている。「○くん」の，「没落」の物語がこのまま永久に続くのだという表明である。Ｂさんの「お話し迷路」も「出口なし」だったが，それは結果としてそうなった可能性が高い。だが，Ｃさんはあえてメインストーリーもサブストーリーも「お話し迷路」の中に封じ込めてしまい，○くんの不如意の現状は「出口なし」なのだ，と言いたいのである。Ｃさんは意図的に「出口なし」の「お話し迷路」を作ったことになる。おそらくそれは先ほどから述べているように，「○くん」を題材にして，ともにこの「お話し迷路」を笑い合おうという明確な対象意識と，そこから生まれる創作意欲とが背景にあったからであろう。

3.3　Ｄさんの作品の紹介と分析

　最後にＤさんの作品を見てみよう。

　この作品は異色とも言える内容と展開で，メインストーリーなしの「お話し迷路」という枠組みを設定したからこそ生まれてきた作文ではないかと考

えられる。この作品もメインストーリーとサブストーリーとの区別が付けにくい。その点ではAさんの場合と近いかもしれない。

　文章内容としてみると，サブストーリーの方が整合性を持っているように見えるのだが，そのルートはすぐに行き止まりになる。本来ならこのサブストーリーを展開させていけば，「通常の話」になるのではないかと思われる。しかし，Dさんはそちらの方に展開せずに，少し変わったイメージをメインストーリーとして選び，次々とことばを増殖させていき，最終的には実に奇妙な作文になった。Dさん自身がこの不思議な話の方をメインストーリーだと意識していることは，最後を「出口」に到達させていることからも分かる。

　筆者は，Dさんがこの「お話し迷路」を書き進めているのを近くでちらちらと眺めていたのだが，なんととんでもないことを書くのかと半ばあきれて見ていた記憶がある。書き終えてから題名を「ねこ」と付けたので，ようやくある程度納得できた。このメインストーリーの主人公は，犬とねことの間に生まれた，いかもの食いの猫の子どもなのである。

Dさんの作品　題「ねこ」　スタートあり、ゴールなし

　　　　　孫について語り合った。」　　　。途中で力尽きたよ。」
私は犬に出会って子孫を残した。産道はとても長い。僕はもしかするとんでもないところにきたのか＊
　　　　　になりたいな。」　　　　産まれたのはからあげだよ。」　　　と死ぬ。」
　　　　　　　　　　　　　　　　　　である。」　　　のゲームキューブどうした？」
＊も知れない。持っているのはバリカンと木工用ボンドではない。ねえ、お母さん、僕の大好物は＊
　　　　　はチューブのわさびだけだった。」　　　僕は誰なの？」
　　　　　　　　　　　　　　　　　　　　　　　はないよね。」
＊天ぷら粉とカメラのフィルムをニスであえたあとコメにのせたものなんだよ。あれはポン酢をかけて＊
　　　　粉なの。」　　　とやいたものだよ。」　　　は絶品だと思うよ。」
＊食べると仮面ライダーかウルトラソウルが好きなねこに言いよられてセイウチと鉄棒のハーフ＊
　　　　ウルトラマンになれる。」　　　好きになります。」

＊が誕生します。あいしてますよ。ねこ　　　（出口）
　　が次世代の美女。」

　メインストーリーを前から順に見ていくと，前半は猫と犬のハーフとして生まれた孤独感や不安感が表出されているように思える。また，後半はさらに食べもののイメージが被さっていき，次から次へとことばが紡ぎ出されて

混交し，奇妙な世界が描き出されていく。作文の最後の「セイウチと鉄棒の
ハーフが誕生」というイメージは，冒頭部の猫と犬のハーフという表現と
響き合っている。まるで「現代詩」のようだといったら褒めすぎになるが，
「ひとりで行う連句」のような作文だと言うことは可能かもしれない。

　再三の確認になるが，筆者は先ほど通常の一方向展開型の作文は，「脳裏
にサブストーリーに類する想念やイメージが浮かんだとしても，それらをメ
インストーリーに吸収するか，とりあえず消し去るという処理を施す」と述
べた。ところが，Ｄさんは，それら逸脱した想念やイメージの方をメインス
トーリーに選んで，連想をふくらませて文をつないでいったように思える。

　つまり，Ｄさんには，分岐点で「犬になりたいな」「孫について語り合っ
た」「途中で力尽きたよ」などをメインストーリーに選択する道もあったは
ずなのだ。しかし，あえてそれらをサブストーリーにして，行き止まりを設
定し，それを否定的媒介にしたかのように，さらに曲がった（？）方向に展
開していった。

　その結果出来上がったメインストーリーは，整合性や一貫性に欠けた極め
つきの「悪文」である。もちろん今，「悪文」と述べたのは，当然ながら筆
者の「褒め言葉」である。おそらく通常の作文活動のように「一方向展開型
作文」を書くという目的意識の中では，こうした文章表現は生まれてこなか
ったであろう。この試みでもっとも重要なことは，「メインストーリーのな
いお話し迷路」という形式とその条件下で文章表現を展開する過程を経験し
たことによって，このようなＤさんの作品が生み出された，という事実で
ある。

　言うまでもなくこの作品は，Ｄさんの内面世界を何らかの形で反映してい
るはずだ。論理性と統一性を求められる一般の作文活動では表出されること
のなかった部分が噴出したようでもある。一心不乱に文字を連ねていくＤ
さんの姿を見ていると，こうした文章作成の指示が，自動運動的にＤさん
の心中を解放したようにも見える。その意味で，この作文活動は，「詩を書
く」行為と似ているし，ある種の演劇活動とも通じるところがあるようにも
思われる。

4.「お話し迷路」からの出発

　筆者は，第2節の末尾に，次のように記した。すなわち，「『分岐展開型』
の文章は，私たちの世界を一方向展開型とは別の形でとらえ，それを表現す
る可能性を持った文章形式であると思われるからだ。とすれば，この「お話
し迷路」を手がかりにして，新しい文章表現指導の道筋を探ることができる
かもしれない。」と。その道筋を探るにしては，あまりにも不十分な作品例
の提示だったと思う。また，もしこの作品群が「新しい文章表現指導」の萌
芽の一つだとしても，ここからさらにどのような展開を図るのか，この次の
プログラムをどのように準備するのかという問題が新たに発生する。現時点
では，それに応えるだけの十分な用意はない。

　しかしあらためて確認するまでもなく，教育の可能性，とりわけ表現の可
能性は，実践現場という地平から誕生する。たとえ教育政策として斬新な教
育課程や教育理念が提出されたとしても，それが学習者に新しい発見をもた
らすような教材の開発や実践の方法と結び付かない限り，学習指導という点
ではほとんど意味がない。また多くの教育研究者が，優れた学習モデルを豊
富に用意して現場に向けて提案したとしても，それぞれに条件の異なる教育
現場に同じように浸透していくことは期待できない。

　一方，どこでも行われているようなささやかな実践事例の中から，新たな
教育実践の可能性が生み出されることがある。この「お話し迷路作文」の事
例に局限しても，同じ「お話し迷路」という形式を使いながら，作文作成の
ルールを若干変更しただけで，これだけ教師の想定を超えた作品が生まれて
くる。私たちは，現場のちょっとした実践の工夫で，思いもかけない作品を
生まれてくるという事実を大事にするべきであり，同時にそのことの意味を
自覚化し，それを一般化することが重要なのではないか。

　本書第Ⅲ部第3章の，「作文指導における『自己表現』の展開」では，明
治以降の作文教育の中における「自己表現」の系譜を追っている。そこで
は，概略，以下のようなことを記した。

　明治時代の末期になって，ようやく子どもたちは自分たちの話しことばに
近い文章・文体を使って「自己表現」をすることが可能になった。その後，

平易な書きことばを使った口語自由詩の作成や生活綴方作文が，多くの教師たちの支持と子どもたちの生き生きとした言語表現による作品を生み出し，日本の教室言語文化の中に根を張ることができた。だが，そうした言語による「自己表現」は，言語が書き手の内面や現実の事象を映し出すという言語観に基づいていた。それに対して近年では，言語と「自己表現」との関係に対する考え方は，大きく変わっている。すなわち，言語が「書き手の内面」や「現実」を創り出しているという言語観である。そうした言語観を結果的に先取りしたと考えられる教育実践に，松本利昭の「たいなあ詩」や大河原忠蔵の「のりうつる文体」の実践がある，と。

　以上の論考で筆者が挙げた教育実践例に，さらに近年の大学教育における言語を媒介とした「自己表現」の実践をつけ加えるなら，以下のような著作が挙げられる。すなわち，学生たちにあらためて自分の母語の問題を考えさせた浜本純逸による「方言詩」の実践，個とグループの音声とテキストとの関係を追求した高橋俊三の「群読」の実践，中国で行われている絵をもとに作文を書く教育実践を現代的なビジュアルリテラシーの育成に転換した鹿内信善による「看図作文」の実践，あるいは自分の被教育体験を第三者やもとの教員と手紙でやりとりさせた府川源一郎の実践などである。おそらくこの「分岐展開型作文」の試みも，さらに展開させることができたなら，それらの仕事に付け加えることも可能なのではないだろうか[6]。

注

1　杉山亮は，『おはなしめいろ　せかいのたび』『用寛さんのおはなしめいろ』フレーベル館，など多数の「お話し迷路」を作成している。一方，通常の「迷路」は，英語圏では「MAZE」と呼ばれ紙上ゲームとして印刷発行されており，多くのファンを持っている。

2　ここで「線条性」という用語を使った。本論考と密接に関わりのある概念なので，それに関して少々補足をしておく。

　　言語は書きことばであれ，話しことばであれ，かならず「線条性」という特徴を備えている。線条性とは単一の道筋のことであり，そこに同時に複数の路線を顕在化さ

せた形で示すことはできない。

　とりわけ話しことばにその性質が顕著に表れる。なぜなら話しことばは，時間の進行という枠組みによって制御されているからだ。私たちは音声を発するにあたって，同時に別の音を構音（調音）できるような発声器官を持ち合わせていないし，聞き手の側も複数の音を同時に弁別する聴音器官を持っているわけではない。喉頭で発せられる様々な音声によって構成された意味のひとまとまりである単語は，時間の順に継起的に私たちの耳に飛び込んでくる。さらにその単語の連鎖である「文」も，「文」の集積としてのひとまとまりの「話（スピーチ）」も，聞き手には継時的な体験として受け止められ，時間的な可逆性はない。したがって，音声による話しことば伝達は，時間という順序性に大きく規定される。自然の状態では，話しことばは時間の順序性に逆らうことなく，一本の線のように連続して聞こえてくる。その意味において，話しことばは「線条性」を持っている。

　話しことばを文字として定着させた書きことばに関しても，基本的には同様の事態が生じる。話しことばを文字として記述する「文章」は，一筋の線のように文字として実体化された形態で，紙（記録媒体）の上に定着される。音声から切り離されて記された文字列を見れば，言語の線条性は視覚的にも明白である。そこに記された文字列は，一方向に向かって整然と並べられている。私たちが記録された文章を理解する際には，その文字列を冒頭から最終部までを，順に目で追いながら文章全体を読む活動を行うことになる。なぜならば，そうしなければ文章全体が包含する意味（メッセージ）を受け取ることができないからである。

　ことばの学習を任務とする国語科の学習指導も，言語が「線条性」を持つという性質にその方法も内容も大きく規定されている。たとえば，教材としての文章を読むにあたっては，冒頭文から順に読んでいく必要がある。最後と冒頭だけを読む。あるいは途中の一部だけを読むという読み方も，目的によっては採用される場合もないわけではない。しかし，文章の読み方の基本は，当該の文章を最初の一文から順にたどって読んでいくことにある。

　文章を書くという作業も，線条性を持つ文章の作成を最終目的としている。メモや付箋紙などに文や文章の断片を記述することはあっても，あくまでもそれはメモや付箋紙よりも文章量が多い，ひとまとまりの長文を書くための補助材料に過ぎない。それらの文や文章の断片は独立したものではなく，最終的にメインストーリーに吸収されるか，メインストーリーからは取り除かれる存在である。

　つまり，一方向の線条性という規範に則って文章を作成する限り，サブストーリーに類する想念や，本筋に関係しない様々なイメージは，雑音として排除される。なぜなら，そうしないと文章の「線条性」と一貫性は保たれないからである。

3　「一方向型展開」の文章に対して，上から(左から)読んでも下から(右から)終わりから読んでも意味が成立する「双方向型展開」の文章も存在する。いわゆる「回文」である。もっとも「回文」はかなり特別な言葉あそびの文章であり，通常の作文活動にはほとんど登場しないので，ここでは特別に「文種」として取り上げることはしない。

4　例にあげた「スイミー」の「あらすじ」でも，たとえば日本語が堪能ではない読み手がそれを読解対象にする場合には，一見似通った現象が生じることもある。すなわち，一つ一つの単語や言い回しを辞書や参考書で確かめたり，他人に聞いたりするような場合である。この場合の「サブストーリー」は，紙面に直接書き込まれているわけではなく，外部情報として紙の外に客観的に存在している。読み手はその外部情報を，読み手自身の文章読解の過程に組み込んで，それぞれの解釈の筋道(メインストーリー)を構築していくのである。同様の事態は，古文や漢文，あるいは外国語などの，一読しただけでは十分に意味の通じない文章を読むときにも生じている。

　　本論考では，「文章を書く＝作文」という行為の結果としての実体として目に見える文字列を直接の考察対象としているが，「文章を読む＝読書」という認識行為も必ずしも単線的に展開するわけではない。つまり読むという営みのメカニズムも，文章表現という行為の複雑さと見合っているのである。

5　ほら，メインストーリーからサブストーリーへと視線も意識も移動したでしょ。ただ，この「注5」は，他の「注」と同じように，本文の情報を補足する機能は持っていません。ご苦労様でした。再び本文(181頁)に戻ってください。

6　浜本純逸編『現代若者方言詩集―けっぱれちゅら日本語』大修館書店　2005(平成17)年12月。

　　高橋俊三『声を届ける―音読・朗読・群読の授業』三省堂　2008(平成20)年3月。

　　鹿内信善『改訂増補 協同学習ツールのつくり方いかし方―看図アプローチで育てる学びの力』ナカニシヤ出版　2015(平成27)年11月。

　　府川源一郎『過去と記憶の"リ・メイキング"―学校時代の「事件」に出会いなおす方法』太郎次郎社　1998(平成10)年8月。

第5章

マンガの図像表現と文章表現
―四コママンガ「ののちゃん第8081回」の教材化―

1.「ののちゃん第8081回」の「オチ」

©いしいひさいち

1.1　ストーリーの展開

　いしいひさいち作「ののちゃん」は，朝日新聞の朝刊紙面に長期連載されている四コママンガである。「ののちゃん」という小学生とその家族を中心にしたストーリーが毎回展開されている。2020（令和2）年4月19日の第8081回は，前ページに掲載したような作品だった[1]。

　順にストーリー展開を追ってみたい。

　第一コマ目は，自宅の庭に出てきたお父さんが日曜大工を始めようとしている。ここが自宅の庭であることは，飼い犬のポチの小屋があることや最後の四コマ目から推察できる。お父さんは「よし」と声を発して，いきおいよく金槌を振り上げて釘を打とうとする。

　第二コマ目は，二場面に分割されている。順序としては右側から左側へと移っていく。右側には，クローズアップされたお父さんの手もとが描かれる。金槌で木の中に打ち込まれるはずの釘はそのまま残り，「すこ」という文字だけが記されている。釘打ちは空振りに終わったのだ。意外の手ごたえに驚いたお父さんは慌てて金槌の先端を見る。すると，金槌の頭の部分が消えているではないか。吹き出しの中には「えっ！」というセリフとともに，金槌の頭に付いていたはずの金属部分の絵も描かれている。金槌の頭は，どこかに飛んでいってしまったのだ。

　第三コマ目では，かなり高いところから「ガチャ」という音が聞こえてくる。お父さんは首を回して，後ろを振り返り，その音が家の屋根の方角から聞こえてきたことを確認している。吹き出しには「ガチャ」という音が記されているだけだが，ここまでの話の流れから，お父さんだけではなくマンガの読者もこの音を金槌の頭の音ではないかと考えるだろう。

　さて，最終の第四コマ目である。多くの四コママンガが依拠する起承転結という構成に則していうなら，「結」の部分に当たる。いわゆる「オチ」であり，この最終コマで意外の結末になることが多い。読者がそれに納得すれば，ひそかに笑みをもらすことになる。

　もっとも，この画面内の情報量はいささか多すぎるし，それらは複雑に交錯しているように思える。

1.2　お父さんの言動

　まず，肝心のお父さんの言動から見ていこう。お父さんは，「やれやれよかった。あとで回収しよう。」と，つぶやいている。何が「よかった」のか。もちろん金槌の頭のゆくえである。お父さんは，次のように考えたのだ。

　第三コマ目の「ガチャ」という音から，お父さんは，金槌の頭が自宅の屋根の上に飛んでいったと推断した。もし金属部分が人間にぶつかったり，壊れやすいものを直撃していたりしたら，大変なことになる。大きな事故は避けられたのだ。お父さんの安堵の心情は「やれやれよかった。」というセリフに表れている。当面，緊急事態が避けられたのなら，慌てて対処する必要はない。したがって，「あとで（金槌の頭を）回収しよう」と結論したのだろう。

　こう考えると読者は，その前の第二コマ目でびっくりしているお父さんの表情から，金槌の頭が無くなったことへの驚きと同時に，金属のかたまりが事故につながる懸念をも共有すべきなのだろう。実際この段階では，凶器がどこへ飛んでいってしまったのかはまったく不明である。

　さらに言えば，このセリフは四コマ目ではなく三コマ目に書かれていてもよかったかもしれない。それにもかかわらず，四コマ目にこのセリフを記したのは，おそらく塀の外の子どもたちのセリフと並べることで，両者の懸隔を対比的に提示しようとしたからだろう。つまり，この二つのセリフを同じコマの中に併記することで，お父さんと塀の外の子どもたちとの言動がかみ合わず，相互にずれていることが強調されている。それはいうまでもなく，このマンガの「オチ」の面白さがそこに潜んでいるからだ。

1.3　塀の外の子どもたちの登場

　お父さんは，金槌の頭は屋根の上にあると推定した。だが，実際に「ガチャ」という音を立てて屋根に着地したのは，子どもたちの蹴り上げたサンダルの片一方だった。そのことは，第四コマ目の絵を見れば明らかである。第四コマ目には，クローズアップされた片方のサンダルがはっきりと描かれている。

　ではなぜサンダルが屋根の上にあったのか。というより，塀の外の子どもたちがどうして，このストーリーの中に闖入してくるのか。

　このマンガの登場人物は第一コマ目から第三コマ目までは，お父さんだけである（ポチは除く）。マンガのストーリーは，お父さんを中心に進行してきた。もっともそれは，あくまでも塀の中の自宅の庭に舞台を限定した場合である。塀の外では，別のストーリーが進行していたのだ。すなわち子どもたちが，サンダルを投げ上げて天気占いをして遊んでいたのである。子どもたちは，お父さんが自宅に庭に出てくる以前から，塀の外で遊んでいたのかもしれない。しかしそれはお父さんには感知されていないし，このマンガの読者にとっても未知情報である。

　最後の第四コマ目に至っても，お父さんには塀の外の子どもたちの姿は見えていない。同様に子どもたちにも，塀の中のお父さんの姿は見えていない。双方の視界は塀によって截然と遮られている。それゆえ，子どもたちには，日曜大工に取りかかったお父さんが金槌の頭を見失ってしまったことなど想像もできない。お父さんもまた，子どもたちがサンダルの片方を投げ上げて屋根に乗せてしまったことなど知るよしもない。その両方の情報を知っているのは，マンガの読者だけだ。

1.4　ドローンの視点

　そのような特権的な読者の視座を可能にしたのは，第四コマ目を描写する語り手（観察者）の「視点」である。このマンガは，第三コマ目までは，庭の中のお父さんに近接した地上の視点から描かれている。しかし，第四コマ目で，語り手（観察者）の視点は，まるでドローンのように地上から空中へと飛翔する。そのことによって読者は，塀の中と塀の外，ならびに屋根の上を見渡すことができるようになり，お父さんの行動と子どもたちの行動の双方を俯瞰する視座を獲得できたのである。

　塀の中のお父さんのストーリーと塀の外の子どもたちのストーリーとは，本来互いに交流する必然性はない。しかし，お父さんが手にした金槌の頭が木軸を外れたその瞬間，子どもたちのサンダルも足から離れて飛んでいった。サンダルの片方は「ガチャ」という音を立てて屋根の上に落ち，同時に

お父さんの頭の中では，金槌の頭が屋根の上に落ちる。この時，二つの偶然は相互に結びついて，新しい必然が誕生したのだ。

　お父さんは，ほとんど屋根の下に近い庭先に位置していた。したがって，屋根の上の物体を直接見ることはできない。しかし，塀の外の子どもたちは，お父さんの家から離れた場所にいるから，屋根の上のサンダルは小さいけれどよく見える。もちろんドローンの視点からは，そうした状況のすべてが丸見えだ。

　近隣の子どものうちの一人は，屋根の上に表を向けて鎮座したサンダルを見て，「あした晴れだ」などとのんきなことを言っている。一方，サンダルを失った子どもの片一方の足は裸足になってしまい，指をくわえて遠くの屋根の上を眺めているしかない。この後，どうしたらサンダルはこの子どもの元に戻ってくるのだろう。「この後」の子どもたちのストーリーは，第四コマ目を超えても続いていく。

1.5　お父さんのストーリーのさらなる展開

　ところで，第四コマ目によくよく目を凝らすと，左の上のスミに小さく「あー」という「声」が記されていることに気がつく。これは誰の声で，どこから聞こえてきたのか。結論的に言えば，おそらくこれは，ののちゃんの家族のうちの誰かの声だろう。

　そう考えた根拠は，筆者がこのマンガの長年の愛読者であるからかもしれない。四コママンガは，単独の回だけでもストーリーは完結するが，このマンガは長期にわたって連載されているせいで，同じ人物や同じ舞台設定が繰り返し登場してくる。人物のキャラクターも自ずから固定されていき，「ののちゃんワールド」とでも言うべき人物関係と空間とを作りあげている。とりわけ「ののちゃん」一家の五人は，このシリーズの中心的な登場人物群であり，それぞれが個性を持った人間として描かれている。当然，愛読者はそうしたことを熟知している。

　ののちゃんのお父さんも，これまでに様々な場面に登場して，多様な言動を展開してきた。お父さんは，建設会社の中間管理職として真面目に仕事に取り組み，家庭では誠実な父親として造型されている。だがその一方で，暇

さえあれば中古の愛車に家族を乗せたがったり，下手な日曜大工と魚釣りに執心する愛すべき欠点もある。その欠点から生まれた数々の失敗行動によって，お父さんが家族から無視されたり，叱られたりする姿は，これまでにも度々描かれてきた。

　したがって，このマンガの愛読者なら，お父さんが日曜大工を始めようとした第一コマ目を見ただけで，必ずや失敗に終わるに違いないという予感がするのではないだろうか。今までにも，お父さんの日曜大工での数々の制作物は，その多くが欠陥品だった。第8081回の第一コマ目に登場するポチの犬小屋もお父さんの作品だが，ポチはこの小屋に不満だし，家族からの評判も芳しくない。今日の日曜日も，お父さんの日曜大工姿を目の前にしたポチは，大慌てで尻尾を巻き小屋の中に避難しようとしているように見える。場合によっては，飛来してきた金属のかたまりの被害者は，このポチだったかもしれないのである。

　つまり「ののちゃん」の長期読者の多くは，お父さんが日曜大工で立派な製品を完成させるといった結末を想定していない。その通り，またしてもお父さんの日曜大工作業は「失敗」に終わることになる。もっともどのような「失敗」だったのかは，この第四コマ目には明示的に描かれていない。だが，描かれていなくても「失敗」だったことは，「あー」という家族の声から十分に想像できる。

　お父さん自身は，屋根の上にあるはずの金槌の頭を「あとで回収しよう」と考えて，家の中に入っていく。しかしその金属のかたまりは，案に相違して家の中に飛び込んで惨劇を引き起こしていた可能性が高い。障子や襖を突き破ったのか，貴重品にぶつかってそれを破壊したのか，あるいは誰かに当たって昏倒させたのか，具体的な事例は不明であるものの，それを見つけた家族の誰かが驚愕して上げた声が「あー」なのだ。繰り返すことになるが，どのような事態が展開していたのかは，このマンガの第五コマ目が無いので分からない。しかし，少なくとも「やれやれよかった。」というお父さんのセリフと正反対の出来事が勃発していたことだけは間違いない。

1.6　第四コマ目の図像表現と文章表現

　先ほど第四コマ目の情報量が,「いささか多すぎる」と書いた理由は, 以上のように, 二つのストーリーが交錯していること, お父さんのメインストーリーがまだ一波乱ありそうなこと, さらには画面に出て来ない家族の存在が示唆されていること, などが錯綜しているからである。一画面に詰め込まれた情報を文字表現を通して解読するのに, 筆者がここまで四ページ近くの紙数を費やしてしまったことが情報過多のなによりの証拠であろう。

　しかしここで, あらためて確認しておきたいのは, これだけの情報を一つの画面にてんこ盛りにすることができたのは, それが図像表現だったからだということである。それも, 第一コマ目から第三コマ目のように地上における視点ではなく, 第四コマ目が, 鳥瞰的視点から描写されているということが重要なのだ。ドローン的な語り手(観察者)の立ち位置を採用したからこそ, 多くの情報をそこに描き込むことが可能だったのである。

　一般に, 文章表現は「線条性」という性質を持っていると言われる。文章は, 前から順に読まなければ何が書かれているのかは分からないし, 時間や論理の順序にしたがって文章を書かなければ, 一貫性や内容のまとまりは生まれない。それに対して, 図像表現は, いくつかの内容を同時に単一の絵の中に同時に表現することもできる。

　このことを,「ののちゃん第 8081 回」の第四コマ目に即して言うなら, 次のようになる。すなわち, 図像表現を採用すれば, 一枚の平面にお父さんのストーリーと子どもたちのストーリーを同時に並立させて描くことが可能になる。それを文章表現で記述しようとすれば, 二つのストーリーを分離した上で, 別々の文字列を使用して書かれなければならない, と。

　これからの教育には, このようなメディアの違いが生み出す表現の差異を学習者に実感的に気づかせることが求められている。それを具体化する方策の一つとして, マンガ(図像表現)を作文(文章表現)に変換して, 両者を比較するような学習活動が挙げられる。おそらくその変換過程の中では, 二つのメディアを比較して考えるような姿勢が生まれることが期待される。またそれは, ビジュアルリテラシーを育てるための基礎作業の一環とも位置づけられるはずである。

2.　マンガを作文にする活動と大学生

2.1　「ののちゃん第8081回」を文章化する

　筆者の担当する日本体育大学の教職課程の中には，「教育実習Ⅱ」という授業科目がある。この授業を受講する四年生の学生たちは，小学校教員免許状の取得を目指しており，すでに小学校での二回の教育実習を済ませている。そこでこの四年生たちと，「ののちゃん第8081回」の小学校の教材としての可能性を探ることにした。

　今年度（2020年度）はコロナ禍の影響で，すべての授業がオンラインで行われている。したがって，次のような段取りを採用した。まず，大学生たちがこのマンガをどのように理解しているのかを知りたいと思い，マンガを見て作文を書く課題を，授業予定の一週間前に出した。このマンガを作文化するようにという指示だけでは，学生に対して不親切だと思ったので，以下のような大学生向けの「手引き」を作成して活動の指示をした。「手引き」は，この授業科目の目的，すなわち小学生を対象にしてどのような教育指導を展開したらよいのかを考えることを念頭に置いて書かれている。

マンガを使って作文を書く授業について考えてみましょう。

（府川担当）2020.6.11

　子どもに活動（作業）をさせるときには，まず指導者が試みる。これは，鉄則です。事前にあれこれと想定することはもちろん大事ですが，自らやってみることで様々なことが見えてきます。それを「指導案」に組み込むことで，より良い学習計画に近づきます。そこで，今日はまず，マンガの続きを書くという活動をしてみます。

＊

　次に示すのは，朝日新聞に連載されている「ののちゃん」というシリーズのマンガです。ののちゃんの家は五人家族で，かなり個性を持ったおばあさん，ゆかいなおかあさん，働き者のお父さん，それに中学生のお兄さんと，小学生のののちゃんが住んでいます。

　今日は，おそらく休日なのでしょう。日曜大工が趣味のお父さんは，庭に出て，何かを作ろうとしています。実は，お父さんの日曜大工の腕前はかなりあやしい。せっかく椅子を作っても家族の誰もが怖がって座らないし，お父さん自身も「壊れるから触るな」というほどの出来映えです。

　このマンガの話のストーリー展開は，それほど難しいものではないと思います。

　なんと言っても，最後のコマがポイントです。もし，この図版を拡大することが可能なら，最後のコマの左の上の隅あたりに「あー」というセリフが書き込まれていることに注意を向けて下さい。小さな字で書かれているので見えにくいかもしれませんが，おそらく家の中にいる家族のだれかの声だと考えられます。(とりあえずここでは「家族の声」だということにしておきます。)

　なお，最後のコマで，塀の外の通りにいる二人は近隣の子どもたちです。「明日天気になあれ」と唱えながら「お天気占い」をして遊んでいたのでしょうね。

＊

　では，このマンガを作文にしましょう。「出だし」を指示した方が書きやすいと思いますので，最初の「出だし」を書いてみました。この後に続けて，作文を書きましょう。

作文の出だし：
ある日曜日のことです。ののちゃんのお父さんは，庭に出て日曜大工を始めました。木の箱を作ろうと思ったのでしょう。板の上のくぎを目がけて，力いっぱい金槌を振り上げ，「よし。」と，大きな声を出しました。……(この後を続けて書いてみましょう。)

作文の字数は，特に決めません。
皆さんが書いた作文を材料にして，来週はZoomで，このマンガを「教材化」する目的と方策について考えます。

　つまり，この文章と「ののちゃん第8081回」のマンガとを提示して，各自に作文を書いてもらい，次の時間ではその体験をベースにして，「図像表現と文章表現の差異」を小学生に教える意義とその方法について考えよう，という目論見である。

2.2　「手引き」作成の意図

　まず，この「手引き」に関する作成意図をいくつかを記しておく。
　最初に「ののちゃん」の家族の紹介をした。先述したように「ののちゃんワールド」を熟知している読者と，ほとんど初めてこのマンガに出会うという読者とでは，内容理解の前提が大きく異なると思ったからだ。とりわけ，お父さんの日曜大工に関する情報は，このマンガの理解に役立つと考えた。
　また，同様の理由で，塀の外の子どもたちは「ののちゃん一家」ではなく近隣の子どもであるということも書き添えた。この二人がののちゃんとお兄さんだと考える学生がいるかもしれないからだ。そう考えても一向に構わないのだが，お父さんのストーリーと子どもたちのストーリーとが別の目的と論理とで進行しており，それが「ガチャ」という物音によって初めて強固に関係づけられるという図式を明瞭にするためには，子どもたち二人は家族ではなく，外部の人間の方が好都合だからだ。もっともこの記述は「ののちゃん」に親しんでいる人にとっては，なくもがなの註釈だろう。この近隣の子どもたちが履物を使って「天気占い」をしていたことに関しても，そうした遊びを経験したことがないという場合があるかもしれないので，このことも「手引き」の中で触れておいた。
　さらに，第四コマ目の左上の「あー」というセリフはきわめて小さく記されており，見逃しがちである。そこで，ここにも注意を向けるようにうながした。この「あー」が家の中にいる家族の声であることは確かだと思われるので，そのように解説しておいた。この「あー」という声とお父さんの「やれやれよかった。」というセリフと屋根の上の片方のサンダルとの三点が読者の頭の中でカチッと結び付けば，「ののちゃん第8081回」のマンガは容易に読み解けると思ったのである。そこで「手引き」の中に，「このマンガの話のストーリー展開は，それほど難しいものではないと思います。」など

とよけいなことを書き込んでしまった。しかし後述するように，この第四コマ目の解釈は大学生にとってもかなり敷居が高かったようだ。

2.3 「出だし」作成の意図

　加えて「出だし」を設定して，その後に続く形式で作文を書かせたことに関する筆者の意図を述べておく。一言でいうと「助走路」を作った方が書きやすいだろう，ということになる。といって，これは大学生の書きやすさだけを考えたわけではない。もしかすると多くの大学生には，自由に書かせた方が様々な文体と内容の作文が出てきた可能性がある。

　それにも関わらず「出だし」を決めて，その続きを書くという活動を組んだのは，この授業における目的が「小学生への学習援助の仕方」を考えるところにあったからだ。つまり，この「出だし」は，小学生が作文を書く際の援助の工夫の一つを学ばせるための大学生向け教材という位置づけである。学生たちは，「出だし」に導かれて自らの作文を綴っていき，それが終わった次の時間になってから，あらためてこの「出だし」がどのような意図で書かれたのかを授業者である筆者から伝えられる，という手順になる。

　ちなみに，この「出だし」の文章作成に関する筆者の意図は次のようである。

　第一文と第二文は，「ある日曜日のことです。ののちゃんのお父さんは，庭に出て日曜大工を始めました。」とした。作文の冒頭で時と場所とを定め，「ののちゃんのお父さんは」と行動の主体がどのような動作をしたのかを，三人称全知視点の語り手が敬体の文章を使って物語る文体によってスタートさせたのである。これは，小学生の中には，第一コマ目を見て「お父さんがいる。トンカチを持っている。」のように，図像を一対一対応でことばに置き換えて説明する文体で書く子どもがいるだろうと想定したからである。図を外側から客観的に説明することに終始すると，描かれている事象を記述するだけになりやすい。ここでは人物の内面やその行動の理由などを想像することが「オチ」の理解への必須条件である。そこで，書き手を物語文体に誘導して，人物の内面を考える手がかりにしようとしたのである。第一文・第二文の文体に乗ることができれば，その先もスムーズに展開できる可

能性も大きくなる。

　第三文は，「木の箱を作ろうと思ったのでしょう。」と，語り手が人物の内面を推測するような内容の記述をした。文章の語り手は登場人物の内面を推し量り，それを文章化することも可能だということを知らせるためである。

　第四文の前半は，「板の上のくぎを目がけて，力いっぱい金槌を振り上げ」で，お父さんの動作の様子を外側から観察して描写する記述である。この作文は物語的な文体を中心にして書き進めていくので，状況や情景の描写表現を適宜交えると生き生きとした文章になる。したがって，人物の様子を描写した記述をここに挿入した。

　第四文の後半は，「「よし。」と，大きな声を出しました。」で，マンガの中の「吹き出し」を作文という形式の中にどのように書き入れるか，という見本のつもりである。吹き出しのセリフを「」（カギ括弧）でくくり，地の文につなげていくというおなじみの手法である。

　いうまでもなく，ここでの「出だし」は，その通りに書かせるための「手本」というよりも，書き手を自然に物語文体に自然に導くための「助走路」として仕掛けたものだ。その「助走路」の中に，おそらくこのマンガの文章化で必要となると考えられる文章技法のいくつかを提示しておいたつもりである。

2.4　学生たちの作文

　まず，筆者の解釈に比較的近い作文から紹介する。

　1．その時です。ふり下ろされた金づちから，すこっとぬけたような感じがしたのです。お父さんが金づちの先を確かめてみると，やはり，あるはずのものが抜けてしまってありません。

　「えっ。」と思ったその時，お父さんの後ろで『ガチャ』という音が聞こえたのです。

　近所の2人でお天気占いをして遊んでいた子どものサンダルが，ののちゃんのお家の屋根に表向きに乗っかってしまったのでした。「あした晴れだ───。」と言いながら，子どもたちは，屋根に乗っかった表向きのサンダ

ルを見ています。でも，どうやって屋根から取るのでしょう。

　それと同時に，ののちゃんのお家の中では，お兄ちゃんの「あー」という声。大切にしていた物がこわれてしまったのでしょうか。

　そうとは知らず，のん気なお父さん。どうやら，屋根に乗っかったサンダルの音を，かんちがいしているみたいです。「やれやれよかった。あとで回収しよう。」だって。

　家に帰ってからお父さんはどうなるのでしょうね。

　第四コマ目の理解は正確であり，「サンダルの音をかんちがい」という表現で，このマンガの「オチ」を説得的に説明している。また，お父さんのストーリーと子どもたちのストーリーが並行しているという問題を「それと同時に」「そうとは知らず」などという言語指標によって分別処理している。「図像表現と文章表現の差異」という点から見れば，ここがきわめて重要なポイントになる。

　繰り返すことになるが，「図像」は一つの画面に同時並行的に複数のストーリーを収めることができる。しかし，いっぺんに複数のストーリーを理解しようとするなら，ただ混乱を来すばかりである。複数のストーリーが存在することを認識するには，まずは，その図像の中から単一のストーリーをある程度言語化して取り出す必要がある。そのためには，「始めと終わり」「原因と結果」などに着目して，物語として言語的に整序する。その上で，また別のストーリーをそこから取り出すことができれば，はじめて一つの図像に複数のストーリーが収録されていたことが分かる。

　こうして図像の中から見出した複数の物語を，文章表現として正確に書き表す際には，「一方」や「ところで」あるいは「話は変わって」のような言語指標を使って，それらが相互に別個のストーリーであることを明示することになるだろう。この学生の場合は「それと同時に」や「そうとは知らず」などという言語指標によって，ストーリーの区別をしている。しかしこうした作文は，半数にも満たなかった。

　2. 力一杯金槌を振り下ろすと「すこ」と，空振りの音だけが聞こえまし

た。よく見てみると，金槌の先端部分が無くなっています。その瞬間お父さんは「えっ！」と驚くと同時に，背後の自分の家の方から「ガチャ」と，何とも言えない嫌な音が聞こえてくるではありませんか。

　そんな中，塀の外の通りにいる近隣の子どもたちが下駄を飛ばしてお天気占いをしていました。「明日天気になあれ」と足を思いっきり振ると，下駄はののちゃんが住むお家の屋根に上がってしまいました。「あした晴れだ」と，子どもたち。

　そして眼鏡を掛けているお父さんですが，メガネを掛けていてもあまり見えないお父さんは，家の屋根に上がった子どもたちの下駄を金槌の先端部分だと勘違いし，「やれやれよかった。あとで回収しよう」と呑気なことを言っているのでした。

　しかし家の中からは「あー」と，聞こえてきます。実は，金槌の先端部分は，二階部分の窓から家の中に入ってしまい家具を破壊していたのでした。

　このあとお父さんはどうなるのでしょう。ゆかいなおかあさんが鬼になっている姿が想像できます。

　全体として，場面の転換もスムーズだし，一つ一つの出来事も的確にとらえている。「そんな中」という言語指標で，二つのストーリーを区分けすることもできている。また，文末には語り手が直接顔を出して「どうなるでしょう」と読み手に語りかけ，語り手の予想を提示して終わっている。こうした点は，よく書けている。

　ただ「ガチャ」という音が聞こえてきたときのお父さんの心理を代弁した語り手が「何とも言えない嫌な音」と記述していることは気になる。むしろこの時点では，お父さんは金槌の頭が屋根に上がったと判断して，危険が避けられたことに安心したのではないか。だからこそお父さんは，屋根の上を未確認の状態でも「やれやれよかった。」といっているのである。しかし，この作文の書き手は，その矛盾をお父さんの視力のせいだとした。合理的な説明をするために，視力の問題を持ち込んだのだろう。しかし，「家の屋根に上がった子どもたちの下駄を金槌の先端部分だと勘違い」したという解釈はかなり苦しい。そう考えるとお父さんが地上に存在しながら，高い屋

根の上の落下物を直接見ることができたことになってしまう。お父さんがろくろっ首ならともかく（それはそれで楽しい展開になりそうだが），先に述べたように，マンガの読み手はドローンの視点で全体を見ることが可能であるが，お父さん自身はあくまでも地上からの視点しか持ち合わせていないのだ。

　もっとも，この作文を例にして，「視点」という概念を持ち込んで「第四コマ目の解釈」の整合性を検討していけば，この授業の目的である「図像表現と文章表現」の問題に迫ることは可能である。その意味でこの作文は，図像表現の視点と文章表現の視点を検討するための格好の「教材」になり得る。

　しかしこの例だけでなく，多くの学生が屋根の上にあるのは「金槌の頭」だと解釈していることも事実である。筆者にはどう見てもサンダルの片方にしか見えないが，これが「金槌の頭」だとすることで，どうにか話のつじつまを合わせようとしたのかもしれない。あるいは「ガチャ」と言う音から，お父さんの認識と同じように屋根の上にあるのは金槌の頭だと考えてしまったのかもしれない。別の可能性として，オンラインによるディスプレイ視聴のせいで，図像の詳細を十分に視認することができなかったことも考えられる。最後のケースだとすれば，筆者の図像提示の仕方が悪かったことになり，大いに反省しなければならない。

　しかし，屋根の上に「金属の頭」が載ったのだとすれば，話の整合性がとれず，マンガの「オチ」も納得しにくい。そうした例の一つを示そう。

　3.　いざ釘を叩いてみると，釘が刺さりません。「あれ，おかしいな。」と思い金槌を見てみると，金槌の先端がありません。

　「しまった！」と思ったと同時に，後ろで「ガチャ」と嫌な音がしました。慌てて振り返ると，先端は自宅の屋根の上に飛んで落ちていました。

　「あぶなかった。」と冷や汗をかき，後で取りに行こうと思った。家の中ではそれを見ていた娘に「あー」とバレてしまいました。

　外では，お天気占いをして遊んでいた子どもたちが，金槌が上に向いたのを見て「明日は晴れだ」と馬鹿にされる始末。

　「張り切りすぎるものじゃないな」と，ヒヤヒヤした日曜日のスタートで

した。

　お父さんと,「あー」という娘の声,それに近隣の子どもたちの三者が登場してはいるのだが,その三者の関係が明確につかめていないようにみえる。文章は各コマの様々な情報を摘記しているものの,全体のストーリーがつかめず,核になる部分の把握が曖昧だと言わざるを得ない。文章末の「結び」などには独自の工夫があって,うまく物語を収束させてはいるのだが,本人も十分にこの話の「オチ」に納得していない様子がうかがえる。

　実はこうした作文はかなりの数にのぼり,半数近くになった。したがって,作文を書かせた後におこなわれた筆者の授業は,「図像表現と文章表現の差異」を小学生に教える意義とその方法について考えることよりも,大学生の書いた作文を材料にしながら,あらためて「ののちゃん第8081回」の解釈を講義するような内容になってしまった。つまり,本稿の第1節に記述したような内容を,大学生に逐一説明する次第になってしまったのである。その結果,一応このマンガの「オチ」については理解したようだった。しかし,その「オチ」が生じる理由を「図像表現と文章表現の差異」の問題に還元して解説する筆者の話への学生の反応は,はかばかしいものではなかった。

3. 別の学年の大学生の反応と小学生の作文

3.1　別の学年の大学生への講義とその反応

　後学期の授業もやはり同じくオンラインで授業を進めることになった。そこで,前学期で話題にした「ののちゃん第8081回」を,別の学年でも取り上げてリベンジしてみようと考えた。

　今度は「初等国語科教育法」という授業名で,学部の三年生が対象である。この授業科目も教員免許を取得するための必修科目であり,ほとんどの学生は一回目の教育実習を経験している。授業の内容は,子どもの言語発達や国語教育の基盤について話をした後,「読むことの学習」に関する話題をいくつか連続して設定し,本時は「図像を読む」というテーマのもとで,

「ののちゃん第8081回」を教材として使った。授業は2020年11月23日（月）に実施した。

　この時間の展開は，次のようである。最初に，別の回の「ののちゃん」の四コママンガを見せて，その「オチ」が「視点の移動」によって成立していることを確認した。（その例は，ここでは触れない。）

　次に「ののちゃん第8081回」をめぐって，グループで，それぞれがどのようにこのマンガを理解したのかを話し合う時間を設定。その際，「オチ」の理解のためには，第四コマ目の「あー」に着目すること，屋根の上の物体が何なのかを考えることが大事であることを口頭で指示した。学生同士の話し合いの後，いくつかのグループから話し合いの内容を口頭で発表してもらった。すると，「オチ」がよく分からないままだったというグループと，的確に理解しているグループとがあることが分かった。自分一人ではこのマンガの「オチ」に気がつかなくとも，グループの中で誰か一人でも説明することのできる学生がいれば，ほかの成員もすぐに共感して納得できるようだった。

　その後，全体の講義に戻って，前学期の四年生たちに課した「手引き」を紹介して，そこで四年生が書いた作文のいくつかも提示してコメントを付した。もちろん，お父さんのストーリーと子どもたちのストーリーの交差とそれがドローンの視点によって可能だったことなどを含めて，このマンガの「オチ」に関する筆者の解釈を詳しく説明した。

　その上で授業の最後に，次のような質問に対する各自の考えを自由に記述してもらった。それは，「小学生にこの『ののちゃん第8081回』のマンガを授業することは可能でしょうか？　あなたはどう考えますか。また，府川の示した指導の方法以外に，何かよい『手立て』を思いついたら書いてください。」というものである。

　このような問いかけに対して，様々な解答が学生から提出された。教育実習を済ませたばかりの学生が多いためか，「可能」「不可能」というだけでなく，このような「手立てを」採用すれば可能なのではないかという具体的な指導のアイディアもたくさん示された。たとえば，マンガの各コマをバラバラにして組み立てさせる，一コマずつ提示して第四コマ目を想像させる，吹

き出しの文字を消してセリフを考えさせる，「さざえさん」「コボちゃん」などほかの四コママンガと比較する，文章（作文）を先に示してからどんなマンガの図像なのかを考えさせる，グループで劇にする，などである。「ののちゃん第8081回」は「オチ」が難解なので，もっと分かりやすい四コママンガを使うべきだという意見も多かった。

　また，「不可能」と応答した学生は，「先生から説明されても私は最後までよく分からなかったので（小学生には）無理」とか，「自分でさえ理解することが難しいので，小学生はもっと分からないだろう」のような理由をあげていた。確かに，教材について十分に理解できたという自信がなければ，それを題材として子どもたちに「教える」ことを躊躇する気持ちが生まれるのは，ある意味で当然である。謙虚な姿勢だと評価することもできる。

　しかし「大学生の私にさえ理解できないのだから，小学生には理解できるはずがない」という思考方法に陥っているのだとすれば，それはそれで問題がある。このことに関しては，「小学生の方が想像力豊かで，柔軟性があると思う」「子どもは面白い発想をして，大人の想像を遙かに超えることもある」という学生もいる。筆者もこれまでにそうした実例を山ほど見てきたし，実感としてもその通りだと思う。

　とするなら，やはりこの「ののちゃん第8081回」を実際の小学生に読ませたらどんな反応が生じるのかが知りたくなってくる。またその情報をこの大学三年生の学生に環流することで，「子どもの発想」についてあらためて考え直すこともできるだろう。こう考えて現職の先生にこのマンガを作文にする作業を依頼できないかと思っていたところ，ある小学校の先生から協力してくださる旨の返事をいただいたので，さっそく助力を御願いすることにした。

3.2　小学四年生の作文

　東京都公立小学校の四年生の児童は，どのような作文を書いたのか。本節は，それを紹介して筆者のコメントを加えてみたい。

　まずこの作業をしてもらうために，前学期に大学四年生に作文を書いてもらったときに使用した「手引き」（第2節2-1参照）を，小学生用に書き直

した。たとえば「回収」という語彙に注をつけたり，未学習の教育漢字はひらがなに変えたりしたが，基本的には大きな変更はない。児童たちにはこの手引きを読んでから「ののちゃん第8081回」のマンガを見て作文を書いてもらうことにした。

「出だし」に関しては，大学生に示したものとほぼ同じであるが，これも小学生の親近語彙を使って，「日曜大工」を「工作」にしたり，「金槌」を「トンカチ」に変えたりした。以下には，「「よし。」と大きな声を出しました」に続いて書いた児童の作文をいくつか示す。

　1．だが，つぎにお父さんがトンカチを振ろうとしたときに，「すこっ」と音がなり，トンカチを見るとトンカチの先っぽがとれていました。お父さんがビックリしていると，「ガチャ」と音がなり，お父さんはトンカチの先っぽがやねにのっているとかんちがいしてしまいました。そしてお父さんが「やれやれよかった。あとで回収しよう。」といいました。だが，ほんとうは子どもたちがくつをなげたのであった。そしてトンカチの先っぽはかぞくにあたっているのであった。

　その後，子どもたちはくつをお父さんからかえしてもらって，お父さんはののちゃんからトンカチの先っぽをかえされました。（ほんとうはののちゃんにあたって，ののちゃんはなきながらかえしてきた。お父さんは「ごめんごめん」といったが，ゆるしてくれなくて，ののちゃんにおもちゃをかってあげました。）

　この児童は，お父さんのストーリーと子どもたちのストーリーが交錯していることや，金槌の音と履物の音を誤認したことなど，第四コマ目の「オチ」を構成する基本的なことがらを押さえている。このクラスでは，半数近くが第四コマ目の関係を把握し，それを文章表現としてある程度の整合性を持って表出することができた。大学生の実態を見た場合に，小学生がこのマンガの「オチ」を理解した上で，それを文章表現することはかなりハードルが高いだろうと思っていたが，一コマ一コマを丁寧に見ていきさえすれば，小学生にとってもそれほど難しくないことが分かる。

　もっとも，文章表現という点からこの作文を観察すると，いかにも小学校中学年らしい特徴がある。それは，一文の文字数が多くて話しことば的な雰囲気が残っていること，敬体と常体とが入り交じることなどである。また，最初のうちは指定した「出だし」の文体に順っているものの，徐々に自分の文体に移行していく様子も感じ取ることができる。

　興味深いのは，後日譚の内容である。この児童の場合は，子どもたちとお父さんの二つのストーリーは，それぞれ「モノ」の返却によって話が完結している。

　近隣の子どもたちは，お父さんから履物を返してもらう。おそらく作文の書き手は，屋根に乗ってしまった履物がこれからどうなるのがかなり気になったのだと思われる。そこでお父さんが返却するというストーリーを創作した。実はこのクラスの児童たちの多くは，何らかの形で屋根の上の履物の回収に言及している。四年生にとっては，お父さんの失敗譚より，履物を失った子どもの側に共感したのかもしれない。あるいは，第四コマ目に屋根の上の履物がアップで描かれているので，それが強く印象に残ったのかもしれない。

　一方，お父さんはののちゃんから金槌の頭を返してもらう。書き手の児童は，それだけでは説明不足と考えたのか，背後に隠れているエピソードを（）丸括弧でくくって付した。このエピソードによって，金槌の頭が命中した「かぞく」が，ののちゃん本人であったことがはっきりする。おもちゃを買ってもらったことを理由に父親を放免するという結末は，いかにも子どもらしい発想だというべきだろう。

　2．しかし，トンカチのかたいところを見てみると，かたいところがないではありませんか。なんとかたいところが，とんでいるではありませんか！

　とつぜん「ガチャ」という音が屋根の方からきこえてきました。

　お父さんは近所の子どものサンダルをトンカチのかたいところとかんちがいをして，そのサンダルを回収しようとしています。そして，家の中で「あー」という悲鳴が聞こえてきました。

　そのばん夜ご飯の時，父は「屋根の上にはサンダルしかなかったけど，ト

ンカチのかたいところはいったい…」とその時，母が「そういえば昼ごろに何かかたい物が飛んできたんだけど，見ればトンカチのかたい部分だったんだけど，これってもしかしたらパパ？」と聞いてきました。すると「すいません。私のだと思います。」母が「次から気をつけるように」父が「はい。すいません。次から気をつけます。」といい家族が笑いにつつまれました。

　金槌の頭をどのように言語化したらいいのかが分からないので「トンカチのかたいところ」という表現を採用している。もっとも先ほどから使っている「金槌の頭」という表現も筆者が勝手に使用しているので，五十歩百歩である。ここでは読み手に意味が伝わればいい。それは大きな問題ではない。
　この児童は，「近所の子どものサンダルをトンカチのかたいところとかんちがいをして，そのサンダルを回収しようとしています。」と書いており，お父さんが「勘違い」をしたことはよく理解している。しかし，この表現だと，その内実がかなり曖昧に思えてしまう。というのは，この時点でお父さんが「回収しよう」と考えていたのは，あくまでも「金槌の頭」だったからだ。繰り返すことになるが，その実体が「サンダル」であることを知っているのは，天気占いをしていた子どもたちと，このマンガの読者だけなのである。
　もっともこの作文を書いた児童が，このマンガに即して以上のような理解をしたとしても，それを正確に文章表現できるかどうかは，また別の問題になる。まだ小学四年生は，その場に存在しない文章の読み手に向かって，厳密な文章を構築するという文章作成学習の経験に乏しい。したがって，この文章表現だけを見たかぎりでは，まだ「曖昧」な点が残るという評価になってしまう。
　それにしても「あー」という悲鳴に関する後日譚は，きわめて巧みで，ほんのりと温かさが感じられる。おそらくこの児童の文章表現の個性は，こうした部分に発揮されているのだろう。

3.3　児童による文章表現と図像表現
　以上のように，小学生の子どもたちが厳密な文章表現の力を駆使して作文

を書くことに慣れていないとするなら，別の手段で表現したいという児童が現れてきても不思議ではない。担任の先生によると，数人の児童から，このマンガの「第五コマ目」を書いてもいいかという発言があったそうだ。文章ではうまく表現できないので，図像による表現欲求が生まれたのだろう。

　たとえば，次のような例である。

　3.　トンカチをふり下げたその時！なんとトンカチの先っぽが消えていたのです。「えっ！」とお父さん。するとお父さんのはい後から「ガチャ」という音が。よく見てみると，となりの家にトンカチの先っぽが。ほっとするお父さん「やれやれよかった。あとで回収しよう。」

　ちょうどそのころ近所の子どもたち二人がお天気占いをしていました。が，高く上げすぎてしまいサンダルはののちゃんの家の屋ねへ。ですが子どもたちはサンダルを見て「あした晴れだ。」とのんきに言って見ていました。

　この児童の考えにしたがえば，お父さんは飛んでいった金槌の頭のゆくえを，「ガチャ」という音を聞いた途端に視認したことになる。その時にお父さんが，「よかった」と言う発言をした理由は，おそらく，次のようなことではないだろうか。すなわち，金槌の頭は飛んでいったが，行方不明にはならなかった，音がした方向に行って探せば再入手することができるだろう，と考えたのだ。金属塊が何かにぶつかって事故を起こす危険性より，それを失うことを心配したのだという理解である。いかにも子どもらしい発想のよ

うにも思える。これがこの児童による，お父さんのストーリーの解釈である。

　一方，近隣の子どもたちのストーリーに関しても，屋根の上にサンダルを投げ上げたことが，きちんと記述されている。しかし，二つのストーリーが「ガチャ」という音によって結びつけられていることと，またそれが「お父さんの勘違い」によるものだという発想ではない。その点で，このマンガの「オチ」は理解されていないと言っていいだろう。

　さらにまた，この児童は「あー」という音声を，ののちゃんの家族の声ではなく，隣の家の人の声だと受けとめている。自ら描いた第五コマ目の図像は，そうした解釈にもとづくものだ。「おまけ（つづき）」と題された図には，謝罪しているお父さんが握り手しかない金槌を持ち，激怒している隣家の人は金槌の金属部分を持っている。お父さんの吹き出しには「ごめんなさい」，隣家の人の吹き出しには「あんたねぇー」に加えて怒りのマークが挿入されており，その足元にはガラスの破片が散らばっている。この図は「あー」という声から想像したストーリーを的確に図像化したものだといえよう。この児童にとっては，文章で表現をするよりも図像表現の方が使い勝手のよいツールだったのかもしれない。

3.4　児童作文 4 における文章表現と図像表現

　最後に，やはり同じように第五コマ目を描いた別の児童の例を見てみたい。この児童は，第五コマ目に該当するストーリーを想像して文章記述を書き，それに加えて，同内容の図像を添えている。つまり，同じ物語内容を，一方では文章で表現を行い，一方では図像で表現を行ったことになる。これは，本稿の叙述全体にとっても，きわめて興味深い分析対象である。そこで，この児童の作文と図像とを少し詳しく検討してみたい。

　4.　そしてくぎをたたいたかと思うと，ハンマーの先がスッポリぬけて，ののちゃんのお父さんは思わず「えっ！」といってしまいました。ふりかえってみますと，やねの上で「ガチャ」となりました。

　ののちゃんのお父さんは，ほっとして「やれやれ」といって，あとで回収

することにしました。

　ですが，さいごのコマでやねの上には，スリッパがのっています。そして，右に「あした晴れだ」といっています。そして，左に「あー」と書いてあります。家にハンマーの先っぽが入ってしまったのでしょうか。

　そして，はしごをのぼってやねの上にきますと，なんとサンダルがめのまえにあったのです。そして少し時間がたつと「バリーン」ときこえました。とっさにおりて，いえのまえにいくと，いえのまどがわれてしまっています。

　この児童は，第三コマ目までどうにか「出だし」の物語文体に乗って，マンガのストーリーを記述している。しかし，第四コマ目では，物語を語る文体ではなく，「ですが，さいごのコマで」のように児童自身が図像を説明する文体に転換してしまった。おそらくこの児童は，ここまでどうにか使用してきた物語文体では，第四コマ目から読みとった情報を文章化して処理することができなくなったのだろう。それにもかかわらず，金槌の先端だと思い込んでいるお父さんの認識と，屋根の上にあるのは履物だと知っている近隣の子どもたちと読者の認識との間のズレに関しては，十分に把握することができている。

　そのことは，「ですが」という逆接の接続語（助動詞＋助詞）を使用していることから推察できる。この逆接表現は，二つのストーリーの背反した状況をこの児童が把握していることを示す言語指標だと考えていいだろう。さらにこの児童は，「家にハンマーの先っぽが入ってしまった」ので，「あー」という声が聞こえたのだ，という原因と結果の関係もきちんと理解できている。といって，このままでは読み手を意識した整合的な文章表現になっていると評価することはできない。先の児童と同じように，この児童も厳密な文章を構築するという文章作成学習の経験に乏しい，ということになるのかもしれない。

　さて以下では，後日譚として書かれた第五コマ目の文章と図像の特徴に触れてみよう。まず，文章である。上記の作文のうち，第五コマ目に関する部分を再度抜き出す。

　そして，はしごをのぼってやねの上にきますと，なんとサンダルがめのまえにあったのです。そして少し時間がたつと「バリーン」ときこえました。とっさにおりて，いえのまえにいくと，いえのまどがわれてしまっています。

　記述されている内容は，次のようである。すなわち，お父さんがはしごにのぼって屋根の上を確認した。その結果，地上視点では見えなかったサンダルを発見する。それまでお父さんは，屋根の上に金槌の頭があると確信していたにもかかわらず，その認識が覆されたのである。その驚きが「なんと目の前に」という修飾節で強調して表現されている。さらにその後「少し時間がたつと」窓ガラスの割れた音が聞こえてきたので，お父さんは急いではしごから下り，そのガラス窓の前に駆けつけるという展開になる。「割れてしまっている」と「しまう」という補助動詞の使用が，ガラスの破砕が完了してしまったことを示している。この時お父さんは，自分の過ちで粉々になったガラスを目の前にして，いかんともしがたい状態に陥っていたのだ。

　だが，この児童の記述した内容には，時間的順序関係という点で，不自然なところがある。もしお父さんの手もとから飛び去った金槌の頭が窓ガラスを割ったとするなら，その時刻はお父さんが「ガチャ」というサンダルの音を聞いたのとほぼ同時刻だったのではないか。お父さんが「あとで回収しよう」とつぶやいた時点で，もう金属のかたまりはガラスを破損していたはずである。この児童が考えたように，お父さんがはしごを用意して屋根の上のサンダルを確認し，それから「少し時間がた」ってから，窓ガラスが割れた

のだとすれば，金槌の頭は相当の時間空中で停止していたか，かなり遠回りして遊覧飛行をしていたことになる。

　もっともそれは筆者が，児童の書いた作文を事後的・分析的に眺めている立場だから言えることかもしれない。当事者の書き手にとっては，自分の連想にしたがってこの作文を書いただけであって，記述中にはなんら齟齬を感じなかった可能性もある。実際，創作したこの第五コマ目の作文についても，はしごにのぼったことを叙述した第一文と，窓ガラスの破損を発見したことを叙述した第二文とを入れ替えれば，時間の前後という矛盾は消えてしまう。

　ではなぜこうした文章記述になったのか。おそらくそれはこの児童の文章表現の仕方に原因があると考えられる。見て取れるように，この作文には「そして」という接続詞が五ヶ所に使われている。「そして」は前文と後文とを連結するきわめて調法な接続詞で，小学校中学年位までの作文に頻出する。その基本的な職能は，前文に新たな情報や認識を付加することである。

　作文の書き手は，一つの文（判断）に「そして」を使って次の文（判断）を加え，さらにまた「そして」を使ってその次の文（判断）を加えるという作業を繰り返して，文章を産出している。つまりこの作文は，その時々の描き手の連想を次々と付加していくことで成り立っている。「そして」という接続詞は，その時々に働く連想や思いつきを「添加」していく言語指標として機能していたのだ。そのようにして完成した文章であるから，全体の一貫性や統一性を考慮したものになってはいないのは，ある意味で当然かもしれない。とりわけ，この第五コマ目の記述で二箇所に出てくる「そして」は，ほとんど接続詞としての職能を果たしておらず，削除しても内容的にはまったく問題はない。

　文章表現にも増して興味深いのは，この児童の描いた五コマ目の図像である。

　はしごをかけて，屋根の上を見ているお父さんの吹き出しには，多くの情報が含まれている。ここには「あれ！」という音声に加えて，金槌の金属部分に×が，サンダルに○が，つけられている。この図は，屋根の上にあるのが金槌の先端だと「勘違い」していたお父さんが，はしごをかけて屋根の上

を確認したら，それは思いがけなく片方だけのサンダルだった，という一連の行動と認識活動とを見事に図像化したものにほかならない。文章による表現では，同じ内容を伝えるのに相当の文章量を費やさなくてはならないが，この図像表現では一目でお父さんの驚きとその理由とが伝わってくる。この後，天気占いをしていた子どもたちにこのサンダルを返すことができれば，近隣の子どもたちのストーリーは完結する。

　ところが，この児童の描いた同じ図の中には，もう一つのストーリーも描き込まれていた。それは第四コマ目の左上に記されていた「あー」という声から生まれる物語である。ここにもまた，お父さんの姿が登場している。このように一画面の中に同じ時間帯で起きた出来事だけではなく，異なる時間の出来事を描き込む描画法は「異時同図法」と呼ばれる。東西の古い宗教画や日本の絵巻物，あるいは幼児画などに頻出する描法でもある。知られているように，こうした画法は，近代的リアリズムによる遠近法が一般的な描画法として普及する以前には，それほど特別な存在ではなかった。

　さらに想起されるのは，「異時同図法」以外の幼児画の表現法である。幼児画には，自分が目に見えるもの，あるいは自分が見たいものを描く「レントゲン画法」と呼ばれる描法がある。そのように呼称されるのは，まるでレントゲンで透視するように地面の中の物体や壁を無視して家屋の内部を描いたりする描き方だからである。一般的な説明としては，幼児は自分の知っていることをすべて一枚の絵の中に表現しようとするため，このような絵になるとされている。

　また，幼児画では多視点図法という描法もよく見られる。これは，上から見たり右から見たりする多くの視点から見た事物を，一枚の絵の中に書き込む描画法である。従来，これらの描法を使用した幼児画は，心理学言説において「発達」や「成長」という文脈の中に組み込まれて理解されてきた。つまり，人間の幼児期に特有の発達段階に見られる表現方法であり，それがだんだんと大人の描画法へと「発達」していくと説明されてきたのである[2]。

　こうした知見をこの児童が第四コマ目を文章化した表現に適用すると，次のように説明できるかもしれない。すなわちこの児童は，「そして，右に『あした晴れだ』といっています。そして，左に『あー』と書いてありま

す。」と記述していた。物語の中心人物であるお父さんの視点に寄り添っていたそれまでの語り口から，マンガの第四コマ目の画面を観察する語り口へと移行している。これは，図像における「異時同図法」と同様の発想によって書かれた文章だと考えることができる。もちろん「ののちゃん」の第四コマ目は「異時同図」描法ではなく，近代リアリズムに依拠した「同時同図」で描かれている。しかし，この児童はそれを混乱してとらえているのである。いや「混乱」というべきではないだろう。おそらく，異時同図的な時間把握の発想がこの児童の根本に潜んでおり，それが文章表現にも絵画表現にも表れていると考えるべきなのだ。いうまでもなくそれは，この児童に特有の認識方法というわけではない[3]。

　先ほど筆者は次のように述べた。すなわち，「はしごにのぼったことを叙述した第一文と，窓ガラスの破損を発見したことを叙述した第二文とを入れ替えれば，時間の前後という矛盾は消えてしまう」と。このことも，この児童が「異時同図」的な発想を持っているとするなら，同様な説明が可能だろう。さらには，第五コマ目の作文における「そして」の接続詞の職能がきわめて希薄である理由も，そこに求めることができるのではないか。

＊

　児童の書いた文章表現を理解するには，図像表現を支えている視点や時間把握の問題を組み込むことが必要なのだろう。そのことによって，文章表現の統一性と整合性だけではなく，総合的な観点から児童の作文を考えることができるようになるのではないか。それは，大人や大学生が書いた文章においても重要な評価の視点になるのかもしれない。

　「ののちゃん第8081回」のマンガを文章化する作業を学生に課することを通して，以上のようなことを考えた。ささやかな「実践報告」である。

＊著作権者いしいひさいち氏からは，転載の許諾をいただいた。

注

1　『ののちゃん』は，いしいひさいちの4コマ漫画。『朝日新聞』朝刊の4コマ漫画作品
　　として，1991(平成3)年10月10日から『となりのやまだ君』の題で連載が開始され
　　た。主人公であるのぼるくんよりも妹のののちゃんの人気が高かったため，1997年
　　には，題と主人公が変更された。いしいの病気療養にともない，2009(平成21)年11
　　月22日から2010(平成22)年2月28日まで休載していた。2020(令和2)年1月には
　　連載8000回に達した。『となりのやまだ君』から通算すると30年近くに及び，朝日
　　新聞史上で最長のマンガ連載となっている。

2　山形恭子『初期描画発達における表象活動の研究』風間書房　2000(平成12)年11月。
　　山形恭子『表記活動と表記知識の初期発達』風間書房　2013(平成25)年10月。

3　瀬戸賢一『時間の言語学―メタファーから読みとく』ちくま新書　2017(平成29)年3
　　月。
　　松浦荘『時間とはなんだろう―最新物理学で探る「時」の正体』講談社ブルーバック
　　ス　2017(平成29)年9月，など。

第Ⅲ部

史的観点をつくり出す

第1章

今なぜ「国語教育史研究」なのか
―教育場の営みを別の文脈の中に意味づける―

ここでは,「今なぜ国語教育史研究なのか」という課題を考える。その具体的な事例として,明治期の「談話文」に関する話題を取り上げる。というのも,これまで国語教育史研究では,「談話文」の登場が読本(読むことの教育)との関わりに限った議論しかなされてこなかったように思われるからだ。

だが,以下紹介検討するように,明治期には読本以外の教育場にも様々な形で談話文体が登場していた。それらがどのような教育文脈の中に登場したのかを検討しながら,それらを「言文一致運動」という,より大きな文脈の中に位置づけてみたい。そのことにより,新たな国語教育史研究の可能性について考える。

1. 言文一致運動と国語教育

一般には「言文一致」は小説家が推進した,と言われることが多い。確かに,二葉亭四迷が小説『浮雲』で行った意図的な文体の創造は,言文一致運動において大きな意味を持っている。1887(明治20)年に二葉亭が『浮雲』を書いた際には,落語家である三遊亭圓朝の口演筆記を参考にしたといわれているし,ツルゲーネフなどのロシア文学作品を翻訳した文体も既存の文語文から離脱しようとした試みだった。二葉亭以外にも,山田美妙による「です・ます」文体定着への試みは,後世へも大きな影響を与えた。

しかし,言文一致文体を普及させようという運動は,なにも小説家だけが行ったわけではない。すでに圓朝の講演筆記が市販され,庶民に受け入れられていたことからも分かるように,当時の新聞や雑誌などのメディアの中には,平明な文体を希求する動きがあった。もちろんそうした動きは,ほかな

らぬ教育場における実践営為の中にも見出せる。

　欧米の制度を模して近代教育を始めた明治政府は，新しい教育を普及させるには言語改革が必要だとの認識を持っていた。とりわけ，当時「文部省は三田にあり」と称されるほど影響力を持っていた福沢諭吉は，自身でも平易な日本語を用いた啓蒙書を執筆し，それが学制期の教科書として指定された。ほぼ同時に作製された『会話篇』や『連語篇』などの文部省が製作した国語教科書の一部には，言文一致文体の萌芽とも言える談話文体も登場する。しかし，こうした文章改革の動きは教科書のレベルでは直ちに受け入れられるところとはならなかった。

　明治10年代入ると，欧化主義的な風潮にブレーキが掛かり，教育界にも徳育を中心とした復古的な流れが押し寄せる。欧米の教育内容を直訳紹介した時期から，在来の考え方が再び勢力を取り戻して落ちついてきたとも言えるが，急速に展開してきた近代学校教育は一頓挫を来し，就学率も停滞してしまう。

　だが，1885（明治18）年に森有礼が初代文部大臣に就任すると，再び開明的な教育改革が断行され，伊沢修二編集局長の手によって，新しい教科書が作製されることになる。それが，談話文を積極的に採用した文部省編纂の『尋常小学読本』である。また，民間教育書肆の金港堂も，談話体を多用した『日本読本』『幼学読本』を刊行する。ようやく口語文体＝談話文が，小学校低学年用の国語読本に正面から登場するようになったのである。これらの読本に談話体が採用されたことが，これ以降の国語読本の文章の平易化に大きな弾みをつけることになる。知られているように，日本語文体展開史の上で談話体が読本に登載されたことがどのような意義を持つのかに関しては，山本正秀や古田東朔などの国語学者による詳細な研究がある[1]。

　もっとも，それらの国語教科書（読本）に談話体が登場するまで，教育場に口語文体が表れなかったわけではない。確かに読本の中に，本格的に談話体が登場するのは，今述べたように明治20年以降である。だがそれ以前にも，話すこと書くことなどに関する教育場に談話文が登場している。そのいくつかを見て行く。

2. 談話書取という方法

　まずは，作文の学習である。

　1879（明治12）年に，三吉艾が編集を担当して刊行した『談話書取作文初歩初編』という書物がある。三吉艾は，この書と同様に「談話書取」を角書きにした作文教授書をいくつか出版している。「初編」の校閲を担当した吉田秀穀は京都府学務課に所属していたようなので，これらの作文書は京都では半ば公式の教科書として使われた可能性がある[2]。

　『談話書取作文初歩初編』に関しては，母利司朗が，「日常通俗の話しことばからなる談話体より，正式の書きことばによる文語体作文を想起させようとした」著作である，と述べており「談話書取」という方法が，「俗文復訳法」あるいは「口唱訳記」と称された当時の「作文」の教授法と共通であることを指摘している。さらに母利は，「談話書取」という名称の作文教科書は，「『会話』を要としながら複数の科目との融合をはかる」教科書として位置づけられる，とも述べている[3]。

『談話書取作文初歩初編』見返し

　つまり，『談話書取作文初歩初編』は，学習者に文語文体を習得させるための方法として談話文を利用した教科書なのである。全体は「談話之部」と「綴の部」の二部構成になっており，対になる124の文例が収録されている。この本の「凡例」には「努メテ解シ易ク綴リ易キ平話ヲ集メ」と初心者用の文例を集めたこと，またそれに続く『談話書取作文初歩弐編』の凡例には「初編ハ読本連語図等ノ中ニ就キ最モ解シ易キ文字ヲ用ヰ努テ平易ナル談話ヲ輯メ」とあって，読本や連語図に使われていた初心者用の文字を使い，平易な談話文を収集したことが記されている。

　『談話書取作文初歩初編』の「談話之部」の最初の文例は「(1) アサハ．ハヤク．オキテ．デナサレ」という談話文であり，それに対応する「綴の部」は「(1) 朝ハ．早く．起き出づべし」という文語文である。この本の最終目的は，学習者に「朝ハ，早く，起き出づべし」のように正格な文語文を習得させることである。その文語文を想起させるために「談話之部」に，「アサハ．ハヤク．オキテ．デナサレ」という片仮名書きの談話文が記されているのだ。

　では，この『談話書取作文初歩初編』を使って，どのような学習が展開されたのか。おそらくこの「談話之部」の文字列を教師が声に出して読み，学習者にそれに相当する文語文を書かせるか，あるいは学習者自身が「談話之部」の文字列を眼で見て，それに対応する文語文を記述するかしたのであろう。その後，学習者は自分が記した文語文と「綴の部」の文語文とを対照して，それを点検したと思われる。いわば「談話之部」の談話文の文字列は「問題文」であり，「綴の部」の文語文の文字列はそれに対する「正解」なのである。

　『談話書取作文初歩初編』の作成者である三吉艾が，本文を作成する際に「談話之部」の文と「綴の部」の文のどちらを重視したのかといえば，それは間違いなく「綴の部」の文語文だろう。なぜなら，繰り返すことになるが，この本の目的は「綴の部」のような正しい文語文を学習者に身につけさせることが目的だったからだ。実際，明治10年代において文章を書くということは，文語文（漢詩文を含む）を記すことであって，「談話之部」に示されたような談話文を書くことではなかった。『談話書取作文初歩初編』の

「談話之部」の文字列（談話文）は，最終的に文語文を書くことができるように
なるためのいわば便宜的な符丁であり，それ自体が独立した文章だとは
考えられていなかったと思われる。だが，それにもかかわらず，「(1) アサ
ハ．ハヤク．オキテ．デナサレ」を音読すれば，誰でもその意味が分かった
に違いない。そうでなければ，文語文を書かせるための「問題文」としての
機能を果たすことはできない。

　もっともこの談話文が，現実の話しことばをそのまま文字に写し取ろうと
努力したものかというと，それは違うだろう。というのも，実際の話しこと
ばは，様々な地域で様々な文脈を伴って，「朝は早う起きて出なはれ」「朝，
早く起きて行きなよ」，あるいは「朝，早う起きていかっしゃれ」などのよ
うに生きた生活の中で使われているからだ。もし学習者の在住地域の言語生
活に即して文章化しようとするなら，「談話之部」には「アサハ，ハヨウ，
オキテ，デナハレ」などのように関西の話しことばに近い「談話体」で記す
ことが理に適っている。しかし，そのような話体は選択はされなかった[4]。

　つまり『談話書取作文初歩初編』に記された談話体は，話しことばを直接
文字化しようと試みたものではない。現実の話しことばに基礎を置きながら
も，それを抽象化した，ある意味で「仮構の話しことば」である。もちろん
そのような文章体は，三吉艾が独自に創案したものではなく，多くの人々の
日常交わしている話しことばの中から，自然発生的に標準化した「仮構の話
しことば」的な文体である。しかし，それは大方の市民権を得て標準化され
ていたわけではなく，様々のバリエーションも存在していた[5]。

　この『談話書取作文初歩』シリーズの「談話之部」で使われている談話体
は，すべて「ます」調で書かれているが，こうした文体は，先に述べたよう
に教育場ではすでに，1873（明治6）年，文部省編纂・師範学校彫刻の『小
学教授書』の「第一連語図」から「第七連語図」までに，登場していた。そ
こでは「彼人は，何を致して，をりますか。」のような「ます」調で記され
ており，三吉が採用した談話体とかなり類似している。この文体は明治当初
には，正式な教科書の中では受け入れらなかったものの，文字習得学習の入
門期用文体として，一部の間には認知され継承されていたのではないかと思
われる。三吉は，それをここで使用した可能性がある[6]。

3.　自立していく談話文体

　次には，三吉の『談話書取作文初歩初編』の最終の（124）の「綴の部」に
掲げられた文語文を見よう。

> 蓬といへる草ハ．地面に蔓着する性なり．然ども．麻畠に生じたる蓬
> ハ．正直に生成せり．これ麻の正直なるに因り．オ自ら斯斯くなるもの
> なり．人も亦然り．善き友に交る時ハ．善き人となり．悪しき友に交る
> 時ハ．悪しき人となるなり

　いかにも明治期の教育書登載の文例らしく，最後は教訓で結ばれている。
この文章の中では，「蔓着」という振り仮名付きの耳慣れない漢語が登場す
る。諸橋轍次『大漢和辞典』にも掲載されていない用例であり，大人にと
っても難解な語彙だった可能性がある。また，「正直」の用語が二例使われ
ている。その読みが「セイチョク」なのか「ショウジキ」なのか不明である
が，「蔓着」も「正直」も，どちらも植物の性質に関して説明している語彙
である。さらに，「ㇺ自」のように片仮名で小書きされた「オ」は，「ミズカ
ラ」ではなく「オノヅカラ」と読むという注（補助情報）であり，当時の文
章表記にはよく見られる。すなわち学習者は，まずはこれらの情報を受けと
めながらこの文語文を正確に音読し，さらにはここに掲げた書式と同レベル
の文語文が書けるようになることを要求されていたのである。
　では，この『談話書取作文初歩初編』において，文語文を引き出すために
用意された談話文はどのようなものか。「談話之部」（124）を見ると，それ
は以下のようである。

> ヨモギト．イフクサハ．ヂメンヲ．ハヒマハル．クサデ．アリマスケレ
> ドモ．アサバタケニ．デキマシタ．ヨモギハ．マスグニ．ノビマス．ソ
> レハ．アサガ．マスグナモノユヘ．ヨモギモ．シゼント．ソノヤウニ．
> ナルノデアリマス．ヒトモ．チヤウド．ソノトヲリデ．アリマシテ．ヨ
> イヒトヽ．ツキアヒマスレバ．ヨイヒトニナリ．ワルイヒトニ．ツキア

　　ヒマスレバ．ワルイヒトニ．ナリマス

　きわめて読みやすい談話文である。難解な漢語の「蔓着」に対応する語彙
は「ハヒマハル」となっており，これなら子どもにも理解しやすい。今日使
われている口語文体にかなり近いようにも感じられる。「綴の部」の文語文
を書かせるための便宜的な談話文というより，むしろこれだけで完結した口
語文になっているといってもいい。
　このような平明な談話文は，三吉艾の『談話書取作文初歩』の中だけに登
場していたのではない。同じく京都で刊行され，やはり「談話書取」という
小書きが付された，水原幸次郎著の『談話書取作文手引草』（1880《明治13》
年）にも類似の談話文がある。この『談話書取作文手引草』も，三吉艾の
『談話書取作文初歩』と同様，談話文と文語文との二部構成になっている。相
違点は，人々が日常生活で交流する手紙の文章である「私用文」が加えてあ
ることで，たとえば，手紙文体である「一筆，致啓上候」に対応する談話文
は，「テガミ、アゲマス」で，「此頃は、処々の、桜花、満開に御座候」に
対応する談話文は，「コノゴロ、アチラ、コチラノ、サクラノ、ハナザカリ
デ、アリマス」という具合である。つまり，私用文の部に掲載されている談
話体は，実際に手紙に書かれるはずの文章（文語体，あるいは漢文体）では
なく，いわばその「訳文」あるいは「意味を平易に説いた文」と言うべきも
のなのである。それにしても，その「訳文」自体が初学者に理解できるとい
うことは，それだけを読んでも意味が分かる文章として自立しているという
ことである[7]。
　そのことは，フィクション作品に談話文が使われた場合に，より一層強く
感じられる。水原幸次郎の『談話書取作文手引草』には「イソップ寓話」が
いくつか取り上げられているので，それを見よう。

　　アルトキ、キツネ、シヨクヲ、モトメントテ、アチコチヲ、アルキマス
　　トキニ、カラスガ、ニクヲクハヘテ、コズエニトマリオリマシタ、キツ
　　ネ、コレヲ、ミマシテ、オホヒニヨロコビ、アノカラスノクハヘテキマ
　　ストコロノ、ニクヲバ、トラントオモヒユルユル、アユミテ、キノシタ

　　へ、キタリマシテ、アマキコヱデ、モウシマスニ、ソナタノ、ハネ、
　　ケ、モツトモ、アイスベク、カタチモ、マタ、ウツクシクシテ、ホカノ
　　トリノ、オヨブトコロデハ、アリマセヌ、ケレドコヱバカリハ、ホカノ
　　トリガ、ソナタノウヘデ、アリマス（下略）

　対応する文語文をここで挙げるまでもないだろうが、原拠にした本文は、
江戸期に庶民に大いに読まれた「伊曾保物語」系統の書物から採った文章か
と思われる。
　この『談話書取作文手引草』の該当箇所には、片仮名書きの談話文だけで
はなく、挿絵まで添えられているので、「片仮名絵本」を見ているような気
にさえなってくる。当時の読者たちも、談話文と挿絵だけで完結した「作
品」を読んでいるような思いに駆られたかもしれない。「訳文」のはずの談
話文は、ここでは、それだけで立派に挿絵と対立した自立した文章として自
己主張をしているかのようである。
　というより、私たちは「談話書取」という作文指導書に使われた「談話之

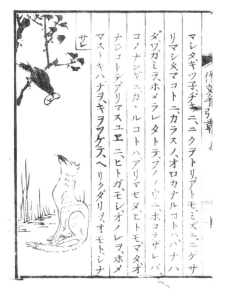

『談話書取作文初歩初編』談話之部

部」の文字列を，文語文作製を目的とした便宜的な媒介物という立場を越えて，それを談話文として自立しつつある進行形の存在だと見る必要がある。またそう見るからこそ，ここに登場した談話文を過渡的ではあっても，言文一致運動の大きな流れの中に明確に位置づけることができるのである。

4.　修身口授と談話文

　今挙げたのは，いわば書きことばとの関わりから生まれた談話文体の例だった。別に，話しことば，あるいは語りことばとの交流の中に出現した談話文もある。それは「修身口授」という教育場に生じたものだ。

　「修身口授」は，1873（明治6）年の「小学教則」で「ギョウギノサトシ＝行儀の諭し」というルビを付されて登場した教科目である。「修身口授」の教科書としては，学制期には福沢諭吉の『童蒙をしへ草』をはじめとした翻訳書が教科書として指定されていた。しかし，明治10年代からは孝子談や儒書などの旧来の内容が教授材料として使われるようになり，1890（明治23）年に教育勅語が出されてからは，そうした傾向がますます強くなる。こうした流れに棹さして修身教育に使用する読み物集なども盛んに刊行された。もっとも，小学校の低学年では，学習者の文字への習熟度が十分でないこともあって，直接彼らに自力で読み物集を読ませることは難しい。そこで，教師が「話して聞かせる＝口授」によって教授活動が行われた。また，高学年になって修身教科書を使用する場合でも，徳目しか書かれていない教材を補うために偉人や孝子のエピソード，あるいは寓話などを口頭で与えることも一般的に行われた。これが「修身口授」である。

　したがって修身教育においては，学習者が直接に読解する教育材料よりも，教師が修身の教授に使用する孝子談や忠臣談などを掲載した読み物集が数多く編集発行され市販されていた。これらの書物は，基本的に教師用書であるから，そこに収録された数々のエピソード類は，当然のことであるが文語文によって記述されている。とはいえその文章をそのまま音読しても，幼い学習者には真っ直ぐに届かない。そこで教師は教室で学習者にも理解できるような語彙や文体に和らげて，子どもにも理解できる話しことばとして

「意訳」して語っていたのである。

　1877（明治10）年に刊行された『小学口授要説』には，そのことが「談話中ノ言語ハ殊更明瞭簡易ニシテ幼生ノ耳ニ入リ心ニ感シ易スカランコトヲ努メ決シテ方言漢語野鄙高尚ノ語ヲ吐クベカラズ」と記されている。教師が口授によって談話活動をする際の「言語（げんぎょ＝話しことば）」は，子どもに分かりやすい平易なものを選び，難しい語や方言などを使わないようにと注意をうながしているのである。つまり，教師たちは，教室の中で，子どもに直接伝わる話しことばの使用に注意を払っていたのだ。そうした教室の営みからは，口授活動における「談話用標準話しことば」とでもいうべき「教室用話体」が生成してくる[8]。

　もっとも，そうした話しことばはその性質上からいっても，瞬時に消えてしまい記録としては残らない。というより，そもそも口授活動で行われる談話活動を記録しておく必要はどこにもない。教師にとって必要なのは，口授の際の材料として使える「例話」であり，その「例話」は既存の文体である文語文で記す以外に文字化のしようがなかったのである。しかし，例外的に1887（明治20）年に刊行された『尋常小学修身口授教案』には，以下のような文体が採用されている[9]。

　この本の巻一の第九章をそのまま紹介する。

　　題目　めぐみ　ふかき　もの　には　よきこと　あり
　　例話　舌切り雀の話
　　目的　人ハ慈愛と深切とを尽くすべきことを論し，併せて慈愛深切にして，善良の報を得たることをしらしむ，
　　大そう深切にて，良き婆さんがありまして，一羽の雀を，大事に飼ふて居りました，其雀が隣りの意地のわろき洗濯婆さんの家に遊びに行きまして，つい洗濯の糊を食べますと，婆さんは大慎りであやまる雀を，無理に捕へまして舌を切て放してやりました，良き婆さんハ大そうになげきまして婆，舌切り雀御宿ハどこだチウチウチウといふて尋ねに出掛けて山の奥に行き，漸く雀に逢ひました，すると雀ハ大喜で，お酒やら肴を出して，大そうにご馳走したあとで雀，「お土産にハ，茲に重きつ

づらと、軽きつづらがありますから、どちらをお上げ申しましよう」と婆、「私ハ年寄で力がないから軽いのを頂きましよう」とて、夫れを持つて家に帰り開けて見ますと、其内より良き着物や、沢山のお金や、其外種々の宝物が出まして、後々まで安楽に暮す機になりました、何んと皆様此婆さんが、深切で慾が少き事よりして、此幸があつたので、皆様もかようになされますと良きことがあります、

（問詞）
（1）只今ハ何のお話しを聞きましたか、
（2）雀を飼ひ置きました婆さんハどんな人ですか、
（3）雀ハなぜに舌を切られましたか、
（4）雀の去つた後ち良き婆さんハ、どうしましたか、
（5）良き婆さんハ雀より何をもらひましたか、
（6）なぜに良き婆さんハ楽なる身になりましたか、
（7）此お話ハどういふわけなのでありましよう、

『尋常小学修身口授教案』表紙

　この本の中で，「題目」や「目的」が文語文で記されているのは不思議ではないとしても，例話の本文と，学習者への発問である「問詞」にも，談話文が採用されている。ちなみに，『尋常小学修身口授教案』全四冊は，巻一ばかりでなく，すべての巻の例話と問詞も談話文で記述されている。この本は教師のために刊行された「教案」であるから，学習者が目にすることを想定してはいない。つまり，この談話文はあくまでも大人（教師）に向けて書かれた文章なのである。多くの修身口授書やその類書では，例話も問答の例も文語文で記されているのに，『尋常小学修身口授教案』は，なぜ例話と問詞を談話文を使って記したのだろうか。

　ここでは，次のような理由を想定してみる。それは，例話に使われている文語文を，話しことばに変換する教師の「手間」の問題だ。現在残されている「修身口授」の図像を見ると，教鞭で掛図を指示しているか，あるいは教卓の上の書物を置き，それを読み聞かせているものが多い。つまり，教師が「修身口授」を行う際には，そこで語り聞かせるべき談話内容を事前に読みこんですっかり頭に入れておくか，あるいは書物に記された文語文をちらちらと解読しつつ，目の前の学習者に向けて平易な日本語に「同時翻訳」して口述するのである。それが煩わしい作業であることは想像に難くない[10]。

　先ほど，口授の授業を繰り返す中で，教室における「談話用標準話しことば」とでもいうべき「教室用話体」が生成する，と述べた。その「教室用話体」を色濃く反映した文字列が目の前の本の中に記されていれば，口述する教師の負担はかなりの程度軽減される。おそらくこの様な事情で，この『尋常小学修身口授教案』の例話や問詞に，談話文が採用されたのではないだろうか。そう考えれば，ここに記された例話の談話文も，子どもが耳から聞いて理解しやすいように，あるいは教師が口頭に乗せやすいように教師向けに書かれたものだと言うことになる。

　この『尋常小学修身口授教案』とほぼ同じ時期には，伊沢修二によって作製された文部省の『尋常小学読本』の低学年用の教材が談話文を大幅に採り入れていた。だがそれは，学習者が音読して理解するための談話文であった。またおそらくは，将来的にそうした談話文で子どもたちが「話せる」ことも期待して作成されていた。したがって「修身口授」の「教室用話体」と

は，見かけは似ているかもしれないが，その期待された役割が大きく異なる。しかし，この『尋常小学修身口授教案』の談話文も，言文一致運動につながる教室の中の営為の一つと考える必要がある。

　実は，こうした口授で使用する「話しことば＝語りことば」と例話の「書きことば＝文語体」との相克の問題は，明治初年に「修身口授」の授業が開始された当初から，話しことばと書きことばとの間に伏在していたアポリアだったはずだ。しかし，談話体で書かれた文章は正式の文章ではないという固定観念に拘束され，多くの修身口授の例話が談話文で書かれることはほとんどなかった。この後，明治30年代に入り，子どものための読み物に本格的に口語文体が使われるようになるにつれて，修身口授で生まれた「談話用標準話しことば」も正式に書きことばの仲間入りをする。それが言文一致文体として一般に認定されていくことになる。

5.　幻灯解説の語り

　話しことばと語りことばとのギャップとその克服という点から，別の教育場における談話文に関しても触れておきたい。それは，「幻灯解説」である。幻灯自体は，江戸期から庶民の娯楽として親しまれ，日本で独自の発達を遂げていた。しかし，近代教育の開始とともに，未知の情報や世界の風俗を学校の生徒に伝える最新の教育メディアとして，幻灯機が新しく海外から導入される。幻灯のスライドは，明治期を通して強力な視覚教材だったのである。

　しかし，透過光によって映し出されたスライドの映像には，音声情報が欠けている。それは人間の声によって補うしかない。スライドの解説は，その場に集まった聴衆たちに向けて分かりやすい語りことばで伝えられるが，その語りのもとになる解説文の文章は文語体で書かれていたから，ここでも「修身口授」と同様の問題が出来する。

　幻灯の解説は，どのように行われたのだろうか。それをリアルに想像させてくれるものに，『幻灯写影講義』がある。これは後藤牧太が口述し，それを萱生奉三が聞き書きして，1880（明治13）年に出版された書物である。

その一部を抜き出してみる。

　　　　太陰の講義
　今太陰を写してお眼にかけます（第十図）諸君太陰ハ能く御存じであり
ませう太陰の輪中にハ斯の通り俗に兎の餅を搗いて居る為体などゝ云ふ
かやうな黒い斑点があります此図ハ余程大きく写つて居りますから太陰
の中の黒い斑点が余程能く識弁りませう望遠鏡で見れバ丁度この通りな
ものでありますさて太陰ハ我等の世界を一箇月に一回宛廻つて居ります
又太陰の大さハ直径八百里程のもので矢張我等の世界のやうな球形であ
ります即ち一個の世界でありますしかし我等の世界の直径ハ三千五百里
ありますから太陰を四十九程集めなけれバ我等の世界程の大さにハなり
ません又太陰ハ我等の世界と同じやうに毫も自身の光輝ハありません
太陰の輝くのハ太陽の光輝が映つて彼の通り明るく見えるのであります
（後略）

　幻灯の講述者である後藤牧太は，1868（慶応4）年に慶應義塾に入学して
医学を修めた。慶應義塾の教員をへて，1877（明治10）年に東京師範学校
の教師になり，長く東京高等師範学校で物理学を教えて，理科教育の普及に

幻灯スライドの例（明治期・修身用）

つとめた。この幻灯の講述も，理科関係の知識の普及活動の一環だったのだろう。後藤はまた，仮名文字運動である「いろはくわい」にも参加している。文字改革ばかりではなく，知識を伝達する話しことばそれ自体を平明で分かりやすいものにするような工夫を重ねていたのだった。

　後藤による「幻灯解説」という教育場に立ち会った萱生奉三が，後藤の解説する話しことばを漢字仮名交じり文で文章化して，刊行したのがこの『幻灯写影講義』である。この時点では，まだ日本語速記法が確立していなかった。したがって，圓朝が落語の口演筆記で使用したのと同じような速記法を採用することはできなかったと思われる。だが，萱生は，後藤の話しことばを生き生きと記述することに成功している。

　「幻灯解説」は，図像をもとにして，それを話しことばで解説するという言語教育活動である。従来の日本には，僧侶が絵巻物などを前にして「絵解き」をしたり，「心学」の講述など多様な言語伝達活動が存在していた。そこでは，物語りと教訓をない交ぜにしながら，聴き手に訴えかけるような技法と話術とが必要とされただろう。一方，こうした科学的（窮理学的）な内容の幻灯を客観的に「説明」する場合には，話に論理性や説得性を持たせるような話体が必要になる。その点で，文末の「であります」は，きわめて効果的に機能していると思われる。

　さらにいえば，ここで使われている談話体の振り仮名だけをたどっていけば，もとの話しことばが再現されるようにも思える。実際，この「幻灯解説」の場合は，初学者に幻灯の内容を説明する後藤の平易な話しことばが，萱生の記述文体よりも先行して語られていた。その後藤の話しことばを漢字交じりの文章として定着する際に，書き手である萱生奉三は読み手の理解のしやすさに配慮して意図的に漢字を選んでいる。その顕著な例は，「輪中（なか）」「為体（ところ）」「斑点（ところ）」「識弁（わかり）」などの漢字と振り仮名との関係である。萱生は，スライドを見せながら使われた状況依存度の高い話しことばである「ところ」という語彙を，読者がより厳密に意味を区別できるように「為体」と「斑点」と二様の漢字表記を採用している。つまり，ここでの漢字表記は，話しことばにもとづく表音的文体に，当該語彙の語義を説明する機能を持たせるためにつけた「振り漢字」なのである。このような「幻灯解説」の営為の中

からも，漢字仮名交じり文体としての言文一致文体が試行的に生成され，さらにそれが精練されていく様子を看取することができる。

6. 国語教育史研究の可能性

このように，話しことばと書きことばが交流される様々な教育場からは，それぞれのメディアの必要性とそれを使う教師や学習者の要求に応じた談話文が生まれていったのである。

おさらいをしよう。

「談話作文」の中に登場したのは，文語文を書けるようにするための媒介物としての談話文だった。したがって，そこでの談話文は便宜的な文字メディアとしてしか意識されていなかったと思われる。にもかかわらず，作文教科書の中に登載された片仮名表記の談話文は，それだけで自立している。明治13年という早い時期に，国語教科書の中にこれだけまとまった談話文が登場する例は，ほかにはない。

また，「修身口授」の教案に登場した談話文は，実際に学習者の前で語る話しことばに近づけて書かれた教授材料としての談話文だった。このような談話文が教師用の指導書に掲載されたのは，修身口授のための「台本」の提供という意識があったからかもしれない。そうした話しことば的な書きことばは，修身口授の参考書などに断片的に残されていることもある。もちろん修身口授の学習の中では，話しことばにおいては口語的な話体が日常的に使われていたはずだが，それが本格的に文章化されて教師用書に登場するのは，ようやく明治20年になってからのことである[11]。

この点で，「幻灯解説」の中で意識的に分かりやすい話しことばを使った後藤牧太の試みは，幸いにも文章化されて，萱生奉三の『幻灯写影講義』という書物の中に記録された。後藤の場合は本人自身も平易な語り口による解説活動に意識的だったが，おそらく後藤以外の語り手も，幻灯の解説の文語文をそのまま読み上げたのではなく，聞き手の理解を図るためになんらかの形で口語的に話換える工夫をしていたはずである。

以上のようないくつかの試みは，結果として，話しことばに密接した口語

文体を産み出す揺籃になっている。つまりそれらの言語活動は，そのまま言文一致運動を下支えする結果にもなっていたのである。そこでは，話しことば教育実践と書きことば教育実践との間に生じる「ズレ」とでも言うべき現象が，自ずから「言文一致」の要求を惹起し，またそれが言文一致運動を推進する動因の一つにもなっていた。

　言語活動の主体者がそのことに自覚的であったかどうかはさておき，学校の中で行われていた言語活動は，新しい時代をつくり出すことばの生成運動そのものだったのである。この時彼らは，言語文化創造活動の最前線に立っていた。こう考えるなら，学校の教育場とは，単に上から与えられた教育課程を消化し，外側から持ち込まれた言語文化を伝達するだけの場ではないことは明らかである。教室とは，〈現在〉を生きる学習者と教師とがコミュニケートすることばによって，新しい意味が生成され，言語共同体の内実が変わっていく場なのである。

　それはなにも，明治期の談話文と言文一致運動との関係に局限される話ではない。生活綴方にしても，文学教育にしても，あるいは単元学習にしても，それらの教育場は，いつでもその時々の言語文化生成活動の最先端に位置していた。またそのことは，現在ただ今，教室で行われていることばを介した教師と学習者のやりとりの中にも，新しい言語文化を切り開く契機が潜んでいることを意味している。教育場の中で展開される言語活動は，新しい文化の創造活動に参加することと同義であり，それはまた，日々変化していく言語文化実践行為に参画することなのだ。

　そうした俯瞰的な視野を与えてくれる営為こそが，ほかならぬ「国語教育史研究」なのではないか。誤解を恐れずに言うなら，国語教育史研究は，教科目としての国語科という既成の枠の中で行われてきた「あったこと」を単に記述する記録行為としてではなく，ことばや社会の生成という視点を巻き込んだ「ありえたかもしれない」歴史を記述することにまで踏み込まなければならない。もちろんそのためには，ことばの教育の中で生まれた様々な現象とその痕跡とを細部にわたって丹念に拾い集める必要がある。そうした確かな裏打ちを通して，研究対象を別の大きな文脈の中に位置づけ直して考察するのである。というより，そこに別の文脈を導入するからこそ，ことばの

教育場で生起してきた現象の相貌を観察したり，新たな痕跡を発見したりすることができるのだ。どのような「別の文脈」を持ち込むのか，どのような痕跡を掘り起こし，どのような細部に光を当てるのか，それはそれぞれの研究者の主体的な問題意識にかかっている。

　いずれにしても，国語教育という教育場で交流され，そこに立ち現れる生きたことばの数々は，狭義の国語教室の中に閉じ込められてしまう存在ではない。それは常にことばをめぐる社会や文化，そしてなによりも多彩なことばを交わし合う人間たちの生活と深くつながっている。そうした総体としての言語文化を，歴史的な教育行為の中に位置づけ，またその道筋を明視すること，そのプロセスの中にこそ国語教育史研究の可能性がある。

　以上が，「今なぜ国語教育史研究なのか」という課題に対する筆者なりの解答である。

注
1　山本正秀『近代文体発生の史的研究』岩波書店　1965(昭和40)年7月。
　　古田東朔『小学読本便覧・第3巻』武蔵野書院　1981(昭和56)年6月。
　　古田東朔『近現代日本語生成史コレクション・国語科教育―誕生と発展』くろしお出版　2013(平成25)年6月。
2　三吉艾編集『談話書取作文初歩初編』錦雨樓・花説堂　吉田秀穀(京都府学務課)検閲　1879(明治12)年2月3日版権免許　明治12年2月27日刻成　24丁　定価9銭。
　　三吉艾編集『談話書取作文初歩弐編』花説堂・文正堂　江阪強近閲　1881(明治14)年6月20日版権免許　明治14年8月刻成　24丁　定価9銭。
　　今津芳雄編『私用文体談話書取』正宝堂　上・談話の部／下・書取之部　三吉艾閲　1885(明治18)年8月28日版権免許　明治18年12月1日出版発兌　上18丁／下12丁　定価20銭。
3　母利司郎「明治前期話しことば教育における談話書取教科書―国語教育前史論(終)―」『岐阜大学国語国文学』29号　岐阜大学教育学部国語教育講座　2002(平成14)年3月　1〜11頁。
4　京都の話しことばを文字化することが不可能だったわけではない。文芸作品ではあるが，地域の口語文体(方言)を直接話法で「」でくくって記述することは，江戸期にも

盛んに行われていた。たとえば，1809(文化6)年〜1813(文化10)年にかけて刊行された式亭三馬が書いた滑稽本『浮世風呂』の中に記された江戸庶民の生き生きとした口語表現は有名だし，その中には上方ことばも登場している。

5　野村剛史『話しことばの日本史』吉川弘文館　2011(平成23)年1月。
　　野村剛史『日本語「標準型(スタンダード)」の歴史　話し言葉・書き言葉・表記』講談社メチエ
　　2019(令和元)年6月。

6　1873(明治6)年5月，文部省編纂・師範学校彫刻『小学教授書』。

7　水原幸次郎『談話書取作文手引草』内藤書樓(京都)1880(明治13)年3月・増補版9月。
　　著者の水原幸次郎は，1877(明治10)年から翌年にかけて，『京都府下小学生徒秀華文
　　鈔』全四巻を刊行している。この『京都府下小学生徒秀華文鈔』は，滑川道夫著『日本
　　作文綴方教育史1明治編』1977(昭和52)年8月に「京都府下の小学生徒の作文から
　　優秀作文を収録した地域文集の最初のもの」として取り上げられており，「すべてが
　　優秀作でないところに，この文集の意義と，作文史の価値が見出される。」と評価さ
　　れている(68〜69頁)。なお，滑川の『日本作文綴方教育史』では，本稿で取り上げ
　　た「談話作文」関係の著作は，「年表」に書目のみ記載されており，内容的には「文
　　範」に分類されている。「作文史」の上から見れば，「談話書取」を関する作文書は，
　　後半部の「綴の部」に掲載された文語文が主体であって，それゆえカテゴリーとして
　　は「文範」の類書であると判断されているのである。

8　遠藤宗義・栗田智城・高原徹也合編『小学口授要説』内藤書屋　1877(明治10)年12
　　月。

9　石井音五郎・石井福太郎編纂・太田忠恕校閲『尋常小学修身口授教案』文華堂蔵版
　　1887(明治20)年10月上梓。

10　明治期には，近代学校の学習場面を取り上げた浮世絵がいくつも刊行されている。ま
　　た，授業場面が描かれた教科書の挿絵もある。
　　教師用書にまで談話文体が登場してきた理由の一つとして，人々の生活から文語文が
　　少しずつ遠のき始めていたことも挙げていいだろう。明治40年代になると註釈付の
　　古典叢書が刊行され始めるのだが，この時点で，文語文は現代文ではなくはっきりと
　　「古文」になっていく。

11　府川源一郎『明治初等国語教科書と子ども読み物に関する研究―リテラシー形成メデ
　　ィアの教育文化史』ひつじ書房　2014(平成26)年2月，p.949，では「修身口授」の
　　教師用の参考書である『修身説約読例』1879(明治12)年の解説文中に口語的な文例
　　が見られることを指摘した。

第2章

「文学教育」のアルケオロジー
—小学生と「お話」の受容—

はじめに

　本稿では，日本の近代初等教育の中で「文学＝お話」がどのようなメディアによって担われてきたのかをたどり，「お話」を通して大人が子どもに期待していたものは何か，について考える。ここで言う「文学＝お話」とは，主としてフィクションのストーリーのことを指し，それを享受する主体は小学校段階の学習者，主なる享受の場は学校教育の場を想定している。すなわち様々なメディアの交錯の結果として「お話」が，近代学校教育の中で受容されてきたことを確認した後，そこでの課題と今日にまでつながる問題点に触れてみたい。

　もちろん「文学」と「お話」とをほぼ同じものだと考えるのは，あまりにも乱暴だという意見もあるだろう。またその受容者を，小学校段階の子どもたちに限ることで，「文学教育」の問題を狭いところに押し込めてしまう危険性もある。というのも，一般には，「文学」とは，もっぱら青年期から成人の大人たちが享受するものだと考えられているからだ。実際多くの小説や詩歌は，そうした年齢の受容層に向けて発信され，読まれ続けてきた。

　しかし，そのような成年の文学享受者を育成する培養器は，子ども向けの様々な「お話」の存在だった。近代学校の教科書の中で，あるいは学校外で子ども雑誌や子ども読み物に触れた体験が，将来の本格的な文学読者を育ててきたのである。こう言うと，学校の中での読書体験など取るに足らぬ，むしろ本来の「文学体験」は，そうした公的な縛りから脱却した時にこそ生まれるのだと言われそうだ。確かに，学校や教科書の中の「お話」による「文学受容」は，その大きな広がりの中のほんの一部でしかない。そのことは大前提である。

　だが，明治・大正・昭和前期期には，活字で印刷された子ども向けの読み物が教科書以外にはほとんど無い，という家庭も少なくはなかった。そこで得られた活字を読むことの楽しみが文学読者を形成するのに大きな役割を果たしたことを強調しても，それほど的外れではないだろう。また子ども読者たちは，今に至るまで活字による文学の受容と平行して耳や目からもたくさんの「お話」を享受してきている。こうした多様なメディアによる文学摂取の様態が，文字で記された狭義の「お話」の内容と文体とを変えてきた。またそれは「学校教育」の中の「お話」の指導とも大きな連関を持っている。

　以下，そうした実態を見ていきたい。

1. 文字を通した「お話」の受容

1.1 教科書の中の「お話」

　近代学校教育の中で，子どもたちはどのように印刷された文字による「お話」を受容してきたのか，またその特徴はどこにあったのか，それを近代教育の出発点である明治初期の国語の教科書を通して検討してみよう。

　周知のように近代教育は，欧米の大きな影響下に展開された。同様に小学生たちが学習する国語教科書（読本）も，大きく欧米の影響を受けている。なによりも教科用図書を指す「読本（とくほん）」という用語自体がアメリカのリーダーの訳語であり，最初に作製された本格的な国語読本である『小学読本』（1873（明治6）年刊・巻一〜四・田中義廉編）は，ほぼアメリカのウィルソンリーダー（Willson Reader）の翻訳と言ってもいい内容だった。少し遅れて江戸期以来の教育内容を引き継いだともいえる『小学読本』（1874（明治7）年刊・巻一〜五・榊原芳野ほか編）も刊行されたが，全国的に普及したのは，田中義廉編の欧化的な『小学読本』の方だった。

　当時のアメリカのリーダーの多くは，子どもたちの日常生活を題材にしたストーリーから，より文学的な読み物や詩へと展開していくような内容構成を採用していた。これに対して，ウィルソンリーダーは，低学年用は田園生活の中の子どもたちの生活を軸に展開されていたものの，中学年用からは博物や物理学などの理科的な内容が中心になる。つまり，田中義廉編集の『小

学読本』が依拠したウィルソンリーダーは，各科を統合した総合読本のような編成だったのである。したがって，ウィルソンリーダーをもとに編纂された『小学読本』の内容構成も，第一〜第三巻までは子どもの生活を取り上げた教材が収録されていたが，第四巻は理科的な内容になっている。

　こうしたことから，もし，別のアメリカのリーダーをタネ本にして『小学読本』を作成したならば，日本の小学校高学年の読本には欧米の読本と同様に文学的な翻訳教材が並ぶことになったのではないかと想像できないことはない。だが，おそらく別のアメリカの読本を翻訳しても，そうはならなかった可能性が高い。というのも，この時期には，ウィルソンリーダーだけでなく，数種類のアメリカのリーダーからも，いくつかの「子ども向け翻訳啓蒙書」が作られており，その内容を検討することで，当時の日本の翻訳者たちの文学的教材への態度を推察することができるからである。

　ところでこの「子ども向け翻訳啓蒙書」とは筆者が命名した呼称である。田中義廉編集の『小学読本』のように，正式に師範学校の「小学教則」に位置づけられた教科書ではないが，その類似書と考えられる書物群を指す。これらの書物は明らかに子どもを読者対象とした明治初期の刊行物で，現在，40点ほどを確認することができる。「子ども向け翻訳啓蒙書」のタネ本として使われたのはアメリカの各種リーダーや欧米の道徳読み物集などだったが，そこに収載されていた文学的な香りの高い作品は，ほとんど翻訳されていない。すなわち，日本の子どもたちの学習用の読み物類の中に移入された「お話」は，ほとんどが「教訓」とセットになったものが主流だったのである。

　それは，日本の翻訳啓蒙家たちが，英語読本類を広義の「教訓書」という範疇でとらえていたからでもあった。実際，欧米の低学年用の第一・第二読本には，子どもたちの具体的な日常生活の行動を通して，友情，勤労，正直，正義，誠実などの徳目的な内容を説いたストーリーが溢れていた。おそらくアメリカのリーダーの中に子どもの実生活が取り上げられていたのは，現実の子どもの生活に即して生活の技術や教訓を教えようとしたプラグマチックな姿勢からであろう。日本の翻訳者は，そこに着目してそれらの教材を日本に移入したのだった。また，多くの場合，彼らは原文の内容にさらに輪

をかけた過剰な儒教的訓言を書き加えて，日本語文として訳出した。一方，「教訓」を含んでいない高学年用のいわゆる「文学教材」は，日本の教育読み物としてほとんど導入されることはなかった。

　もっとも，当時のアメリカの読本の中においても，サーゼントリーダー（Sargent Reader）だけは，低学年用から文学的な香りに満ちた教材を豊富に登載していた。したがってそれを原本にしたいくつかの日本の「子ども向け翻訳啓蒙書」は，その特色をそのまま引き継いでいる。すなわち，サーゼントリーダーの教材の中には，グリムやアンデルセンの童話，あるいはディケンズの作品などが選ばれており，それを邦訳した結果，期せずしてグリムやアンデルセン作品の本邦初訳になった例もある。しかし明治初期に刊行された田中義廉編の『小学読本』の教材も，そのほか多くの「子ども向け翻訳啓蒙書」の翻訳作品も，基本的には「道徳＝修身」教育に資することを目的とする読み物だったと総括することができるだろう[1]。

　以上のことは，当時の大人たちが，子どもに読ませる「お話」には，何かしらの「教訓」が必要だと判断していたことを意味する。というより，国語教科書に載せられた「お話」とそこに込められた「教訓」との関係をめぐる問題は，明治期は言うに及ばず，この後も「文学」と「教育」を論じる際に必ず持ち出される大きな対立軸を形成していく。すなわち，「お話」を読ませることの最終目的を「教訓＝メッセージ」を獲得させることに置くのか，または，読み手が文章を楽しむ体験に意義を見出すのか，という二項対立の課題を構成し，それが時代と状況に応じて様々に変奏されていくのである。

　たとえば，大正期の教育においては，想像力を育成することに重点を置く「童心主義」と，生活と結びつけて読むことを大事にする「生活主義」の論争の中に形を変えて登場している。また，昭和戦後期においては，文学教育の素材として相応しいのは「向日性」を持った読み物であるべきだとする「題材」をめぐる論議，あるいは，文学教材指導の最終目的を「主題把握」に置くのか，それとも個々の学習者の「文学体験」を重視するのかという「指導過程」や「教材選択」などに関わる議論も，この問題と密接な連関を持つと考えていいだろう。（この問題は，今日再び「教育再生論議」などにつながる議論の中で蒸し返されている。それに関しては，最終章で再度触

れる。)

1.2 読書と文学教育

　前述したように，明治初期には，アメリカのリーダーに学んで，日本の近代言語教科書が作製された。その際，高学年用のリーダーの文学的教材は導入されなかったと述べたが，それとともにやはりアメリカの高学年用のリーダーから摂取できなかった，もう一つの側面がある。それは，「リーダー＝読むことの教科書」の「分量」の問題である。というのは，欧米の高学年用のリーダー各巻は，低学年用に比べて相当のボリュームを持っていたからである。たとえば先にあげたウィルソンリーダーの頁数は，第一読本（82頁），第二読本（152頁），第三読本（246頁），第四読本（360頁），第五読本（538頁）だった。巻数が進むにつれて，活字の大きさも小さくなり，挿絵の量も減っていくので，文章量の増加度は，頁数から想定する以上に大きい。つまり，リーダーの読者たちは，高学年に進むにしたがって，「多読」の習慣とその技術とを学ぶことになる。一方，田中義廉編集の『小学読本』は，第一巻から第四巻までの四冊構成の和本であるが，それぞれの分量は四〇丁前後に過ぎない。また，『小学読本』の巻一はウィルソンリーダーの第一読本，巻二と巻三はウィルソンリーダーの第二読本の抄訳であるが，第三読本以上の文章はほとんど翻訳されなかった。

　これはある面では，仕方の無いことだったかもしれない。アメリカのリーダーでは，初学年は簡易な語彙による基本的な文型を使用した教材文を読ませる。その後，徐々に語彙の難易度を上げて一教材の文章の量を増加させていき，高学年用ではかなりの長文の物語や伝記などをその中に収録している。リーダーの編集者は，子どもの発達段階に応じた様々なレベルの文章形式と文章内容とを選択して配列していたのである。しかし，明治初頭の日本には，文化資材としての子ども専用の読み物の蓄積がほとんどないに等しい状態だった。したがってそうした読み物類を選択して，教科書の中に難易の階梯を考えて収録しようにもできない相談だった。

　また，日本の読本の編集者は，小学校段階で身につけさせるべき日本語の文章文体の確定にも苦労した。この時世上に通行していた公式の文章は，漢

文，ないしはそれに準ずる漢字仮名交じりの文語体の文章だった。学校教育における言語学習の最終課題は，当該社会に通用するリテラシーを育てることが目的である。したがって漢文や文語文の読み書きにできるだけ早く習熟させるために，小学校低学年用の教材にもかなり難解な語彙や漢字が多量に使用されていた。実際，どの教科の教科書にも，そこで使われている難語句を理解する目的で教科書専用の「字引」が，別に発行されて学習用として販売されていた。学習者たちはこうした別売の専用辞書類の助けを借りなければ，各教科書の教材文を読みこなすことができなかったのである。学習者が語句の理解や文章音読の段階で難渋してしまうのだとしたら，大量の文字情報を横断的に処理したり，長編の物語を一気に読み進めるような学習を行うことは難しい。

　だが，教科書類に限って言うなら，そうした言語状況は1900（明治33）年以降，大きく改善される。教科書に使用する文字の表記や使用漢字についての標準が定められ，言語形式に関わる整理がなされたからである。また，どの教科の教科書も「言文一致」の文体によって本文が記述されるようになり，文字の印刷にも金属活字を使用することが一般化する。学習者の発達段階を考慮した教科書編成という点に関しても，教科書作成の技術と方法は長足の進歩を遂げた。さらに，出版界では，大人向けの小説類は言うに及ばず，巌谷小波を先駆者とした子ども用の読み物も多数公刊され，多くの子どもたちは少年読み物や子ども雑誌などによって，活字を経由して「お話」に親しむことができるようになった。

　大正期に入ると，この傾向はさらに大きく展開し，『赤い鳥』の創刊によって子ども雑誌の世界は大きく拡がり，小川未明を始めとする新興童話作品も出版される。大正リベラリズムのもとで，「児童の世紀」というモットーが大いに喧伝され，児童文化の展開に衆目が集まって，子どもたちが日常使用する語彙や会話を盛り込んだ本格的な児童書も数多く公刊されるに至る。子どもに向けた平易な文章による様々な言語文化財が豊かに供給されるようになってきたのだった。

　しかしそうした文化状況にもかかわらず，小学校用の国語教科書は，相変わらず一学年上下二巻の薄い紙数の体裁のままだった。昭和八年度から使用

され始めた第四期国定読本（通称・サクラ読本）では，増頁をうたい，内容的にも画期的な出来上がりだったが，それでも小学校六年生で使用する巻一一・巻一二は，それぞれ200頁弱の分量である。確かに従来の国定読本と比較すれば，全体として文章量は増加し，口語文体が教材文の主流になっていた。だが，学校の中の学習活動は，もっぱら国語教科書に掲載された教材文の「読解」活動に収斂しており，国語学習の中で多くの読書材へと視野を広げていく指導は一般には行われなかった。一冊の長編の書物をまるごと読むことや，いくつかの読書材を比較検討するような読み方教育よりも，国定読本に収録された教材を一つ一つていねいに解読することが国語科学習の中心だったのである。そこでは，国定読本の教材文を絶対的なものとして押し頂き，そこから書き手の意図を「読みとる」ことを専一とする学習が展開されていた[2]。

　戦後になっても，こうした傾向は，大きくは変わらなかった。戦後経験主義教育の実践の中では「多読」が奨励され，多くの資料を活用するような学習も一部で展開されたものの，十分に根づくことなく，再び薄い教科書を中心とした国語教科書至上主義に舞い戻ってしまったのである。また，国語科教育実践をめぐる論議の中では，「読解」と「読書」とが対立的に捉えられて，「読解」指導が基礎となって「読書」に発展するのだと説かれることが多かった。国語教科書掲載の短編教材を集団で読むことで文章理解を深めるのが国語科の「読解活動」であり，図書館などで各自が自由に本を読むのが「読書活動」あるいは「図書館活動」だとも考えられた。つまり，「お話」の面白さを自由に交流し合ったり，集団で長編作品を楽しむような活動は，基本的に国語教育の中でほとんど展開されなかったし，教材としてまるごとの単行本や雑誌や新聞などを積極的に取り上げるような試みも広く行われたとは言い難い。

　その背後には，「読むことの教育」とは，実体としての「正しいこと」や「教訓」を，文字によって書かれた「お話」を通して学習者に「理解」させることなのだという考え方が厳然として控えていた。その結果，学習者はきわめて受動的な立場に置かれ，また「読むこと」の教育自体も，型どおりの貧弱でおもしろみのないものに固定化されていった。

1.3　表現へつながる「読むこと」の学習

　アメリカにおいては，「読むこと」の教育は，単に Reading の教育であって，それをことさらに「読解」と「読書」とに分けて，「読解」だけが国語教育の専有領域だと考える習慣はない。Reading の学習のために厚手の教科書が作られ，さらに多くの情報量を含んだ教材が持ち込まれ，それ以外にも長編の小説や科学読み物，あるいは図鑑や事典などが教育実践の場に登場する。明治初期のアメリカの高学年用のリーダーがかなりの文章量を有していたのは，「読むこと」の教育に対するこうした考え方がその背景にあったからでもある。それに対して，日本の国語教育においては，比較的文章量の少ない教科書の教材をたんねんに読む学習は行われてきたものの，長い「お話」を楽しみ，長編小説の醍醐味を味わったり，多くの書物を情報処理的に読むような技術と方法はほとんど教えられてこなかったのである。

　そもそも教材文の「読解」作業が必要なのは，一度読んだだけではその文章が何を訴えようとしているのかがよく理解できないからだ。だからこそ，単語の意味や熟語の使い方を辞書で調べたり，段落や場面に分けてその内容を精査したりするのである。古文や漢文，あるいは外国語で書かれた文章などは，確かにそうした作業が不可欠だろう。しかし，平易な口語文体で書かれた現代文は，一度読んだだけでもその内容は伝わってくるはずである。というより，少なくとも学校教育の「作文教育」において，学習者に要求すべき理想的な作文とは，そのような誰にも分かる文章のはずである。つまり，平易で筋の通った内容の良く分かる「文章＝作文」を書けるようにすることこそが，国語教育の第一の目標だろう。現在，もっとも重要な公的リテラシーは，まずは自分自身が生きている世界を理解し，また自己表現するための「ことば」に習熟しそれを磨き上げることである。古文や漢文，あるいは外国語の教育は，それに資するためにこそ求められるのである。

　さらに言えば「国語教育」という営為は，私たちが日常多く接する文章文体を，今よりもさらに正確で豊かな文章文体に更新していく運動としてもとらえる必要がある。そうだとするなら，「読むこと」の学習の目的においても，分かりやすくなおかつ現代の問題を深くとらえた文章に接して，それを自分の言語表現にも活かしていくことが重要になる。言うまでもなく「文学

教育」も，そうした文脈の中に位置づけられなければならない。おそらくそれは学習者が「お話」の享受と創成の主体となるような言語学習の中で実現されることになるのだろう。

　近年の国語教育は，そうした方向へと大きく楫を切っている。PISA調査の実施以降，「PISA型読解力」の重視が提唱され，課題解決のために様々なメディアを「読むこと」の指導の重要性が学習指導要領において強調されている。また，教師の「読み」を一方的に押しつけるような文学教材の指導も反省され，教室の中の学習者たちを読むことの発見へと向かわせるような授業形態もさまざまに模索されている。さらに，「読書離れ」の状況に危機感を抱いた文教施策も次々に打ち出されて，学校図書館の整備や，司書教諭に加えて学校司書配置のための予算措置などが講じられている。

　もちろん近年の動きを「実用」のための読みの教育を推進しようとしているものだととらえることはできる。実際，実用的な読みの教育の主張は，多くの場面で聞かれる。しかし，実用主義的な読みの教育の推進が叫ばれていたとしても，子どもたちの文字による「お話」の受容の問題が消え去ってしまうわけではない。あらためて，その質と量との問題を考えなければならない所以である。

2. 耳を通した「お話」の受容

　戦前期でもっとも「お話」を必要とし，また実際に多用してきた小学校の教科目は，「国語科」ではなく「修身科」である。もちろん明治大正期の国語読本にも，「お話」は掲載されていた。しかし，割合的に見るならむしろ事物に関する説明を目的とする実科的な内容の教材の方が多かったといっていい。それは国語読本の目的が，理解語彙を増やして文語文を理解できるようになることと同時に，万般にわたる知識を授与することにもあったからである。読本に掲載された文学的な教材の場合でも，基本的には雅語や古語などに触れることが学習の中心になっていた。一方，筆頭教科である「修身科」では，もっと直接的に「お話＝ストーリー」そのものの力を教育活動に利用してきた。

　1872（明治5）年に頒布された「小学教則」には，「修身口授」という教科目が設定されている。「修身口授」に「ギョウギノサトシ」と傍訓が振られていたことからも分かるように，日常生活における子どもたちの言動を指導することを目的とした教科である。そこでは，作法書や教訓書のような規範を記した書物も教科書として採用されたが，もっともよく使われたのは，先人の嘉言や史話などを集成した書物だった。とりわけ美談・佳話や孝子談，あるいはイソップ寓話などの「お話」が活用された。ただし「修身科」の教科書類を所持していたのは教師だけで，教師はその内容を分かりやすく子どもに「口授（クジュ）」した。すなわち教師たちは，文語文で記された寓話や善行録などに事前に目を通しておき，それを目の前の子ども向けて口語文体にかみ砕いて，口頭で伝授したのである。つまり修身教育は，子どもに訓言や佳話を伝達するのに際して，文字媒体よりも教師の音声活動を通して伝えることを重視していたのである[3]。

　明治後半期になると，ドイツからヘルバルト主義教育が導入され，五段階教授法による指導過程の整備が進む。日本の教師たちは，それを研究する過程で「グリム童話」が低学年の教育に使われていることを知り，グリム童話の翻訳作品や日本の「昔話」を本格的に教育活動の中に組み入れ始める。それもヘルバルト主義の教育に倣って，「国語教育」というよりも，むしろ「修身教育」の材料として取り上げたのである。この時それらの「お話」は，一括して「童話」という用語でくくられていた。明治期において「童話」という用語は，教訓を教えるためのお話を意味する「教育用語」であり，そこには常に教師の音声が伴っていた。

　こうして子どもたちは「修身口授」という学習を通して，耳から「お話」を享受した。その「お話」は最終的には，教訓や訓言で結ばれる。すなわち「修身口授」という教育場において「お話」とは，徳目を伝えるための外皮であり，教師にとって手段・方法でしかなかった。とはいうものの，その「お話」の伝達活動の中においては，教訓を教えるための言語形式，すなわち教師の声の表情やストーリー展開自体の魅力に学習者が触発される場合もあった。なぜなら教師たちは，書物に記された文語文を教室でそのまま読み上げたわけではないからだ。修身教授に臨んだ教師は，目の前にいる低年齢

の子どもに向けてそれに相応しい口話用の話体の工夫をした。教師たちは，イントネーションやアクセントに注意を払う。また登場人物のセリフと地の文の使い分けやポーズの取り方，あるいはストーリーを効果的に伝達する方法などの「談話技術＝教室話法」の工夫に取り組む。つまり，教室の中の聞き手たちに向けた「お話」を伝えるための様々な手立てが開発されていくのであり，それらの表現技術自体が「修身口授」という活動の魅力を作り出す源泉にもなっていく。こうした教室用の話法の工夫は，より大勢の子どもを前にした教育活動である「講堂訓話」の際にも発揮されただろう。また，別にアメリカからストーリーテリングが導入されて，その技術は，より幼い子どもの教育場面の中で活用された。

　さらに学校外では，巌谷小波が先鞭を付けたという「口演童話」が，久留島武彦や岸部福雄などの活躍によって全国的に拡がり，大正・昭和初期には，幼少期の子どもたちはそれらに親しむ機会が増える。口演童話は，大塚講話会を始め学生を中心に組織されたサークル活動としても展開されており，各地への巡演活動によって，子どもたちは，たくさんの「お話」を耳から享受できるようになっていくのである。

　こうした耳からの「お話」の受容は，ほかならぬ活字によって書かれた子どものための「お話」のレトリックや語り口にも影響を及ぼす。会話を多用したり，聞き手を飽きさせないストーリーの展開，あるいは話全体のリズムやテンポなどに工夫がこらされ，それがまた子どもたちにも迎えられるといった循環作用が生まれる。すなわち，眼前にいる現実の子どもたちに直接的に「お話」を伝えるという音声活動が，活字による「お話」の文体や表現を変えていくのである。また，もともとそうした声の文化としての特質を持っていた世界各地の昔話や伝説類も，この時期，大量に翻訳されて，子ども言語文化財の質を豊かにしていった。

　こうした子どもたちが享受する「お話」の変化は，また同時に「国語教育」の方法にも反映していく。国語教育における「読むこと」の学習方法は，戦前期においては「音読」が中心だった。それは江戸期来の「素読」の伝統を受け継ぎながら，低学年用の教材文のほとんどが口語文体に変化した昭和期の国語読本においても，盛んに行われていた方法である。その理由

は，学習者を指導する際に，学習者が単語を認識し文意を把握しているかどうかを音読によって確認していたからであろう。一般には，文章はそれを理解していなければ音読することはできないと考えられており，音読活動は理解活動そのものだととらえられていた。さらにいえば，音読指導が隆盛だったのは，そこで使われる教材文自体が「音読」を前提とする文章文体だったことにも大きな理由があったと思われる。「音読」しやすい教材文が国語読本に満載されたことによって，「音読」に向いた文章こそが良文であるというような規範意識も作られていった。

　戦後になっても，口頭による「お話」は，訓話や教誡の場で活用され続ける。とりわけ学校現場では，教師が多くの学習者を対象に，訓誡や教誡をする場合に「お話」という表現手段をきわめて有効に利用している。すなわちここでも，「教訓」と「お話」との関係が問題になるのである。

3.　目を通した「お話」の受容

　目から享受されることによっても，「お話」は変化していく。知られているように明治初年に始まった近代教育では，一斉授業方式が採用された。それは多くの学習者に均一の学習内容を効率的に身につけさせることをめざした学習方法だった。そこで使われた最新式の教具の一つに「掛図」がある。「掛図」は「庶物指教」の考え方を背景にした教具で，実物の代わりに絵や写真を提示する。とりわけ小学校低学年の学習では，教科書よりも掛図を使用した教授法が奨励された。学級の全員が教室の前面に掲げられた「掛図」を注視して，教師との問答を交わしながら学習が展開される。観念的な漢語が並べられた旧来の読み書き教育に比べて，「掛図」の採用は，より実際の事物に即した指導法でもあった。そこでは，博物図，動物図，植物図，地図等，教授活動万般にわたった図像が登場し，また，天体の様子や物理の原理，あるいは化学実験の過程なども，様々に図解・図示されて学習者の認識を広げるのに役に立った。

　これらのうち「お話」と深く連関する掛図は，「修身画」「歴史画」などである。先に触れた「修身口授」の活動を行う際には，話題とする人物やその

状況を描いた図像などを教師が指し示しながら授業を進行させることが多かった。したがって「修身」と図像とはきわめて近しい関係にある。そこで使用された「神武天皇」や「楠正成・正行」などを描いた歴史画，あるいはイソップ寓話の絵解き図などは，そのストーリーとともに子どもたちの脳裏に深く印象づけられたことだろう。もちろん江戸期以来，庶民や子どものための読み物には，図像は欠かせない存在だったし，それを引き継いで，近代の小学校の教科書にも，木版刷り・銅版刷りの挿絵が溢れていたことはいうまでもない。

　さらに最新の教育機器として導入された「幻灯機」を使った透過光による図像が提供され，明治後期には戦争画の映写がおこなわれて大流行する。それらは，子ども自身が機械を操作したり，自分たちで原版の図像を作り出すことさえできた。さらに，出版社からは大判で堅牢な製本による近代的な「絵本」が大量に提供されて，「お話」の視覚化の可能性も大きくひろがる。昭和初期にはまた，紙芝居が多くの子どもたちに親しまれた。映画の上映とその隆盛は，あらためてここで記すまでもないだろう。

　明治初期に「庶物指教」的な発想に依拠して教育界へ導入された図像は，未経験のものを知覚させることが第一の目的だった。海外の風景や未知の事物を知らせたり，歴史を遡って実際には会うことのない人々の様子や情景を想像したりするために図像が使われ，学習者の世界認識を拡大させることに成功した。同時に，各種読み物類に付随された挿し絵や口絵などの図像も，好意的に受け入れられた。それらは文章の中の情景や人物の心情を理解する助けとなり，また時代背景を知るための情報としても機能した。

　また図像は，通常の視覚によっては認識しにくい事物の一部分を拡大したり，鳥瞰図のように高いところから俯瞰したり，あるいは解剖図や展開図のように分析的に物体の構造を提示することもできる。さらには図像独自の表現法を活かすことで，時系列で叙述された「お話」の展開を独自に構成して示すこともできる。その延長線上には，文字を使わない絵本が作成されて子どもたちに読まれたり，また，文字と図像とのメディアの特性を効果的にミックスさせたマンガやアニメなどの絵物語も生まれてくる。

　こうした図像の参加も，文字による子どもための「お話」の表現を変えて

いく。たとえば，子ども向けの「お話」の情景や人物描写がより詳しく具体的になり，会話表現が増える。語り手と登場人物の視点や位置，あるいは遠近関係などが明確になり，それらが効果的に文章化される。文字の分担する部分と図像に委せる部分とをあらかじめ計算してストーリーが作成され，それを楽しむ子ども読者も現れる。あるいは，時系列で進行する「お話」を，図によって別の角度からメタ認知するような表現活動を行いながら文章を読み進める活動も可能になる。

　当然のことながら，このような状況は学校現場の「文学教育」の指導そのものを変えていく。すなわち，「情景描写」の文章表現を手がかりに学習者それぞれのイメージを豊かにするような指導技術が開発される。また，語り手や登場人物の視点に注目して，それを図化したりその効果を考えさせるような指導方法も工夫される。さらには，作品のレトリックの特質に留意しつつ，それらを様々な図や表に表したり，紙芝居や絵巻物を作る，あるいはシナリオを作成して映像化してみるといった，学習者による様々な表現活動へと発展させる表現中心の学習指導も展開されるようになった。

　こうして現在の「文学教育」は，文字表現を対象としながらも，それを支える様々なメディアに対する感覚と認識とを開発する教育として展開されている。というより，「文学教育」は，文字メディアだけではなく，聴覚や視覚などそれぞれのメディアの特質とその可能性を，学習者それぞれの自己表現を通して確認していく場となっているのである。

4.「お話」と「教訓」との関係を考える

　ここまで，近代初等教育の中で「お話」が，文字言語だけではなく，耳から目から，またそれらが総合的に関与して子どもたちに享受されてきたことをみてきた。つまりは，様々なメディア形式が「お話」を成り立たせるという側面を取り立てて検討してきたのである。その中で，メディアミックス的な需給の相互作用が，子どもに与える教材としての「お話」の表現自体を変化させ，さらにはそれが学校教育における教授方法にも影響を与えてきたことも確認してきた。言うまでもなく，それらの影響関係は輻輳しており，一

　方向的な発想では捉えきれない。しかし，間違いなく，「文学教育」という営みは，こうした様々なメディアの相乗作用として，教育行為の中に現出しているのである。

　では，現在の学校教育の中で，そのような多彩なメディアの交響としての「お話」を受容することは，子どもにとってどのような意味を持つのか。ここではそれを十分に語る紙幅は無いが，次のことだけは確認しておきたい。すなわち，もともと「お話」には，子どもたちを現実の時空から解き放ち，自分自身の行く手を指し示してくれる性質がある，ということである。「お話」は，想像力を基盤にした自己確立を支援する力を持っている，と言い直してもいい。だがまた同時に「お話」は，社会が望む方向に人間の生き方を枠付けたり，それを強制したりする場合もある。つまりは，ここまで何度か触れてきたように，「お話」と「教訓」との関係が，最大の問題になるのである。とりわけ現在，学校の中の「お話」に対して，ある種の「強制」をかけようという動きが，急になっていることには注意を払わなければならない。「お話」と「教訓」とのアルケオロジーを考えることは，まさに現在進行形の「お話」の教育の問題に立ち向かうことでもあるのだ。

　具体的には，現行の「小学校学習指導要領」（平成29年3月告示）を取り上げよう。そこでは，道徳教育が「特別の教科である道徳（以下「道徳科」という。）を要として学校の教育活動全体を通じて行うものであり，道徳科はもとより，各教科，外国語活動，総合的な学習の時間及び特別活動のそれぞれの特質に応じて，児童の発達の段階を考慮して，適切な指導を行うこと。」とされている。つまり，現行指導要領下の「国語科」を含む各教科の教育の根っこには，道徳教育という大きな網がかぶせられているのである。学校教育の中では，道徳教育という観点を含まない国語科指導はあり得ないし，それを無視した学習材（お話）の選択は無いというのが，現在の公教育の論理構成である。こうした考え方は，突然現れたものではないが，とりわけ現行の学習指導要領に，「特別の教科　道徳」が設置されたことは，大きな変化であるとしなくてはならない。

　もちろん公教育において，人権を否定したり差別を助長したりするような言動を行うことは許されない。その意味で，教材として「お話」を選択する

際に，発達段階を考慮に入れた倫理的な配慮が必要であり，そのための材料の選択にある種の制約が生まれることは当然である。しかし，すべての学習活動が「道徳教育」を前提としていることをことさらに強調すると，学校教育はあらかじめ設定された道徳の「徳目」の実現を目標として展開されるべきだという論理になりかねない。そうした方向は，教育目標を観念化させ，教育実践の内実を貧弱にする。実際，現在進行している「道徳教育」への過度の顧慮は，検定教科書の教材選択の幅を狭め，教科書会社による自主規制を招来しており，各地の「文学教育」の実践にも大きな影響を及ぼしている。中には，学習指導要領の「道徳教育」の目標を，国語科を含めた「物語＝お話」の学習の中で実現することこそが今日の教育課題を解決する道だと公言している指導主事もいると聞く。国語教科書の「文学教材」も，道徳教育の材料と同じであると判断しているということだろう。

　「特別の教科　道徳」が特立されるに際しては，数々の地均しがあった。2002（平成14）年4月，文部科学省は事実上の道徳の「国定教科書」である『心のノート』を作成し全国の小学校中学校に無償配布した。さらに2014（平成26）年には，『心のノート』を改訂して副読本『私たちの道徳』を作成した。この副読本も全国の小学校中学校へ無償配布されて，その使用が奨励された。『私たちの道徳』には，『心のノート』よりもさらに多くの「お話」が掲載されている。その後，いわゆる「道徳の教科化」が実現して，現在では民間の教科書会社が道徳の検定教科書を作っている。民間の道徳教科書がモデルにしたのは，文科省の副読本『私たちの道徳』であり，民間の検定教科書の内容構成も「徳目」を考えさせるために「お話」を読み，それについて話し合うという作りになっている。学習者は道徳教科書に掲載された「お話集」を読み，そこに込められた「徳目」について考え合い，その反応は「学習評価」の対象になるのである。

　もちろんそれらの「お話」は，あくまでも「道徳」を教えるための材料に過ぎず，「文学」とは無縁の存在だと切り捨てることもできる。だが，子どもの享受する「お話」は「道徳」あるいは「徳目」とどのように重なるのか，あるいはどのような差違を持つものなのかという論議は必要であろう。またそうした論議は，何も小学生の子どもたちの場合だけではなく，青少年

や成人読者の場合でも同じようになされていいのではないか。

　「文学教育」の実践にとって，成長の過程にある子どもたちが「お話」あるいは「文学」を読むことと，個人のモラルの形成とがどのように関係するものなのかは，きわめて大きな課題である。こう言うと，「文学の受容」と「人間形成」という問題設定自体が，古くさい時代遅れの枠組みのように感じられるかもしれない。しかし，明治の「道徳＝修身」教育が忠孝の論理で固められ，学校を通じて日本国民一人一人の中にそれを内面化しようとしてきたのが戦前の教育の歴史であることを思い起こす時，現在の子どもたちの自己形成の問題と「お話」の受容との関係をめぐる問題は，今日，あらためて考え直すべき大きな問題であることは確かなことだろう。

　その際に重要なことは，そこで設定される「徳目」が，アプリオリに与えられるものであってはならないということだ。すなわち上から一方的に，「守らなければならないもの」「大事にしなければならないこと」として「徳目」が設定されるのではなく，共同で「考え合うもの」あるいは「疑うべきもの」として教育の場に持ち込まれなければならない。固着した「教訓」や「徳目」を問答無用で押しつけることは論外である。それよりも，私たちそれぞれが抱えている葛藤や煩悶を共同思考するような場を，学校教育の中に作ることこそが重要だろう。そうした場の一つとしてなら，「文学教育」もそこに参加することができるかもしれない。

　また，この問題を「お話」と関係させて考える時には，以下のようなことに注意を払う必要がある。すなわち，そこで取り上げる「お話」の内容を，固定的・一義的に考えてはならないということだ。「お話」は，それが受容される場によって，またそれが交流される時間の差違によって，様々な貌を見せる存在である。だれが，いつ，どのような切り口から「お話」を語り，まただれが，いつ，どのようにそれを受けとめるのかを常に念頭に置く必要がある。その過程では，これまで「お話」が様々なメディアの相互関係の中で変奏され，書き換えられてきたことを視野に入れて置きたい。

　ここまで見てきたように，「お話」はその作製の現場と受容の現場との，あるいは出版やマスコミ文化と学校文化との複雑な交流関係の中で，そのときどきに姿を変えてきた。「こうでなければならない」とあらかじめ決めら

れた徳目としての「教訓」を組みかえ，別の「お話」へと繋げていく通路を作るのも，「お話」の力である。「文学教育」と呼ばれる現象が生起するのは，そうした「お話」たちの受容と創造活動とが豊かに交流される生き生きとした場の中であるにちがいない。

注
1 府川源一郎「アンデルセン童話とグリム童話の本邦初訳をめぐって―明治初期の子ども読み物と教育の接点」『文学』第9巻第4号 2008年7月。本書の「第Ⅲ部第4章」に収録した。
2 教科書中心の教育が長く続いた理由として，いくつかの理由が考えられる。各教科にわたる教科書類は保護者が買い与えなければならず，費用負担が相当大きいためそれ以上の読み物類の購入が控えられたこと。あるいは，学校教育では，国定読本・検定教科書以外の教材の持ち込みが規制されたこと。図書館の利用指導が普及せず，学校教育との連携が十分ではなかったこと，などである。
　　　しかし，「大正新教育運動」の中では，教科書を中心に展開する国語教育に対して，「多読」を推奨するような教育実践も展開された。その代表的な実験学校は私立成城小学校であり，代表的な実践家としては奥野庄三郎の名前が挙げられる。また同じ時期には，国定読本と平行して民間から各種の「副読本」が刊行されており，薄い国定読本を補完する役割を果たした。さらに，戦後国語教育実践の中でも，幾度か「読書ブーム」の波が起こった。しかし現在に到っても，学校で行う学習の中心は，正しいことをコンパクトに記述した「教科書」をもれなく学習させる（記憶させる）ことだという考え方が大きく揺らいでいるわけではないようにも思える。
3 ここでは深入りしないが，こうした教授活動は，明治期の作文教育における「談話書取」などとともに，教育の側からの「言文一致運動」への参加行動の一つになっていたと考えられる。本書の「第Ⅲ部第1章」の論考を参照のこと。

第3章

作文指導における「自己表現」の展開
―「人間性」と文章表現―

はじめに

　「文は人なり」という慣用句がある。文章には，書き手の人となりや人格が表れているというような意味で使われる。つまり，人間が内面に持っている「人＝人間性」は，「文」によって表出されるということである。人間の中に備わっていた「人間性」という実体を，「文」という言語形式が仲立ちしているのだ。とするなら，表現の道具としての「文」はできるだけ平易で表現者に自在に操れる存在であることが望ましい。なぜなら表現者にとって，言語形式が難解ならば，それを自在に操って自らの「人間性」を表現することも困難になるからだ[1]。

　実は近代教育が出発した明治初期に「作文教育」が直面していたのは，そうした問題だった。学習者である子どもたちが自らとらえた事象や自分の感じた感覚などを身の丈に合った日本語によって表現しようと思っても，それにふさわしい文章そのものが存在していなかった。それは明治初期の子どもたちが，自分たちの話しことばに近い書きことばを持っていなかったということでもある。

　以下，本稿の第1節では，こうした明治初期の言語状況が，ことばの教育実践によって改善されていく様子を概観する。それは，大人たちによる「言文一致文体」という平易な文章形式創成の努力と，子どもたちがその文体を作文の中に取り入れて行く過程を記述することでもある。最も早い時期に平易な文章で書かれた作文指導の具体的な作文例を取り上げて検討する。

　第2節で扱うのは，ようやく平易な文章文体を獲得することができた子どもたちが，その文章文体を使って様々な新しい側面を切り開いた例である。そこでは「人間の内面」を言語表現が媒介するという作文指導観が文章作成

実践を牽引した。すなわち，表現のための言語が「ありのまま」に「人間の内面＝人間性」を写し出すことができるというリアリズム言語観がそうした実践を支えていたのである。これもいくつかの具体例を取り上げる。

　続く第3節では，戦後の作文における「自己表現」の問題を考える。そこでは意欲的な実践の模索を通して「人間性」の表現の道具として言語が機能するというより，むしろ言語表現によって新たな「内容＝人間性」が創出されるだという考え方が出てくる。こうした言語観は，現代哲学において「言語論的転回」と呼ばれる現象と通底している。そこで，「言語論的転回」という枠組みを踏まえて「文は人なり」という慣用句の内実を読み替えるなら，「人は文なり」ということになるのだろう。そうした現代の言語状況を反映した作文指導の萌芽的な試みを取り上げ，その可能性についても検討する。

1.「自己表現」の基盤の構築

1.1 「読本」の文章の平易化の試行

　文章を書く学習には，それに先だって必ず「文章を読む」学習が存在する。規範的な文章を読む過程が存在するから，それを範型として文章を書くことができるのである。すなわち作文の学習は，読むための教材集として，あらかじめどのような文章が用意されていたのかという問題と不可分の関係にある。

　明治期において正式な文章とは，漢字仮名交じりの文語体の文章，あるいは漢文体の文章のことであり，読むための教材集＝読本に収録されていた文章も基本的にはそのような文体の文章群だった。その時々の社会状況・時代状況の中で，公的と認められたものを教育機関で学習させるべきだという考えは，ある意味で当然である。しかし，漢字仮名交じりの文語体の文章，あるいは漢文体の文章の習得には，多くの訓練の時間と費用がかかり，経済的にも精神的にも余裕のある人々にしか習得はできにくい。加えて，それらの文章文体は多くの庶民たちが日常使用している話しことばとは，かなりの距離があった。ましてや当時の子どもたちが，書きことばを通してそれぞれの

心情や考えを「自己表現」することは至難の業に近かった。

　こうした事態を念頭において，明治初期の国語教科書では実験的な試みがいくつか行われている。たとえば，1871（明治4）年に古川正雄が著した初学者用教科書『ちゑ　の　いとぐち』には，その一部に「口語文体」が採用されていた。「わたくし　は　きのふ　つり　に　まゐりました　／　あなた　は　おはなみ　に　おいで　なさり　ましたか」のような文が，それである。これは「わたくし」「あなた」という一人称を使って会話場面を取り上げた平易な文体であり，内容的には書き手の体験を書き表したものである。初学の子どもたちを対象にした教材文であるとはいえ，これまでこのように平易な日本語文体が学習用の書物の中に登場することはなかった。だが，このような言語的試行は，翻訳臭に満ちた新奇な文章としか受けとめられず，大方の賛同を得ることはできなかったのである。

1.2　読本に登場した「談話体＝口語文体」

　その後，読本類に「口語文体＝談話体」が再び登場してくるのは，明治20年前後である。小学校低学年の教材文に談話体を進んで採用した読本には，新保磐次の『日本読本』，西邨貞の『幼学読本』（ともに金港堂）などの早い例がある。文部省もほぼ同時期に，新しく『読書入門』（一学年前期用）『尋常小学読本』（七冊）を編纂し，「談話体」の文章を積極的に使用した教材を登場させた。この官製読本を企画推進したのは，文部省編集局長だった伊沢修二である。彼は，国民的なリテラシーを向上させるためには平易な話しことばに近い文章文体が必要であることを自覚しており，「読本」を通してそれを普及させようと企図していた。

　文章文体の面についても，また教科書編集の理念についても，とりわけ新鮮だったのはドイツの読本を参考にして編集された入門用の教科書『読書入門』である。この読本の冒頭は「ハナ」「ハト」と単語の提出から始まり，順次段階的に句や文の提出がなされていた。さらに「第37課」に至ると「アレ，アソコ　ノ　キ　ニ　ハナ　ガ，サキマシタ。／ウグヒス　モ，ナイテ　キマス。／ソコニ　テフテフ　モ，マウテ　キマス。／サアサア，ミンナ　一ショ　ニ，アノ　ノハラ　ニ　デテ，アソビマセウ。」のように，

子ども（？）が発話主体になった文章が現れる。

　山本正秀は，この教材文に対して「無味な会話の域を脱し，十分叙述性を
そなえた表現的な口語文である」と評している。確かにこの教材文は，子ど
もの内発的な自己表現を誘発するきっかけになりそうである。さらに『読書
入門』に続いて学習する『尋常小学読本・第一巻』においては，全巻に談
話体を使用した教材文が掲載されていた。この文部省の編集した読本によっ
て，それ以降，民間会社の作成した小学校一年生の読本の教材文も平易な
「談話体」の文章に拠ることが定着したのだった[2]。

　もっとも以上は，「読本」に掲載された読むための文章に限定した話であ
る。読本の教材文は，必ずしも学習者が談話体の作文を書くことを期待して
作成されていたわけではない。明治期においては「読本」の外に作文教科書
が用意されており，そこでは江戸期とほぼ同内容の「往来物」や「書牘」な
どが使われていた。いずれも文語文で記された実用的な手紙（書簡）文が満
載されており，口語文体は一切登載されていない。社会一般の認識も，作文
指導は，社会に出てすぐに役に立つ文語体の手紙文を早い時期から習得させ
ることであり，望ましい文章とは，漢文調の難解な文章や美文調の雅文など
のことであるというものだった。

1.3　樋口勘次郎の「遠足作文」

　こうした状況が変化し始めるのは，おおむね明治30年代に入ってからで
ある。滑川道夫（1977）は，作文指導の時期区分として，1872（明治5）年
から1898（明治31）年までを「形式主義作文期」，1899（明治32）年から
を「自由発表作文期」とする。さらに滑川は「自由発表主義の作文教授」の
嚆矢として，樋口勘次郎の教育実践を挙げている。

　そこでここでは，樋口の指導した児童の文章（遠足作文）を検討してみた
い。その作文は，1896（明治29）年11月刊行の「東京茗渓会雑誌166号」
の誌上に掲載された「実験叢談」と題する報告の中に採録されている。この
論考は，樋口勘次郎の名前を一躍全国的なものにした『統合主義新教授法』
（1899）に，ほぼそのまま再録されており，「家庭と学校との連絡」という
章の中に収められている。子どもの書いた「遠足作文」を含むこの論考は，

樋口が主張する「統合主義教育」の実際を家庭に向けてていねいに報告し，遠足の教育的意義を主張することが主眼となっていた[3]。

　樋口はこの論考の中で，三名の児童作文を掲載紹介しているが，どれも時間の順序にそって自分の遠足の経験を記したものである。そのうちの一名の作文を以下に引用する。

　　　　二年級遠足　　　　高須三次郎
　　二年級遠足に行く時はじめに不忍池を出かけてだんだんをわたり，次に五十の戸（五重の塔）をこへ美術学校の前をとほりてそれからすはさまをおまいりして次に山林きよくの志けんばで木を習ひて飛鳥山にてべんたうを食ひて休みて田端へ行く道にて米やわたなどを見ながら田端のす天しよで歌を唄ひ又話をしてそれからき車に乗りて上野へつきて又不忍池へかへりてそれから内へかへりました。

　　　　　　　　　　　　　　　　　（）内は樋口勘治郎による補注。

　今日の目からすると，この平凡な児童作文がそれほど画期的だったのかと不思議にさえ思われる。ありきたりで稚拙な小学生の作文であるとさえ感じられる。だが当時は，この作文がきわめて斬新だったのだ。たとえば，中野光は，「当時としてはまったく異色のものであり，その実践を支えた教育観において革新的なものを含んでいた」としているし，滑川道夫も「形式的文章の行われていた明治29年の時点では，新鮮な作文である」と高く評価している[4]。

1.4　子どもが書いた口語文体

　この二年生の児童が書いた作文は，ほぼ口語文で書かれていた。部分的には「とほりて」「食ひて」「休みて」などの文語表現が残っているにせよ，自分の経験が時系列で整理されている。別の二人の児童作文も同様で，文語的な言い回しが若干混在しているが，やはり文章全体は基本的に口語文で書かれている。これが大きな驚きだったのである。

　さらに興味深いのは，「五十の戸（五重の塔）」「す天しよ（ステーショ

ン）」「内（家）」などの当て字や，「き車（汽車）」「山林きよく（山林局）」などの交ぜ書きが存在することである。樋口は，こうした正格でない書き方もとりあえず許容していた。つまり，「五重の塔」という漢字を間違いなく書くことよりも，まずは「ゴジュウノトウ」という耳から聞こえた「音」を文字として定着させることを優先したのである。したがって，さしあたって「五十の戸」という表記でも構わないと考えたのであろう。樋口にとってなによりも重要なのは，まずは子どもに思ったこと考えたこと（思想）を表出させることであった。規範通りの表記法を使って書くことはその後でも良い，という立場である。

　つまり，「生徒の自発活動」こそが最優先事項であって，それを妨げるものは極力排除しようとしたのだった。樋口にとって，子どもたちの表現したい内容は，文章を書こうとする以前に「遠足経験」として成立しており，文章活動はそれを文字として外化する行為に過ぎない。樋口は，その「外化活動」の妨げとなる最大の障壁が旧来の「文語文」であり，まずはその困難を取り除く必要がある，と認識していたのだった。

1.5　言語形式の平易化と人間性の表出

　樋口は，『統合主義新教授法』の「作文教授法」の項で，「予は自作文に於ては別に教案を立てず。只，文題を定めておくのみ。而して児童には其の課題（目的指示）につき随意の文体によりて作文せしむ。」と，自分の好きな文体を選べば良いと記している。また，「文題」に関しては，「総て児童は自己が面白く感じたる所は，必ず他人に語らんと欲し，之を語らしむれば流暢に談話するものなり。さる事項を採りて文題となさば，教師は労せずして好成績を得んこと必せり。」とも述べていた。当時の作文指導は，教師が選定した「文題」を与えるのが通例だった。それに対して樋口は，子ども自身が興味関心を持つ「文題」を与えるべきだと考えていたのである。そもそもこの時，附属小学校で実施された「遠足」にしても，お仕着せとして与えられた校外活動ではなかった。これは子どもたちが自ら学校外に出て様々なことを見学したいという内発的な要求を受けて，樋口が特別に企画した活動だったのである[5]。

　樋口は，形式に縛られた従来の枠組みから子どもを解き放ち，生来の「活動」に委せるべきだという教育観を高く掲げた。そこからは，子どもが興味を持って表現したい内容を作文の「題材」として取り上げて，文章形式にこだわらずに自由に書かせるという作文指導の方法が生まれてくる。それはまた，子どもに平易な言語表現形式を与えさえすれば，児童本来の「内面＝表現したいこと」は「自己表現」として自然に表出される，という考え方となって展開していく。

　また樋口は，平易な言語形式の提示だけではなく，書くべき「題材」として何を選択するのかに関しても意欲的な試みを行っていた。それは，市販されている子ども向け読みもの類を大量に教室内に持ち込んだことである。当時はようやく子ども向けの平易な文章文体を使ったお伽噺や読み物類が登場し始めていた。その代表的なシリーズが，博文館から出された巌谷小波の『日本昔噺』である。樋口は，その小波のシリーズのほとんどを自分の教室で子どもたちに読み聞かせをしている。その結果，樋口学級の児童たちの興味関心は，自ずから教科書である国語読本が取り上げている材料以外にも広がっていく。と同時に，教科書に掲載された僅かな量の「談話体」だけではなく，一般の児童読み物類で使われている平易な文体に関する言語感覚も育っていた。つまり樋口は，教室の中に主体的な「自己表現」を産み出す目的で，言語形式と言語内容との双方に関わる多様な媒体を持ち込み，表現活動の種子を蒔いていたことになる。

　とはいうものの，樋口の子ども観が，最終的に明治の「教育勅語」体制の中にすっぽりと収まるものであったことは確かである。すなわち，それは儒教的な色彩の色濃い訓育的な国家主義から出ることはなかった。したがって，樋口の考える「人間性」もその枠組みに規定されていた。だがこの後，樋口が開発した子どもたちに口語文体を使って作文を書かせる試みは，多くの教師たちに支持されていく。また国語読本以外の子ども読み物を導入する試みも，大正期の熱心な教員の中に引き継がれていく。その営みの中で，子どもたちの「人間性」の新しい側面が「発見」されていく。

2.「自己表現」の内容（対象）の拡大

2.1 童心主義的子ども観の広がり

　新聞や雑誌など世間一般の大人たちが読む文章が,「言文一致文体」に変化してきたこととも相俟って, 大正期に入ると子どもたちの「作文」が口語文体で書かれることは, 全国どこの学校においても一般的になった。しかしそこで書かれる作文は, 文体こそ平易な口語文体であったものの, 必ずしも子どものみずみずしい感性や生き生きとしたものの見方を十分に汲み上げたものとはいえなかった。というのも学校作文の現場は, 書き手の内発的な「自己表現」を重視するよりも, 国民教育として実用的な言語能力を優先する傾向が強かったからである。

　こうした言語教育の状況に大きなくさびを入れた象徴的な存在が, 雑誌「赤い鳥」である。鈴木三重吉が1918（大正7）年に創刊した「赤い鳥」の創刊の「標榜語（モットー）」には, 次のような文言がある。「現在世間に流行している子供の読物の最も多くは, その俗悪な表紙が多面的に象徴している如く, 種々の意味に於て, いかにも下劣極まるものである。こんなものが子供の真純を侵害しつつあるといふことは, 単に思考するだけでも怖ろしい。」この宣言は, 巌谷小波などが作製した教訓的な色彩が濃厚な通俗的な子ども読み物に対する挑戦であり, 通行している訓育的な子ども観に対置して「子供の真純」を据えたものだといえる。子どもの中に純粋さを見ようとするこうした考え方は,「童心主義」と称される。文芸思潮でもある「童心主義」は, 大正新教育が主張する子どもを中心に置いた教育実践の考え方やその方法とリンクし, その波は児童の作文指導にも及んだ。というより, ダンスや子ども演劇, また童謡や自由画などの子どもの自由な表現活動とともに, 子どもの「自己表現」の中心になったのは, ほかならぬ児童の文章作成活動だった。

2.2 児童自由詩の登場

　とりわけ注目されるのが, 子どもによる「詩」の創作である。
　雑誌「赤い鳥」では, 北原白秋が子どもの詩の選考に当たっていた。その

活動の中から，子どもによる新しい文章表現として，「児童自由詩」と呼ばれる子どもの書きことば文化が生まれる。ここでは，後になってそれらの成果を北原白秋自身が集成した単行本である『鑑賞指導児童自由詩集成』から，二つの作品とそれに対して白秋の付した「選評」とを紹介してみる。

　　　　　のぼり（推奨）　　渡邊運平　尋四
あちらこちらに，
のぼりがたった。
うちには，
おかけじ一つ。
【選評】渡邊君の「のぼり」も，何でもない，たった三行のうたですが，よその家はにぎやかにお祭りのかざりをするのに，うちには，おかけじが一つといふ，この心持ちがたまらなくかはいさうにうたへてゐます。かういうのがほんたうの童謡です。面白がりや，うまいこと言はうといふ気持をはなれて，ほんたうに子供は子供の生活を歌はねばなりません。「赤い鳥」1921（大正10）年10月［第7巻第4号］

　　　　　夕食（推奨）　　中山みつ　14歳
うめぼしの
にほひまで
すうすうする月夜。
つめたい風に
ふかれながら，
夕飯をひとりたべてみた。
【選評】中山みつさんの「夕食」は気品のあるめづらしくいい詩です。芭蕉の句のやうな味があって，かなりの大人の作家がまだ行けないところを，やすやすと行ってゐるやうに思はれます。　「赤い鳥」1924（大正13）年12月［第13巻第6号］

これらの児童の作品は，いわゆる「定型詩」ではない。いうまでもなく明

治期に入ってから大人の文学の世界では，旧来の定型詩の内容と形式とが問い直され，大正初期には高村光太郎や萩原朔太郎などが口語を使った自由詩を発表していた。それとほとんど時期を同じくして，子どもたちは口語による「詩」という形の「自己表現」経験をしたのである。

　二つの詩には，取り立てて難解な語彙も使われていないし，子どもたちの日常生活から離れた事象が取り上げられているわけではない。子どもたちそれぞれが，自分の見たことや感じたことを言文一致の文体によってそのまま表現しているだけである。だが，渡邊の「詩」からは，確かに彼の「自己表現」を見て取ることも可能である。その時の感情は，直接「哀しい」とか「淋しい」とかいうような感情語によって言語化されているわけではない。しかし，「あちこち」の「のぼり」と「うち」の「おかけじ（掛軸）」とを対比した認識活動の底に，そうした心情を間接的に読み取ることはできる。

　また，中山の「詩」では，「うめぼしのにほひまですうすうする月夜」という比喩表現にこの子どもの実感が端的に表れている。透徹した月夜の情景が嗅覚の記憶と結びつけられて，冷え冷えとした風景が点綴され，そこに「夕飯をひとり」で食べるという行為が加わっている。もっともそれを閑寂の境地だと評価し，「芭蕉の句のやうな味」と賛嘆してているのは，明らかに北原白秋という大人の側である。

　いずれにしても子どもたちは，このような個性的な感性を内包していた。そのことは「口語自由詩」という言語形式が登場するまで，世間一般に十分に気付かれていなかった。すなわち子どもたちは「繊細な感覚」や「豊かな想像力」などの，欠くべからざる「人間性」をその内面に所持していたのである。「口語自由詩」という言語形式は，それを引き出して，誰にでも分かる形で外化することに成功した。つまりこの時，口語自由詩という平易な言語形式によって表現された言語作品は，これまで見ることのできなかった子ども独自の新しい「自己表現の形」を抽出することを可能にしたのである。

2.3 「ありのまま」に書く作文指導の普及

　鈴木三重吉は，作文活動で「ありのままに書く」ことの重要性を主張した。それは，難解な漢語や美文に依拠するのではなく，子どもたちの目に映

った事象や生活を「ありのまま」に書けば，自ずから子どもの内面に潜んでいる「童心」が表現されるという文章観に依拠していた。北原白秋による「児童自由詩」の指導観もほとんど同じ思考基盤に立っている。いうまでもなくここには，正岡子規の「写生」の考え方や自然主義小説のリアリズム文章観などが色濃く投影されている。このような三重吉や白秋の文章観は，そのまま学校教育の作文指導に導入された。

　こうして学校教育における作文指導においては，芦田恵之助の「自由選題」の提唱などを経て，子どもたちが自分の生活の中から自由に題材を選び，それを平易な文章で「ありのまま」に記述することが一般的な「作文＝綴方」だと考えられるようになっていく。内面を表出するための道具としての文章文体が子どもたちの話しことばに近づいたおかげで，言語表現をする際の言語形式そのものに対する抵抗は，以前よりは小さくなったのである。

　もっとも言語抵抗が小さくなったからといって，作文の指導では，本来的に言語形式に関する指導を欠くことはできない。文章を書くには，文章の構成や文体をどのように工夫するか，どのような語彙を選択しそれをどのように配列するかなどのレトリックへの配慮が必要になるからだ。本来リアリズム表現もそうした技巧とは無縁ではない。平易な言語で「ありのままに書く」という行為は，そこに働く言語形式への意識をゼロにすることとイコールではないのである。つまり，基本的に「見たまま」や「話すとおり」に文章を書くことは不可能なのだ。

　平易な文章には平易な文章の「文章形式」がある。それに留意せずに，学習者に「見たまま」を「自然に」綴らせさえすれば，文章＝作文が成立するわけではない。もちろん，文章形式を重視するとは，従来のような文語や雅語を過剰に使用したり，美文や漢文体を選択することではない。それにもかかわらず，平易な文章によって「ありのまま」に書かせるような作文指導の流行が，レトリックや文章技巧一般に対する指導者の関心の程度をかなり低くさせたことも間違いないことだろう。

　さらにまた，リアリズムとしての「ありのままに書く」というテーゼは，規範を重視する学校教育の中では，「嘘を書かない」というある意味で道徳的な規範とも結び付く。つまり，「正直」や「素直」という人間の属性の問

題が「ありのまま」という言語表現の問題と直接にリンクするのである。リアルにモノを観察するという行為は，必ずしも「正直」という道徳的な徳目と一致するわけではない。ファンタジーや昔話は，ある意味で壮大な「嘘」であり，「嘘」だからこそものごとの真実が表現できるという逆接によって成立している。それこそが，言語表現の面白さであり豊かさである。それにもかかわらず，人間教育を標榜する学校教育においては，「ありのまま」と「正直」とが近接しがちになる。

　とりわけ，平易な文章で作文を書くことが「生活指導」の手段になった時には，文章表現と人間の内面の問題が直接に重なり合うことが多い。たとえば反省文や自白調書などの「作文」においては，文章という存在が表現者の内面を「ありのまま」に写し出す透明な媒介物であるという思想を前提としている。個人の内面は「反省」や「自白」という表出作用によってそのまま文字化され，またそのように「内面」を「ありのまま」に表白した文章こそが理想的な「反省文」や「自白調書」だと評価される。このように，文章が人間の内面をそのまま写し出しているという文章観は，今日でもまったく払拭されたわけではない。その結果，作文指導においても「見たまま」「聞いたまま」をできるだけ詳しく書くことを過度に強調する傾向は依然として残っている。

2.4　「生活綴方運動」の展開

　さて，リアルにモノを見る作文指導の立場の延長線上には，「生活綴方」教育運動が展開した。子どもたちが身のまわりの生活，とりわけ社会的・経済的な厳しい状況から目をそらさずに「ありのまま」に文章を表現した結果，優れた生活綴方の文章が生まれてきた。そうした作文や詩は熱心な教師たちによって集成されて「文集」として各地で交流され，また作文教育誌などを通して全国の教師同士のネットワークを広げていった。こうして昭和初年には「生活綴方運動」は，日本の子どもたちの作文指導に大きな影響を与えることになり，その余波は現在にも及んでいる。

　海外から持ち込まれた教育理論や教育実践の方法がそのまま取り入れられ，すぐにそれが忘れ去られるという傾向の強い日本の教育文化の中では，

「生活綴方」は日本独自の言語文化の中から立ち上がり発展した教育的遺産として大きな位置を占めている。そこでは，地域の教師たちと子どもの実感に満ちた言語実践の積み重ねが大きなうねりとなって，新しい言語文化を下から創り出していったのである。「生活綴方運動」は，教室の中の作文指導がより大きな日本の言語文化創造運動につながった例の一つとして，記憶しておく必要がある。

　なぜ，作文活動が，それほどの盛り上がりを見せたのか。もともと国語教科書は，国定期の全期間を通じて「国語読本」であり，文字通り読むことの学習のための教材集という性格を持ち続けていた。一方，文章を書くことの指導を専用とする小学校の作文用国語教科書は作製されなかった。そのため国語科教育における作文指導はある程度の自由度があって，教師個人の裁量が働く余地が比較的大きかった。生活綴方教師たちは，相互に文集を交換したり児童雑誌に投稿された子どもたちの作文を読ませたりすることで，作文の題材指導や文体の指導を積極的に行うことができた。つまり，現実生活を対象にして児童自身が実作した文章が，次には別の児童にとっての「教材」になるという交流運動が生まれたのである。規範的でよそよそしく，子どもたちの実感から離れた「国定読本」の中の教材文よりも，子どもの目で様々な事物を見て文章化した作文や詩が，同時代を生きている教師や児童生徒の共感を生んだのだ。

　もっとも，1941（昭和16）年国民学校令が施行され，皇国主義的な教育が強まるとともに「生活綴方運動」は弾圧されてしまう。

2.5 「山びこ学校」のリアリズム

　しかし，戦後再び「生活綴方」は復活した。

　一般に広く知られているこの時期の「生活綴方」の仕事は，1951（昭和26）年に刊行された『山びこ学校』である。青年教師無着成恭が，山形県南村山郡山元村（現在は上ノ山市）の中学校で子どもたちに書かせた詩や作文が収録されており，その公刊は社会的な反響を呼んだ。『山びこ学校』に関しては多くの研究があり，また評論なども多数書かれている[6]。

　この作文集が生活綴方作文の典型例であり，なおかつ戦後教育の原点の一

つでもあることは疑いないところであろう。『山びこ学校』に掲載された作文のうちでは，文部大臣賞を受賞した江口江一の作文が代表的な作品である。以下にその冒頭部分の一部を引用する。

　　　　　母の死とその後　　　　　　　　　　　　　　　江口江一
　　　　　1　僕の家
　僕の家は貧乏で，山元村の中でもいちばんぐらい貧乏です。そして明日はお母さんの三十五日ですから，いろいろお母さんのことや家のことなど考えられてきてなりません。それで僕は僕の家のことについていろいろかいてみたいと思います。
　明日は，いよいよいちばんちいさい二男（フタオ）と別れなければなりません。二男も，小学校の三年生だが，お母さんが死んでから僕のいうことをよく聞いて，あんなにちっちゃいのに，よく「やんだ」（いやだ）もいわないで，バイタ背負い（たきぎ）の手伝いなどしてくれました。だから村木沢のお母さんの実家に行っても一丁前（いちにんまえ）になるまでは歯を食いしばってがんばるだろうと思っています。
　ツユ子も，明日三十五日に山形の叔父さんがつれて行くように，親族会議で決まっていたのですが，お母さんが死んでからもずうっと今もまだにわとりせき（ひゃくにちぜき）でねているので，なおってからつれて行くことになりました。
　それも間もなくつれていかれることでしょう。そうすれば僕の家は今年七十四になる，飯たきぐらいしかできなくなったおばんちゃん（おばあさん）と，中学二年の僕と二人きりになってしまうことになるのです。
　　　　　2　母の死
　なぜこのように兄弟がばらばらにならなければならないかといえば，お母さんが死んだことと，家が貧乏だということの二つの原因からです。（後略）

　中学三年生の江口の作文は，文庫本で15頁分ほどの分量があって，ここに引用したのはその最初の一ページ分位である。お母さんが亡くなってから

　しばらく経って，家族離散が避けられない状況になった前夜に書かれた文章である。作文の中では，兄弟離散の原因として「母親の死」と「貧乏」という二点が指摘されており，後半でその事実と考察が取り上げられる。そこでは母親の人がらや家族に関する叙述が続いた後，「貧乏」の原因の究明が，具体的な収支計算などのデータをもとに記述される。事実をただ単に「ありのまま」に記述するだけではなく，それを社会的な問題と接続させて，現実的に解決を図るための方途を級友の協力のもとに深く考えようとしているのである。ここに「生活綴方」の本領がある。

　また，この作文には，江口の個人的な感性も「自己表現」として表出されている。たとえば引用部分には，弟を思いやる兄らしい心情が，押さえた筆致で書かれている。まだ本人自身も中学生という年齢にもかかわらず，一家の主人として振る舞わなければならない覚悟やその切なさなども文章からうかがえる。

　江口は文章を書くことで，自己の生活が社会的な関係によって大きく規定されていることをあらためて確認する。そうした認識にうながされて，彼は主体的協働的な社会参加行動に踏み出そうと決意する。このように事実をもとにして冷静に思考を進めていく過程自体が，江口の「自己表現」になっている。分析に基づく科学的な思考を展開しようとする江口の姿勢に支えられた文章文体の粘り強さ自体が，江口の「人間性」の現れでもある。

　では，この作文の底に流れる文章と事実との関係をどのように考えたらいいのか。

　江口にとって，自分の家が「貧乏」であるという「事実」は，この文章を書く以前から漠然と了解していた。しかしその「事実」は，生活を具体的に細緻に「書く」ことによって，より明らかになる。というより，言語化される以前に十分意識化されていなかったことが，書く行為を潜ることではっきりとしたのである。リアルに書くという行為は，あらかじめ存在する「貧乏」という「事実」を，単に言語を媒介として写し出す営みなのではなく，作文を書く（言語化する）という行為そのものが，「貧乏」という「事実」の細部とその背景を実体として創り出していくのである。

　これまで「ありのままに書く」という行為は，あらかじめ存在する事物や

現象を言語によって写し出すことだと考えられてきた。確かに子どもの中に存在する「童心」は，言語化することによって取り出されたかもしれない。また，そこでの言語の役割は，まるで透明な媒体として機能したように思われてきた。しかし，事態は逆である。江口を取り巻く「現実」は，書くことによってその姿を現したのである。言語化しなければ「事実」は出現しない。それは，言語が見せてくれた「現実」なのだ。たとえリアリズムによる表現であっても，そこで表出された「現実」は言語によって構成されたものだ。

3.「自己表現」の形式の拡大

3.1 「言語論的転回」以降の作文表現

　「言語が現実を構成する」という考え方は，一般には「言語論的転回」と呼ばれる議論以降に定着した。周知の通りそうした言語観は，ソシュール以降の現代哲学論議の中で盛んに話題にされてきた。ヴィトゲンシュタインの言語ゲームの考え方などが代表的なものであり，現代哲学においては基本的な言説となっている。言語が現実を反映するという旧来の思考法に対して，逆に，現実は言語によって創り出されたものだと考えるのである。別の言い方をすれば，私たちは言語を通してしか「世界」を理解できないということだ。「事実」や「現実」は人間の認識によって識別されたものであり，その識別を可能にするのは人間の「言語」しかない。つまり判断主体である人間の言語を離れた「事実」というものはない。

　もちろん，こうした言語観を導入したからといって，現場の作文指導が直ちに180度変わるわけではない。だが，リアリズム言語観に基づいた作文指導が「現実」を「ありのまま」に書くことを強調するあまり，逆に現代の多様な「現実」をとらえにくくなり，ある種の行き詰まり状態に陥っていたという状況がある。「現実」を鋭く，また豊かに掘り起こすためには，「言語が現実を構成する」という言語観が助けになる。そうした作文活動の実践は，すでに1960年代の現場実践の中にも萌芽的に出現していた。

　以下では，「言語が現実を構成する」という言語観から見た場合に，先駆

的な試行だと考えられる文章作成の実践指導を二点取り上げ，その意義をあらためて考察する。両者ともに，発表当時はかなり大きな反響を巻き起こしたが，今日ではほとんど論議の対象になることがない教育実践である。しかし，きわめて重要な問題を提起していたと考えられるので，あらためて「史的観点」から位置づけてみたい。

3.2 「主体的児童詩」の再検討

　まず取り上げたいのは，「主体的児童詩」である。これは，別に「たいなあ詩」とも呼称される。1960年代に松本利昭が開発した児童詩教育論で，子どもの「欲望」を掘り起こした詩であると評価されている。しかし，かなり刺激的な内容を詩の題材として取り上げたので，そこに批判が集中して論議が深まらないまま評価が揺れている。そのうちもっともよく知られている作品を以下に挙げてみる[7]。

　　　むし人間　　　　　五年　石川せき子
　　クラスのみんなをおかまの中へつめた
　　ガギュッ，ガギュッ，と音がした

　　もじきむさるころだ
　　ふたをあけてみよう

　　みんなをかまの中から出した
　　みんな真赤だ，
　　魚屋へ　せいぼのかわりに
　　むし人間を三六人やった。

　　魚屋のおばさんは
　　それを店に出した。

　クラスの友達全員を釜の中で「蒸し」てそれを魚屋へお歳暮に出す，とい

う衝撃的な内容の詩である。狭い生活指導的立場からみれば，この子どもの「人間性」そのものが疑われるような事例になるのかもしれない。もっともここに書かれた内容は，実際に石川が経験した出来事ではないことは明らかである。とするならこの詩は従来の作文観からすれば「事実」を「ありのまま」に書いた作品ではないと判断されるだろう。

　しかしこの詩は，旧来とは別の形で子どもの内面を「ありのまま」に書いた作品だと考える必要もある。それまでの「ありのまま」が，観察者が外界を見たままを描写することを意味していたとするなら，ここでの「ありのまま」は，自己の内面の「事実」を表出したものなのである。いうまでもなく，人間の内面には常に意識化されている部面と十分に意識化されていない部面とがある。普段は抑圧され意識化されていない内面の「欲望」に光を当てて「ありのまま」に表出したのが，主体的児童詩なのだ。

　「主体的児童詩」を提唱した松本は，シュールレアリスムの「自動記述法」を援用して，書き手の「たいなあ」という気持ち，すなわちそれぞれの「欲望」を表現させようとしたという。なぜなら，そのことによって，「欲望開発によってはじめて再確認できた内部現実の認識」ができると考えたからである。その意味でこうした手法による文章作成の指導も，書き手の「内部現実」を「ありのまま」に書く文章指導として位置づけられる。つまり，ありのままに書くべき対象が，外面的な「事実」から，それぞれの内面的な意識下の「事実」にまで拡張されたのである[8]。

　とはいえここでも，「山びこ学校」の江口の作文の場合と同様の事態が生じている。つまり石川にとって「ありまま」に書こうとした対象の意識下の「事実」は，言語表現をする以前から明確になっていたわけでない，ということである。もしかすると石川は「蒸し人間」という概念のかけらさえ自覚していなかったかもしれない。しかし書き手の中で，いったん「蒸し人間」のイメージの片鱗が湧き上がると，それは言語化されて記述されていく過程で次々とふくらんでいき，自分にとっても意外な形で終着点に降り立ったのではないか。つまり書き手の中にあらかじめ明確な具体的な「欲望」が実体として存在していたのではなく，「たいなあ」という「欲望」を詩という言語形式によって表現する言語活動の中で，自己の内側からそれが想像的に引

き出され，自己運動を重ねて増殖していったのである。そうした文脈に立っていうなら，欲望の表出をめざした口語自由詩という言語表現装置がこのような詩を成立させたことになる。つまり「言語形式が現実を構成」したのである。

　おそらく石川は，突然にまた単独でこうした詩を生みだしたのではないだろう。「たいなあ」という欲望を多様に掘り起こした例文の提示やそれに類する友達の詩などの閲覧がこの詩の誕生に大きな影響を与えたと思われる。それは一種の「範文」として機能した。生活綴方的な「ありのまま」ではない「主体的児童詩」が生まれるためには，それを誘発するようなモデルが存在したはずだ。またいったん石川のような詩が生まれれば，類似のスタイルと傾向を持った作品が次々と誕生し，それらが相互に影響し合い変奏し合って，さらに新しい表現が族生していくことになる。

　こうした試みによって確認されたのは，子どもたちは純真な「童心」を持っていると同時に，残酷で凶暴な「童心」も持っているということだ。当然のことだが，子どもたちはもとより人間は誰でもそうした相反的な「人間性」を持っているのである。この時，そうした「人間性」を開示したのは，新たな文体やイメージを内包した「言語形式」だった。その意味で「主体的児童詩」は，「言語論的転回」を言語教育実践として示した例の一つとして把握することができるだろう。

3.3　「のりうつる文体」における作文指導の意味

　「装置」としての言語形式の機能を，より自覚的に作文指導に活かそうと考えた実践もある。それは，大河原忠蔵による「状況認識の文学教育」の実践活動である。大河原は自身が提唱した「状況認識の文学教育」実践の中で，「のりうつる文体」という用語を使用して，その作文指導の報告をした。これも松本の詩の創作実践と時期を同じくしており，1960年代の実践事例である[9]。

　大河原は，高校生たちに自分たちの置かれている状況を鋭く見据えるような作文を書かせたいと考えた。私たちが日常的な目で周囲を見わたしても，ただ平凡な「事実」が転がっているに過ぎない。したがって，それを「あり

のまま」に書かせても，平凡で日常に埋没したような作文しか生まれない。だが，そうした自分の日常を「非日常的な目＝文学的認識」によって眺めるなら，凡庸な視野はクリアーになり，覆い隠されていた事実が新たに開けてくる。それを助けるのが「文学的認識」であり，なかんずくその文学作品に特有の「文体」である。

　大河原は，『状況認識の文学教育入門』で，次のようにいう[10]。

　　　くわしくかきなさいとか，思った通りかきなさいという方法では，状況に気づかせることはできない。このめがねをかけて，身のまわりを見なさいというふうに，生徒に，めがねを示して，かけさせる必要がある。めがねとは，状況をえぐりだすのにふさわしい文体でかかれた文章である。それは，主体の行動的エネルギーが，一種のスピード感になってあらわれている文章，対象の表面をなでまわすような文章ではなく，対象に，きりこんでいくきれあじのいい文章のことである。

　大河原は，安部公房の小説『けものたちは故郷をめざす』の文章を分析しながら朗読を聞かせる学習をした後，その文体を模倣させて自分たちの生活を題材にした作文を書かせた。その意図は，自問自答をくり返す特徴を持った安部公房の文体に触れることで，「自分の中にくすぶっているぼんやりとした自問自答の意識活動を，その水路に助けられて，明確なものにして，外へ押し出す」ためである。

　これはある意味で，「範文主義」の変形である。ただし旧来の「範文主義」は，それに限りなく近づくための規範として「模範文」が存在した。しかし大河原は，前衛作家が状況を鋭く切り取り認識していく過程を刺激剤として，生徒各自に内面を見つめさせようとする。他者の文体，リズム，思考方法などの言語形式を身にまとわせることによって，自分の体験やそこで思ったことや考えたことを言語表出させたのである。そこで生まれた生徒の作文は，安部公房風の文体を使いながらそれぞれの自己体験を記述したものになる。

　といって，大河原には生徒に「小説」を書かせようという意図はない。彼

は、「安部公房の文体が頭の中で鳴り渡っているときは、安部公房と同じよ
うなめくりとり方で、状況をめくりとってかくことができる」という。安部
公房に似た文体という武器を実装させて、それぞれが「状況を認識できる」
主体を擬似的につくり出すことが目的なのである。これは明らかに、書き手
の内面にある「主体」を透明な文章が写し出すという文章観とは異なり、外
から与えられた鋭い文章文体が書き手の中に新たな「自己」を創出するとい
う文章観に立っている。つまり大河原の作文観は、文体＝文章形式が書き手
の内面＝人間性を創造・開発していくという考え方なのだ。それは「文は人
なり」というよりも、積極的に「文」によって「人」を創造していこうとい
う立場であり、いうならば「人は文なり」という立場でもある。

　ここでは紙数の関係で、生徒の書いた作文例を示すことはできないが、生
徒たちは自分自身の体験を確かに「安部公房の文体が頭の中で鳴り渡ってい
る」ような文体で描写している。その結果、鋭い心理描写と緊張感に満ちた
緻密な作文が出現した。もちろん記述内容は生徒たち自身の体験なのだか
ら、それまで書いてきた作文のように、「くわしく思い出して」「ありのま
ま」に書くこともできたはずだ。しかし大河原は、そうした慣れ親しんで当
たり前になっている文体では、新鮮な切り取り方はできないと考えた。なに
よりも安部公房が言語によって社会をとらえ、独自の文体で作品化したその
表現のプロセスに生徒たちを参加させたかったのである。

　もちろんここで行われたのは、あえて仮想的に安部公房の目になって、そ
の文体を借りて物事を見る言語活動を生徒に強いることだった。そういう強
制的な側面は確かにある。生徒によっては、まったく作文が書けない、ある
いはきわめて書きにくいという事例もあったはずだ。その点をとらえて、こ
うした実践は生徒の意思に反した不自然な作文指導だという批判をすること
も可能である。

　しかし国語科の作文指導にとってもっとも重要なことは、単に作文を書く
「道具」としての言語を自在に駆使できるようにすることではない。仮に最
終目的をそこに置くとしても、まずは狭量な自己の視野を広げ、多様な文体
や文種の言語経験を通すことがなされなければならない。書くことの学習活
動が、かえって自己を矮小化し狭いところに閉じ込めることがないようにし

なければならないのである。そのためには，体験や経験，あるいは事実を構成している言語そのものの機能を振り返り，それを意図的に学習活動として組織していく必要がある。松本利昭の「主体的児童詩」や大河原忠蔵の「のりうつる文体」の主張や実践は，そうした学習の可能性を探るための大きなヒントになる。

まとめ

　結局のところ小稿では，近代という時代からポストモダンといわれる現在にいたるまでに，人間の「自己」や「主体」を規定する言語観それ自体が大きく変わってきたという事実の表層をなぞったに過ぎなかったかもしれない。しかしそうした変化は，その時々の現場の作文教育実践や，社会の言語状況と密接に結び付いたものだったことを，あらためて確認しておく必要がある。小稿の目的は，そうした営みを，言語の機能の変化という観点から「史的観点」を導入して相対化してみることだった。そのため，あえて明治期の作文指導から出発して，1960年代の作文指導に触れたところで記述を止めた。ここまでの「史的観点」を踏まえれば，現在の作文指導の展開も，より見えやすくなると考えたからである。

　現在の進行中の国語教育実践の傾向としては，言語活動や言語体験の重視が主張されている。そのことを強調するのはきわめて重要なことだ。しかし学校教育の中で展開される言語活動が，日常的なレベルの情報交換に終わったり，あるいはそれぞれの固定観念をさらに補強するだけに終わったりしている事例は枚挙に暇がない。言語活動を盛んに交流するだけでは，それが各自の「学び」につながるという保証は無いのである。現在「深い学び」が強調されるのも，おそらくそうした教育現場の実態を踏まえてのことであろう。

　国語教育で達成されるべき「深い学び」は，道具的な言語観に依拠するだけでは成立させることはできない。学習活動で働く言語の機能を，個々の場面に応じてあらためて問い直す必要がある。活発な言語の交流が「人間性」を育むのは確かだとしても，言語形式の絶え間ない転変こそが，新たな「人

間性」を創出することに目を向けなければならない。また，それを促している言語文化社会の形式や機能の分析にも取り組んでいく必要がある。そのことが国語教室の中の作文活動の様相を明らかにするとともに，「文」と「人」との相互関係をも照らし出して行くに違いない。

　なお本稿では，文学的表現と論理的な表現とを明確に区分せず大きく文章創作活動としてひとまとめにして考察してきた。同様に，散文と詩との違いや学校段階における指導の差などにも言及できなかったことをお断りしておきたい。

注

1　「文は人なり」という慣用句は，18世紀のフランスの博物学者であるビュフォン（George Louis LeClerc de Buffon）が述べたもので，原文は，Le style est l'homme meme.だと言われている。とするなら，原義の「文」は，文章のスタイルである「文体」を意味していたことになる。それが人口に膾炙し，また文章文体が変化していくのにともなって，意味内容が拡張されたいったのだと思われる。

2　山本正秀『近代文体発生の史的研究』岩波書店　p.432　1965年。

3　樋口勘次郎『統合主義新教授法』同文館　1899年。

4　中野光『大正自由主義の研究』黎明書房　p.281　1968年。
　　滑川道夫『日本作文綴方教育史1　明治編』国土社　p.217　1977年。

5　注3　と同じ。

6　佐野眞一『遠い「山びこ」無着成恭と教え子たちの四十年』文藝春秋　1992年9月、佐藤国雄『人間教育の昭和史「山びこ」「山芋」』朝日新聞社　1991年7月など。

7　この児童作品は「児童詩教育」昭和38年5月，に掲載されたものである。
　　児玉忠は「主体的児童詩教育の運動は，その質的に特異な（異様な）作品だけが否定的な印象として人々の記憶に多く残ってしまったようにみえる。しかし，主体的児童詩論やそこから派生した児童詩教育論の成果からは，現代の目で見ても詩の創作指導としての方法的特質はもちろん，子どもに創造性や認識力を育てようとする志向性やその教育的意味について学ぶべきとことろは多いのではないか」と述べている。筆者も同感である。児玉忠「主体的児童詩教育誌に関する調査研究」『国語科教育　第44集』全国大学国語教育学会　p.95　1997年。

8　松本利昭(『主体的児童詩教育の理論と方法』明治図書　p.49　1978年。

9　大河原忠蔵『状況認識の文学教育』有精堂　p.110　1968年。
10　大河原忠蔵『状況認識の文学教育入門』明治図書　1970年 p.92 に,「のりうつる文体」という表題を持った章がある。

第4章

明治初期の子ども読み物と教育の接点
―アンデルセン童話とグリム童話の本邦初訳をめぐって―

はじめに

　ジャーナリスティックな言い方を許していただけるなら，小稿の主要な報告内容は，「本邦初訳のアンデルセン童話とグリム童話の発見」である。これまでに指摘されてこなかったアンデルセンとグリムの翻訳作品が，明治初期の翻訳啓蒙書の中に存在していた。それも，アメリカの教科書経由で，日本の子どもたちに手渡されていたのである。この事実は，「近代日本児童文学史」や「国語教育史」の書き換えにつながり，教育と文学との交渉の様相をあらたに考え直すきっかけともなるはずだ。

＊

　近代日本児童文学の起点をどこに置いたらいいのか。1891（明治24）年，巌谷小波による『こがね丸』の発刊にそれを求める考えもある。また，その前年に刊行された三輪弘忠の『少年の玉』に着目する考え方もある。しかし，近年は子どもに向けた翻訳啓蒙書から語り始められるのが通例になってきている。

　たとえば向川幹雄は『日本近代文学史研究Ⅰ　―明治の児童文学（上）―』で，近代児童文学史を記述するに当たって，〈子どものため〉を強く意識して作られた啓蒙書の中の読み物類の検討から始めている。こうした啓蒙書類は，ほとんどが欧米で出版された本から材料を集めて翻訳・翻案したものだった。つまり，日本の近代児童文学は，外国の作品を翻訳（翻案）して，それを編纂した書物から出発したということになる。向川は，その最初の仕事を福澤諭吉の『窮理図解』だとしている。また，鳥越信も，「日本児童文学史の起点」という論考で，やはり『窮理図解』を出発点に置いている。『窮理図解』は，科学読み物だから，この場合は「児童文学」の概念を

広義に解釈しているわけだ[1]。

　こうした『窮理図解』のような、子どもを対象にした翻訳啓蒙書についての検討は、十分に行われているとは言い難い。その理由の一つに、それぞれの本が様々な題名を冠して刊行されていたということを挙げていいかもしれない。当時はまだ子ども向けの読み物を一括して呼称する名称が安定していなかったので、題名を見ただけでは、子ども向けの読み物なのかどうかの判別をつけにくいのである。

　筆者の判断によれば、近代児童文学の出発点におかれるべき翻訳啓蒙書は、『窮理図解』のような科学読み物を除いても、40点ほどが存在する。それらの題名は全くバラバラで、『童蒙をしえ草』『童子諭』『西洋童話』『サルゼント氏第三リイドル』『小学教授書　修身之部』など、異なるジャンルの本を脈絡無く並べたようにしかみえない。しかしそれらの本の内容は、外国のリーダーや各種啓蒙書の中から、読み物を選択し、子どもを対象に翻訳紹介した書物であるという点で、かなり似通った性格の本なのである。この中に「本邦初訳のアンデルセン童話とグリム童話」が混じっていた[2]。

1.　グリム童話の本邦初訳作品

　「本邦初訳のアンデルセン童話とグリム童話」が載せられていたのは、アメリカの英語の教科書である Sargent's Standard Reader 1868 から材料を調達した翻訳啓蒙書である。Sargent's Standard Reader は、幕末から明治初年にかけて慶應義塾で教科書として使われているが、日本でそれほど普及した形跡はない。明治初期に日本で多く英語学習に使われたのは、ウィルソンリーダーやユニオンリーダーであり、やがてそれがナショナルリーダーと交代していくというのが大きな見取り図である。したがって、この教科書は、日本の英語教育の教科書という点での浸透率はそれほど高くはなかったといっていい。しかし、それは Sargent's Standard Reader が、日本の言語文化にまったく影響を及ぼさなかったということを意味するものではない。というのも Sargent's Standard Reader からは、子どもを対象にした数点の翻訳啓蒙書が作られているからである[3]。

　まず，Sargent's Standard Third Reader を抄訳した，松山棟庵の『サルゼ
ント氏第三リイドル』を取り上げてみよう。この本は，1873（明治6）年4
月に発刊されている。訳者の松山棟庵は，1839（天保10）年生まれ。京都
でオランダ医学を学んだが，欧米の医学習得のため，福沢諭吉の門下生とな
って，医学の研究に専念し，諭吉が米国から持ち帰ったフリント著『内科全
書』を翻訳して，『窒扶斯新論』として出版した。1873（明治6）年，福沢
諭吉とともに慶應義塾医学所を開所し，初代校長に就任する。『サルゼント
氏第三リイドル』の「序」には，1872（明治5）年10月の日付が記されて
いるから，ちょうど慶應義塾医学所が開設された前後に，この本が作られた
ことになる。
　松山は，その「序」で，人にとって一番大事なのは「愛心」だと述べる。
「愛心」を重視しようという姿勢は，おそらく医者であった松山棟庵の信念
の反映だったのだろう。続いて松山は，子どもたちの人間性を養うために，
「リイドル」の中から最適だと思われる「美事小話」を選んで訳したと言
う。日本の子どもたちに積極的に読み物を提供しようという意図が明確であ
る。この本の構成は二巻本で，全部で19話が紹介されていた。その第一冊
の目次は以下のようになっている。

［第一冊］上「雲の事　寓言」「鋳沓の釘の事」「黄金の嗅煙草入の事」
「加里布と織屋との事」「王と俟臣との事」「土留古の僧と王との事」「慈悲の
心の事」「胆気ある事」「長者を敬ふ事」「悪き言葉を用ゆべからざる事」「否
と答ふべきを学ぶ事」

　このうちの二番目におかれた「鋳沓の釘の事」が，グリム童話
（KHM184 くぎ）由来の話である。原本である Sargent's Standard Third
Reader の目次には，The Horse-Shoe Nail Grimm と，著作者グリムの名前
が明記されている。したがって，英語読本を編んだサージェント自身は，こ
の話がグリム童話集の中の作品であることは十分に承知していただろう。も
っとも，肝心の教材文そのものは，ドイツ語から直接訳したものなのか，あ
るいは既成の英語版のグリム童話などから集めてきたものなのかは，不明で

ある。訳文を見てみよう。

　　錻鈷の釘の事

一人の百姓あり或る日市街に出て若干の穀物を直段よく売払ひ其金子を財布に納めて熟ら自から思ふやう今直に家路に就て急ぐならば必ず日の暮ざる内に吾廬に達すべしと因て自から馬に跨り彼の財布をも馬の背に負せ家路をさして立去りしがやがて午の刻頃に一の村里に至れば暫時の間小憩みをし又此処を出去らんとて馬を引立しとき一人の馬夫来り其姿を見て足下の馬ハ左の後足の錻鈷に一本の釘抜たりといふ百姓答へて其義ハ棄置給へ吾家へは凡そ二十里の路程なれど此錻鈷ハ大丈夫なるべし我ハ甚だ心ぜきなりと云ひつつ家路に出行たり此日の午後に及びし頃かの百姓ハ馬に秣かはんとて再び馬を駐めて或る旅籠屋に腰を打掛居るに折しも又厩の厮卒来り其姿を見て足下の馬ハ左の後足の錻鈷に一本の釘抜たりいざ我鍛冶屋まで此馬を牽き行て錻鈷の釘を打せばやといひけれバ百姓答へて其義ハ棄置給へ吾家へまでハ最早六里計なり此馬ハ其路程を行くに差支へなかるべし我ハ少も時刻を移し難しと云ひ捨つつ馬に跨り出行しが其処より纔の路を行し頃馬俄に跛となりて屡々跌き遂に横さまにどうと倒れて一本の足を打折たり斯て此百姓ハ何と詮方あらざれバ路に倒れし馬を打すて金の財布を己が背中に負ひ徒歩にて道を急ぎしが漸く夜の深る頃始めて吾家に帰るを得たり此時独り自から嘆息して云く我斯る難儀に逢たるも必竟唯一本の錻鈷の釘を等閑にせし故と

　また，同じSargent's Standard Third Reader　を訳した，深間内基の『啓蒙修身録』の中にも，この話が翻訳されている。深間内基も慶應義塾の出身で，1878（明治11）年にミルの『女性の解放』を『男女同権論』と題して翻訳出版したことで知られている。『啓蒙修身録』の「序」には，「千八百七十年亞人〔サアゼント〕氏ノ著ス所ノ第三〔リードル〕ヲ抜粋翻訳センモノナリ（中略）勉テ我ニ有益ナルモノヲ選択シ童蒙ヲシテ其意ヲ了解シ易カラシメンコトヲ欲ス」とあって，これも子どものための翻訳であることが明言されている。この本は，1873（明治6）年7月に書かれ，同年9月に東京の名山閣から発刊された。松山棟庵の『サルゼント氏第三リイド

ル』の刊行より，約半年遅れである。これも二巻本だが，第一巻の目次を示すと，次のようになる。

〔巻一〕「黄金の煙艸筐の事」「情欲の事」「人の忠告を用ひずして損せし事」「王侯己れに諂ふ者を戒むる事」「童子熊と戯むる事」「最善の贈の事」「恩恵報ある事」「グレーシの善行」「華盛頓童子なる時を記す」「難に逢て仰天せざる事」「拿破崙一卒を恵む事」「貴きへハ感力なる事」「女児病人を問ふ事」「華盛頓の事」「仮名の事」「虚言の事」「老人を重ずる事」「象の事」「華盛頓自己の憤怒を抑制せし事」「黠児欺を為す事」「成功を得る奥意の事」「雲の事寓言」「自ら努め自ら励む事」「自ら己れを省る事」

このうち，三番目の「人の忠告を用ひずして損せし事」が，グリム童話（KHM184　くぎ）である。

　第三章　人の忠告を用ひずして損せし事
一日農夫商機を得て市に穀を鬻き其羨餘多かりければ金嚢を荷鞍に結び付け日の暮れぬ内に戻らばやと早く帰途に就き午時に至り駅亭に小憩し其将さに出立せんとするとき人あり馬蹄の側らに立ち告げて曰く汝の馬左りの後足に打ちたる鞋の釘を失つたりと農夫意となさず答て曰く蹄装は能く具す今より廿里を行くとも亦患なし縦へ危ぎごとありとも急の路なれば修繕に暇なしとて出行きけり而して再び馬に餌を與へんため休憩せしに童児来りて告げて曰く馬鞋既に其の釘を失ふたり君の為めに之を鍛工に牽き之を補ひ進ぜんと懇に云ひけるが農夫敢て謝せずして曰く否是よりは路程も六里に過ぎざれば沓を繕はざるとて馬は能く行く何ぞ患ふるに及ぶ可けんとて又行きけるが俄に其馬歩まず之を強て牽かんとするに蹣躓こと再三に及びて遂に地上に倒れけり爰に於て農夫止むことを得す馬を捨て自ら金嚢を肩にかけて急ぎけるが重荷を負て歩行意の如くならず三更の頃漸く家に達し嘆じて曰く余の不運に逢ふものは他なし人の忠告を用ひずして馬鞋を補はざるによると

いうまでもなく原文は同じ Sargent's Standard Reader　の教材文である

が，両者の翻訳の仕上がりは若干異なっており，松山棟庵訳の方が比較的原
文に忠実で，なおかつ読みやすいような印象を受ける。

　もっとも，「くぎ」はグリム童話集に収録されている作品ではあるもの
の，代表的なグリム童話とは言えないだろう。教訓も平凡で，インパクト
のあるストーリー展開だというわけでもない。しかし，「童蒙」に対する読
み物には教訓が不可欠だという明治初期の子ども向け翻訳啓蒙書の基本的
な認識に立てば，こうした作品を選び出すことは，むしろ自然なことだっ
た。なお，この作品は，グリム兄弟が 1812 年に最初に編んだ初版の『子供
と家庭の童話集』（Kinder-und Hausmärchen）には掲載されておらず，第五
版からの登載で，ルートヴィヒ・アウルバッハーの『若者のための小冊子』
（1834）が出典らしい[4]。

2．アンデルセン童話の本邦初訳作品

　さてこの Sargent's Standard Third Reader には，アンデルセンの作品も掲
載されていた。第二二課の The Bear and the Children が，それである。これ
も目次に Andersen の名が明記され，教材文の本文の末尾にも Andersen の
名が付されている。したがって，Sargent's Standard Third Reader でこの教
材を読んだ学習者は，先ほどのグリムの話と同様に，作者の名前がアンデル
センであることを知り得たはずである。

　この作品は『絵のない絵本』（Billedbog uden Billeder）の，第三一夜のエ
ピソードである。熊を犬だと勘違いして無邪気に遊ぶ子どもと，それを発見
して立ちすくんでしまう母親を描いた話で，アンデルセンの考える純真な子
ども像がはっきりと描かれている。子どもの世界，あるいは「童心」につい
て考える上でも，きわめて示唆的な内容だといっていい。またこうした作品
が Sargent's Standard Third Reader に登載されているところに，アメリカの
教科書編集者の児童観の一端を感じることもできる。

　この作品も深間内基の『啓蒙修身録』の中に訳出されていた。先ほど
掲げた〔巻一〕の目次のうち，五番目にある「童子熊と戯むる事」が，
Sargent's Standard Third Reader の The Bear and the Children の翻訳である。

訳文を次に紹介する。

第五章　童児熊と戯むる事

爰に熊を牽て世を渡るものあり日耳曼の南部に赴て一夕旅亭に着き鈇鎖を以て熊の側らの庭内に繋ぎ独り室に入りて飲食せしに良ありて俄かに童児の騒動する声二階に騒々として聞へり仍て之を見るに彼の繋ぐ所の熊鈇鎖を切て登りたれば童児大ひに驚き遁れんとするに能ず特床を踏むのみ然るに熊は聊か之を害するの意なく頭を低れて近づくにぞ童児以為く大なる犬なりと手を以て是を撫れば熊は手足を延ばして床上に伏したり然るに幼けなきものは熊の背に登りて繁茂したる頂毛を取り之を窘りて慰みけるに亦一人何れよりか太鼓を携へ来りて之を鳴らせしかば熊は忽ち起きて其調子に乗じて踊り始めたり童児之を見るよりも甚だ悦び爰に我らの友ありと呼んで各傍らの小銃を取り恰も兵卒の如く進みたり折りしも童児の母来り図らず其模様を見て愕然色を失なふて発声する能はず愁声を出して戦栗漸く彼の熊を知りけりやと問ふ然るに童児楽みの餘利特特に黙して我等は兵のまねをなすなりと云て更に省ることなし母之を解せずして独り思案の折から熊牽来りて其情実を告げたれば母始て其の心を安からしめたりとぞ

アンデルセンの『絵のない絵本』は，叙情的で，詩的な雰囲気に満ちている。全編をとおして，月が世界のあちこちで見てきた話を語り手に告げるという設定になっており，それぞれの短話が綴り合わされて，全体の統一感を作り上げている。したがって，一つのエピソードだけを抜き出すと，そうした連作の面白さは薄らいでしまう。Sargent's Standard Third Reader の原文には，月が語り手に話をするという冒頭のやりとりは残されているのだが，この訳では，そうした仕掛けは消えてしまい，単なる事実報告譚のような仕上がりになってしまっている。また，翻訳文が説明的で，とりわけ話の末尾の余韻が消えてしまったのが残念だ。だが，明確な教訓や修身的なメッセージを持たないこうした話が訳出されて『啓蒙修身録』という題名の本の中に収められたこと自体は喜ぶべきことだろう。

従来の研究によれば，アンデルセンの作品の日本初訳は「小サキ燧木売ノ

女児」で，1886（明治19）年『ニューナショナル第三読本直訳』に載せられた「マッチ売りの少女」であるということだから，現在判明している限りでは，間違いなくこれがアンデルセン童話の本邦初訳である[5]。

　もっとも，アンデルセン童話は，なにもサージェント・スタンダード・リーダーだけに掲載されていたわけではない。イギリスのChambers's standard reading books 1872-1873 には，「マッチ売りの少女」「みにくいアヒルの子」などの代表的なアンデルセン童話があり，グリム童話からも「幸せハンス」などの作品が載せられていた。この教科書は，日本では，1875（明治8）年に，東京の英語学校（『東京英語学校』のちに「東京大学予備門」）で実際に教授されていたという。つまり，日本の英語学習者の一部はイギリスの読本「スタンダード・リーディング・ブックス」を通して，かなり早い時期に英文のアンデルセン童話やグリム童話に接しているのである。しかし，それは英語学習の範囲内にとどまっていて，そこに掲載された教材が日本語に移され，子ども読み物として刊行されるということにはならなかった[6]。

　この点で，松山棟庵の『サルゼント氏第三リイドル』や深間内基の『啓蒙修身録』の訳業は，明らかに児童のためになされていたところに大きな意義がある。それも，1873（明治6）年という明治初期に，子どもたちを対象とした書物として刊行されていたのである。おそらくそれは，子どもに向けた科学読み物集である『窮理図解』を率先して刊行した福澤諭吉の姿勢に倣った仕事だっただろう。そのことは，この時期にほかに子ども向けの翻訳啓蒙書を刊行した多くのメンバーが，同じ慶應義塾に学んだ前田泰一や海老名晋，福沢英之助などだったことからも類推できる。

　ところで，筆者は，さきほどから「鋊沓の釘の事」がグリム童話の，「童児熊と戯むる事」がアンデルセン童話の，それぞれ本邦初訳だと述べてきた。しかし，どちらもグリム童話やアンデルセン童話の全体像を紹介したものではないし，またそれぞれグリムやアンデルセンを代表する作品というわけでもない。また，英語読本経由だから，どちらも英語からの重訳であって原典からの翻訳ではない。さらにそれを翻訳した松山棟庵や深間内基は，この話がグリムやアンデルセンの作であることだけは Sargent's Standard Third

Readerの目次の作者の記載から情報を得ていたにしても，実際には，グリムやアンデルセンについてどれだけの知識があったのかも不明である。したがって，この訳業がグリムやアンデルセンの本格的な紹介とは言えないことは間違いない。

だが，そうした事情を勘案したとしても，これらの邦訳を日本の「グリム童話移入史」あるいは「アンデルセン童話移入史」に位置づけることは十分可能である。そうだとすれば，これらの翻訳はその冒頭に据えられる仕事だということになる。もちろんここで先陣争いを主張することは，筆者の目的ではない。重要なのは，本来アメリカの子どもに向けて編まれた読本や修身教科書に載せられた教材が，日本の子ども読み物の材料として翻訳され，日本の子ども読み物の世界を実質的に拡大していく先駆けとなったということであり，明治初期に刊行された多くの子ども向け翻訳啓蒙書群もそうした目的のもとに刊行されていたという事実である。

3. 国語教科書とグリム童話

グリム童話の移入に関して，もう少し話を続けたい。

これまでグリム童話の初めての日本への翻訳紹介は，1886（明治19）年の4月に刊行された『RŌMAJI ZASSHI』の「羊飼いの童」（原文ローマ字）だとされていた。実は，これもかなり最近の「発見」なのである。それ以前は，その翌年の1887（明治20）年に刊行された，菅了法の『西洋古事神仙叢話』に英語から重訳された一一話のグリム童話が，最初の紹介だということになっていた。川戸道昭は，『RŌMAJI ZASSHI』「羊飼いの童」の発見によって，それまではグリム童話やアンデルセンの翻訳も近代翻訳文学一般と同じように「西洋」の「奇談」を求めるところから始まったと思われてきたが，子どもたちの育成・教化を前提とする翻訳が存在することが判明したことで「児童文学史の書き換え」が必要になるという主旨の発言をしている[7]。

川戸の文脈に棹さして言うなら，今回の「銕沓の釘の事」や「童児熊と戯むる事」の「発見」は，グリム童話やアンデルセンの翻訳が「子どもたちの

育成・教化」を目指した翻訳から始まったことをあらためて確認する事例になるということだろう。それも，原典になったのはアメリカの教科書であり，発表された媒体は明治初期の翻訳啓蒙書の中の一冊だった。つまり，グリム童話やアンデルセンの翻訳も，まずは「教育」という制度に寄り添う形で紹介され，その枠組みの中で受け止められたのである。

　これと類似したケースにイソップ寓話の受容がある。明治期のイソップ寓話の移入の様相に関しては筆者による別稿があるが，イソップ寓話の翻訳とその普及も，修身教育や国語教育との関わりがきわめて大きい。また，多くの子どもたちが実際に手に触れ，活字に目を通すことになる「国語教科書＝読本」の教材としても，かなりの数のイソップ寓話が明治期に教材化されている。イソップ寓話は，教育の世界と密接に絡み合いながら，同時に教育の世界を超えて，明治期の子どもの読み物の世界を広げていくのに貢献したのである[8]。

　もっとも，アンデルセン童話の場合は，国語教科書との関わりは比較的薄い。坪内逍遙が1900（明治33）年に刊行した『国語読本　高等小学校用』の巻六にある「領主の新衣（上）（下）」（裸の王様）が，Barnes's New National Readers 5 に掲載された The Emperor's New Clothes の翻訳であることは知られているが，それ以外に国語教科書との接点はほとんど無いといっていい。

　しかし，グリム童話の場合は，いくつかの作品が国語教科書に教材化されている。ところが，そのことについて触れた論文は，管見の限りでは存在しない。たとえば，奈倉洋子の『日本の近代化とグリム童話―時代による変化を読み解く』は，日本におけるグリムの受容を総合的に取り扱った優れた書物であるが，そこでは次のような記述になっている。すなわち，イソップ寓話が多く国語教科書に載っているのにくらべ「グリムのメルヒェンと思われる話が国語の教科書に取り上げられているのは，一回だけ」だといい，その例として，坪内逍遙の『国語読本　高等小学校用』に掲載されている「おしん物語」が引かれているだけなのである。実際にはそれ以外にもグリム童話は，明治期の国語教科書に載せられている。筆者も十分な調査が出来ているわけではないが，現時点で判明していることだけを以下，簡単に記述してお

く⁹。

　まず，文部省から刊行された『尋常小学読本』である。この読本は，近代国語教科書の基礎を作ったと高い評価を得ている『読書入門』（明治19年刊）に続いて編纂されたもので，1887（明治20）年の4月29日，文部省編輯局から刊行された。その小学校一年生の後期から使用することになる巻一の第9課に，グリムの「キツネと猫 KHM75」が出ている。

　あるひ，猫が，もりのなかにて，狐にあひ，ていねいにあいさつしました。

　狐は，耳を立て，尾をふりながら，「おまへには，何ぞげいがあるか」とたづねました。

　猫は，「イエ，わたくしは，何もできませぬ」とこたへますと，狐はわらうて，「オヽ，げいなしよ，犬がきたらばどうするぞ」とわる口をいひました。

　そのとき，ちやうどかり犬が来たゆゑ猫はいそいで木に上りました。狐は，あちこちとにげて見たれど，つひに犬にとられました。

　この教材文には，注目すべきポイントが二つある。一つは，文章がいわゆる「談話文」になっているということだ。教材文は，単語分かち書きを採用し，初学者に読みやすいように書かれている。この時期，言文一致運動と同時並行する形で，国語読本の低学年用の文章は，談話文体を採用し始めていた。その中でもこの『尋常小学読本』は，大きくその方向にかじを切っていた。明治20年の段階では，まさにこの教材文のような文体で書かれた読み物こそがもっとも先進的で実質的な「児童文学」だったとも言えるだろう。広く流通して多くの子どもが手に取ることが可能で，同時に子ども自身が自力で読み進めることができる児童読み物は，まさしく低学年用の国語読本の中に存在していた。

　二つめの注目点は，この教材文の原典がドイツ語からの直接訳の可能性もあるということだ。なぜなら，この『尋常小学読本』が作製に当たってモデルにしたドイツ語の教科書であるボック第二読本の第40課には，「Der

Fuchs und die Katze（狐と猫）」が載っているからである。（もっとも，この教材文は挿絵の類似性などから考えて，アメリカのスウィントン第三読本を元にしたようにも思われる。）　詳細は省くが，文部省の『尋常小学読本』には，明治の中頃に日本のドイツ語学習で使われたボックの読本からいくつかの教材が翻訳採用されている。グリム童話に限って言うなら，おそらく『尋常小学読本』巻七第一六課の「馬を献じて蕪菁を得たり」は，ボック読本に掲載のグリム童話「かぶKHM146」の前半部分を翻案したものである。さらに，ボック読本には載っていないグリム童話「オオカミと人間KHM72」も，この『尋常小学読本』に掲載されている。

　文部省から刊行された『尋常小学読本』ばかりではなく，同じ1887（明治20）年の5月に民間教科書書肆である金港堂から出版された西邨貞の『幼学読本』の巻四第20課にも「狐トネコ」という表題で，この「キツネと猫KHM75」が載っている。こちらは，漢字片仮名交じりの文語体ではあるが，『尋常小学読本』のように骨だけのあらすじになってはおらず，読み物としての面白さは十分に保たれている。さらにこの『幼学読本』には，他にも巻四第16・17・18課に「オオカミと人間KHM72」，巻六第7・8課に「キツネと馬KHM132」のグリム童話が載せられている。『幼学読本』の教材文の原典は不明だが，この教科書には三編のグリム童話が翻訳掲載されていることになる。このほか，少し時代は下るが，坪内逍遙による1899（明治32）年の『読本　尋常小学生徒用書』および，翌1900（明治33）年の『国語読本　尋常小学校用』の巻七第10・11課に，「ミソサザイと熊KHM102」が載せられている。この教材文は，さすがにこなれた文章で，読み手が話の中に引き込まれるような仕上がりになっていた。

　つまり，グリムやアンデルセンの作品集から直接に本格的な翻訳作業が行われる以前に，外国の教科書をとおして，日本にそれらの作品が持ち込まれ，それが再び日本の教科書や教科書類似の書物の中に登載されて，子どもたちに享受されていたのである。なぜなら近代化を急いでいた日本の命運を支えることを期待されていた国語の教科書は，欧米の「教科書」をその手本とし，翻訳教材をかなりの程度その中に導入していたからである。欧米の教科書からは，知識的な材料も数多く翻訳されているが，フィクション系の読

明治期国語教科書に登載されたグリム童話

グリム童話	原典	邦訳本
くぎ (KHM184)	サージェント 第3読本第4課	1873（明治6）年『サルゼント氏第三リイドル』松山棟庵
〃		1873（明治6）年『啓蒙修身録』深間内基
〃	ユニオン 第3読本第2課	1885（明治18）年『サンダース氏「ユニオン」第三読本意訳巻之上』
オオカミと人間 (KHM72)	？	1887（明治20）年『幼学読本』西邨貞巻4第16・17・18課「おほかみときつね」
〃	？	1887（明治20）年『尋常小学読本』文部省巻7第6課「傲慢なる狼」
キツネと猫 (KHM75)	ボック 第2読本第40課 （スウィントン第3読本第10課にも）	1887（明治20）年『幼学読本』西邨貞巻4第20課「狐トネコ」
〃		1887（明治20）年『尋常小学読本』文部省巻1第9課無題
キツネと馬 (KHM132)	？	1887（明治20）年『幼学読本』西邨貞巻6第7・8課「狐ト馬」
かぶ (KHM146)の一部	ボック 第2読本第108課	1888（明治21）年『尋常小学読本』文部省第7巻16課「馬を献じて蕪菁を得たり」
ミソサザイと熊 (KHM102)	？	1899（明治32）年『読本尋常小学生徒用書』坪内逍遙巻7第10・11課「鳥獣合戦」

み物もある程度は選ばれていた。そうした中にグリム童話やアンデルセン童話が紛れ込んでいたのである。さらに言えば，明治20年代に盛んに出版された学校教育をその外から補完する「修身読み物類」や，学校教育と密接な関係にある副読本類などの中にも，いくつかのグリム童話やその翻案が散見される。

おわりに

　江戸期以来，本を読むことは，知識の獲得とともに自己形成の大きな手段だと考えられていた。明治期になってからは，幼い学習者がようやく覚え始

めた日本語の文字解読能力を使って，自らの認識を広げ，豊かな世界を確認していくための子どものための読み物（＝児童文学）が，切実に必要とされた。しかし，明治の出発点においては，ほとんどそれは用意されていないに等しかった。子どものための読み物の世界は，最初のうちは「修身」的な色合いに満ちたものに偏ってはいたものの，明治期を通じて学校教育と交流し，あるいは反発し合いながら，徐々に整備され拡充していくのである。

　国語教育を進めていく上で，常にその中心に置かれる国語の教科書も，当然のことながらそれを取り巻く児童読み物類や言文一致運動などとのダイナミックな交流の中で姿を変えてきた。それにもかかわらず，従来ともすれば，教科書の研究はそれだけが自立して展開してきたように語られがちであり，また一方近代文学研究（児童文学研究）も，それ自身が固有の道筋をたどってきたかのように語られがちであった。国語教科書の研究，あるいは児童文学の研究は，広汎な言語文化創成運動の中に位置づける必要があるし，近代言語文化を創り出してきた主要なメディアの相互交流という観点からも，あらためて捉え直す必要がある。さらにそれが，西欧社会を中心とする海外文化との深い関わり合いの中で展開してきたことも忘れてはならない。「本邦初訳のアンデルセン童話とグリム童話の発見」というこのささやかな報告も，そうした大きな文脈の中に位置づけたときに，初めてその意義がみえてくるのだと思われる。

＊

　本稿の第一節「グリム童話の本邦所訳作品」と第二節「アンデルセン童話の本邦所訳作品」の内容は，府川源一郎『明治初等国語教科書と子ども読み物に関する研究―リテラシー形成メディアの教育文化史』（ひつじ書房・2014年）の第一部第二章に，また第三節「国語教科書とグリム童話」は同書第三部第二章などに，それぞれ分割吸収されている。

　しかし本稿は，これだけでコンパクトなひとまとまりの報告として完結しており，国語教育の史的研究の基礎論となるだろうとの判断のもと，あえて本書に収録することにした。子どもたちの読書材料としての教科書と一般的な子ども読み物との関係を探り，「史的観点をつくり出す」ための好例だと考えたのがその理由である。

　なお筆者は，2021（令和3）年11月現在，グリム童話とアンデルセン童話の日本への移入に関する新しい情報を入手していない。したがって，現在の時点でも，ここに報告した事例がアンデルセンとグリム作品の本邦における初訳だという事実に変化はないと思われる。

注
1　向川幹雄『日本近代児童文学研究Ⅰ　明治の児童文学（上）』［児童文学研究年報　第9号］兵庫教育大学向川研究室　1999（平成11）年3月　非売品　総頁240頁。
　　鳥越信「日本児童文学史の起点」『はじめて学ぶ　日本児童文学史』の序章　2001（平成13）年4月　ミネルヴァ書房　1〜12頁。
2　府川源一郎『明治初等国語教科書と子ども読み物に関する研究—リテラシー形成メディアの教育文化史』ひつじ書房　2014（平成26）年2月，では，これら明治初期に子ども読者を意識して翻訳された読み物を「明治初期子ども向け翻訳啓蒙書」と名付け，そのうち39冊についてそれぞれの特徴を考察し，かつ原典の確定につとめた。
3　この本が慶應義塾で使われていたことについては，『英語教育史資料　3　英語教科書の変遷』東京法令　1980（昭和55）年　229頁，にその旨の記載がある。また，このリーダーが普及しなかったことと，ウィルソンリーダーやユニオンリーダーがナショナルリーダーに代わっていくことに関する研究に，それらの教科書の翻刻本や自習書の数量的な変化を調査した川戸道昭の「明治のマザーグース—英語リーダーを仲立ちとするその受容の全容—」『児童文学翻訳作品総覧　7　アメリカ編』ナダ出版センター　2006（平成18）年3月　9〜47頁，がある。
4　高木昌史『グリム童話を読む事典』三交社　2002（平成14）年2月　187頁。
　　「くぎ KHM184 」は，アメリカのリーダーである Sander's Union Readers 1871–1873 の第三巻第二課にも載っている。原題は，The Horse-shoe Nail でこちらは，どこにも原作者の名は付されていない。また，文章も Sargent Standard Third Reader とは若干異なっている。Sander's Union Readers をもとにした明治初期の翻訳啓蒙書の中にはこの教材の訳出例は見あたらないが，英語学習の自習書であるいわゆる「独り案内」の中にこの教材の日本語訳が出ている。その中の日本語訳の文章を，グリム童話の翻訳と見なすならば，これも日本語への訳出作業の一つだと位置づけられるかもしれない。そのうちでは，1885（明治18）年7月25日出版『サンダース氏「ユニオン」第三読本意訳巻之上』の訳文がもっともこなれていて読みやすいので，参考のため

「明治期国語教科書に登載されたグリム童話一覧」の表に入れておいた。

5　「アンデルセン翻訳総合年表」『児童文学翻訳作品総覧　―明治・大正・昭和・平成の
　　一三五年翻訳目録』5　北欧・南欧編　2005(平成17)年12月　205頁による。

6　川戸道昭「明治の『シンデレラ』と『赤ずきん』―日本に西洋童話が根づくまで―」
　　『児童文学翻訳作品総覧　―明治・大正・昭和・平成の一三五年翻訳目録』3　フラン
　　ス・ドイツ編　2005(平成17)年9月　14〜15頁。
　　やはりアメリカの読本であるMarcius Willsonの編集したHaper's United States
　　Readers 1872の第四読本にも　The Little Match Girlが載っている。日本ではウィル
　　ソンの読本は、School and Family Readersのシリーズが有名だが、この読本も日本に
　　導入され、実際にどこかで使用されていたと思われる。また、The Bear and the
　　Children　は、これも日本で使われたアメリカの読本Monroe's third reader 1873の第
　　二四課に、挿絵付きの教材として掲載されている。

7　川戸道昭「グリム童話の発見―日本における近代児童文学の出発点」『日本における
　　グリム童話翻訳書誌』ナダ出版センター　2000(平成12)年7月　5〜8頁。

8　府川源一郎「イソップと明治の教科書」『図説　児童文学翻訳大事典　第四巻　【翻訳
　　児童文学研究】』大空社　2007(平成19)年　308〜325頁。
　　府川源一郎『「ウサギとカメ」の読書文化史―イソップ寓話の受容と「競争」―』勉
　　誠出版　2017(平成29)年4月。

9　名倉洋子『日本の近代化とグリム童話―時代による変化を読み解く』世界思想社
　　2005(平成17)年4月　23頁。なお、1899(明治32)年刊の『国語読本　高等小学校
　　用』巻一第21・22課の「おしん物語」の原典はチェンバーズ第二読本であり、そのも
　　とになったのは、フランスのペローによる「ガラスの靴」であることを、川戸道昭が
　　〈注5〉の論文で指摘している。(11頁)　したがって、本稿では、坪内逍遥の読本に
　　ある「おしん物語」は、グリム童話由来ではないと判断しておく。

第5章

『教育雑誌』に翻訳されたグリム童話
―本邦初訳の 15 の作品―

はじめに

　グリム童話の日本への翻訳紹介に関しては，これまで精緻な研究が積み重ねられてきた。1999（平成 11）年には『明治の児童文学・翻訳編』第一巻グリム集（五月書房）が刊行されて，入手困難な資料の復刻が行われると同時に「グリム童話翻訳文学年表」が整備された。この仕事はさらに充実度を増し，『児童文学翻訳作品総覧―明治・大正・昭和・平成の一三五年翻訳目録―』第四巻　フランス・ドイツ編 2（2005《平成 17》年 9 月・ナダ出版センター）では，グリム童話移入に関する資料が網羅された「翻訳作品別目録」も作成されて，グリム童話の一つ一つの邦訳の歴史が縦覧できるまでになった。また，川戸道昭をはじめとして野口芳子，中山淳子，奈倉洋子，虎頭恵美子，西口拓子などが比較文学の立場からグリム童話の翻訳研究・受容史研究を展開し，日本へのグリム移入の大きな見取り図とともに，個別の書物や作品についても詳細な比較研究が進められている[1]。

　こうした中で最近筆者は，グリム童話翻訳史に，新たに付け加えるべき資料を見出した。それは，1887（明治 20）年 1 月 15 日発行の『教育雑誌・第22 号』に，「『グリムス，フエーヤリー，テールス』より訳し出せる」と記されたグリム童話の翻訳作品である。そればかりではない。この『教育雑誌』の第 22 号から第 38 号（6 月 25 日刊）までにかけては，毎号グリム童話が訳出掲載されており，その数は全 15 話に及んでいる。しかしこれまで，この資料がグリム童話翻訳史研究において，検討の俎上に載せられた形跡はない。

　本稿の目的は，この資料の内容を報告し，若干の考察を付け加えるところにある。

1.『教育雑誌』に掲載された 15 のグリム童話

　まず，1887（明治 20）年に刊行された『教育雑誌』に訳出されたグリム童話を以下に列挙する。同年の 1 月 15 日から 6 月 25 日までの約半年間，17回にわたって翻訳紹介された 15 の邦訳題名と，参考のため，前掲『児童文学翻訳作品総覧―明治・大正・昭和・平成の一三五年翻訳目録―』第四巻フランス・ドイツ編 2，の「翻訳作品別目録」に示された題名を（）内に掲げ，あわせて KHM 番号を付した。知られている限りでは，15 話のすべてが，日本で最初に邦訳された作品である[2]。

第 22 号　1 月 15 日　スクアイヤ，コーブスの話（コルベスさま）　　　挿絵 KHM41
第 23 号　1 月 25 日　狼と人との話（狼と人間）　　　挿絵 KHM72
第 24 号　2 月 5 日　狐と猫との話（狐と猫）　　　挿絵 KHM75
第 25 号　2 月 15 日　祖父と孫孫との話（年とったおじいさんと孫）挿絵無し KHM78
第 26 号　2 月 25 日　猫と鼠と友となりたる話（猫とねずみの仲）　　　挿絵 KHM2
第 27 号　3 月 5 日　金色の鵞鳥の話（黄金のがちょう）　　　挿絵 KHM64
第 28 号　3 月 15 日　盗賊の花婿の話 並に図（強盗のおむこさん）　　　挿絵 KHM40
第 29 号　3 月 25 日　アリースの話（知恵者エルゼ）　　　挿絵 KHM34
第 30 号　4 月 5 日　デーム，トルードの話（トゥルーデおばさん）　　　挿絵 KHM43
第 31 号　4 月 15 日　老狗『サルタン』の話（ズルタンじいさん）　　　挿絵 KHM48
第 32 号　4 月 25 日　狼と狐との話 並に図（狼と狐）　　　挿絵 KHM73
第 33 号　5 月 5 日　マダム，ホールの話（ホレのおばさん）　　　挿絵 KHM24
第 34 号　5 月 15 日　鷦鷯と熊の話（みそさざいと熊）　　　挿絵 KHM102
第 35 号　5 月 25 日　鷦鷯と熊の話《承前》（みそさざいと熊）　　挿絵無し 同前
第 36 号　6 月 5 日　狐と狼との話 並に図（きつねと代父を頼んだ奥様）　　　挿絵 KHM74
第 37 号　6 月 15 日　怜悧なる農夫（ちえのある人たち）　　挿絵無し KHM104
第 38 号　6 月 25 日　怜悧なる農夫《承前》（ちえのある人たち）　　挿絵無し 同前

　従来の研究では，日本にはじめて紹介されたグリム童話は，1873（明治6）年に刊行された松山棟庵の『サルゼント氏第三リイドル』と深間内基の『啓蒙修身録』の中の翻訳文「くぎ KHM184」だとされていた。しかし，これはアメリカの読本の中の教材を日本の子どもたちに向けて翻訳した際に，たまたまグリム童話が紛れ込んだものでもある。訳者たちがグリムの作品で

あることを十分に意識していたかどうかも疑わしい。またその次に、日本でグリム童話が翻訳されたのは、1886（明治19）年4月に羅馬字会が発行した『RŌMAJI ZASSHI』13号に「HITUJIKAI NO WARABE（羊飼いの童）KHM152」である。この文章は「こどものため」と銘打たれた欄に掲載されており、子どもに向けた紹介であることは明らかだが、ローマ字で記されていたこともあり広範な読者に受容されることは難しかった可能性がある[3]。

　グリムの翻訳を集めた単行本としては、1887（明治20）年4月に菅了法訳『西洋古事神仙叢話』が、また1891（明治24）年に渋江保訳『小学講話材料西洋妖怪奇談』が出されている。しかし、前者はグリム童話が原本であることをうたっているわけではなく、後者も凡例に「グリム氏独逸怪談集を根本」としたと記されているのみである。両者ともに、伝奇的な話を紹介しようという姿勢が強い。

　以上のような明治期のグリム童話紹介の輪の中に、本稿で検討しようとする『教育雑誌』の翻訳を位置づけるとどうなるか。まず、この『教育雑誌』のグリム翻訳作品群は、現在までに見つかっているグリム童話翻訳例の中では、明治初年の翻訳啓蒙書類に載せられた「くぎ」や、『ROMAJI ZASSHI』の「羊飼いの童」に続いて、第三番目に置かれる仕事になる。明治20年の4月には、菅了法訳の『西洋古事神仙叢話』が刊行されているから、それ以前に発表された作品は全15編の内の半数ではあるが、この『教育雑誌』の翻訳作業がグリム童話翻訳史の早い時期に置かれることだけは動かないだろう。翻訳作品のすべてが、それぞれ日本で最初の紹介であることも前述したとおりである。また、掲載誌である『教育雑誌』の性格上、教育的な観点からの撰材になっている。さらに、これまでのグリムの紹介とは異なり、これらの翻訳文には「グリム童話集」が出典であることが明記されている。つまり、『教育雑誌』の第22号から第30号までには、「グリンムス、フェーヤリー、テールス訳出」の文字が邦訳題の下に表示されているのである。ほかならぬ「グリム」の作品を日本の読者たちに手渡す意図がはっきりと存在しており、そのため原著の書名を添えたのではないかと思われる。

2.『教育雑誌』のグリム童話の原典

　『教育雑誌』に最初に訳出された翻訳文は，第22号の「『スクアイヤ』，コ<u>ーブスの話</u>」である。そこには，題名が記された後に，一段下げて「前書き」にあたる文章が置かれていた。（この号以降には，こうした「前書き」相当の文章は添えられていない。）

　　　　此話は「グリンムス，フエーヤリー，テールス」より訳し出せるなり「フエーヤリー，テールス」とハ恰かも日本の桃太郎，猿蟹合戦抔の如き作り物語をいふものにて奇妙不思議なる中にも自から訓誡の意を含ませたり此「コーブス」の話の猿蟹合戦に似たるも亦奇し此号より後時々訳載して読者の一粲に供ふべし

　「『グリンムス，フエーヤリー，テールス』より訳し出せる」という文言から，原典は英語版であり，「Grimm's Fairy Tales」という語句を題名に含んだ書物だったことが推測できる。一九世紀にはイギリスやアメリカで，英語版のグリム童話が数多く刊行されており，それらの中には書物のタイトルに「Fairy Tales」を採用したものや「Household Stories」，あるいは「Grimm's Goblins」を採用しているものなどがあった。知られているように，この時期に邦訳されたグリム童話も，ドイツ語からの直接翻訳ではない。菅了法訳『西洋古事神仙叢話』も，渋江保訳の『小学講話材料西洋妖怪奇談』も，いずれも英語からの重訳である。

　菅了法が翻訳に使用した原典に関しては，野口芳子の長年にわたる詳細な研究があり，それは大英図書館蔵の *Grimm's Fairy Tales.* by Mrs. H.H.B. Paull. London: Frederick Warne & Co. 1872（1868）ではないか，との推定がなされている。また，渋江保が使用した原典についても，西口拓子の研究がある。西口は，『小学講話材料西洋妖怪奇談』の挿絵に注目して，その挿絵がEdward Henry Wehnert（1813–1868年）によって描かれていることを指摘する。そのことから西口は，渋江が翻訳の際に用いた英語版は，Wehnertの挿絵が使用されているテキストであると想定し，その書名を，*Household*

Stories. Collected by the Brothers Grimm. With two hundred Illustrations by E. H. Wehnert. And thirty-two pages of coloured plates. London.George Routledge And Sons.Broadway,Ludgate Hill.New York. ではないかとしている。さらに西口は「Wehnert による挿絵付きの版はロンドンで1853 年に刊行されたものが最初」だとも記している。野口の研究も西口の研究も，ともに考察の射程はグリムの本文にまで及んだ詳細なものであり，これまではっきりとしなかったグリム童話翻訳史に関する過程の一端が明らかにされている[4]。

　では，この『教育雑誌』の翻訳の原典を特定することはできないか。その手がかりの一つは，「『グリンムス，フエーヤリー，テールス』より訳し出せる」という文言にある。先述したように，『教育雑誌』の翻訳文の原本は，

『教育雑誌』明治 20 年 1 月 15 日　第 22 号

Household Stories：illustrations Wehnert

『教育雑誌』明治 20 年 5 月 15 日　第 34 号

Household Stories：illustrations Wehnert

Grimm's Fairy Tales という書名を持つ英語版だと考えられる。また幸いなことに，『教育雑誌』に掲載された15点のグリム童話には，題名に「並に図」と添えられた翻訳が3点あるばかりでなく，実際にはそれを含む13点にも挿絵が付けられている。どの挿絵も英語版の原著の図版を模刻したように見える。したがって，そこに添えられた挿絵も原典特定の決め手になるだろう。

　たとえば，第22号の「『スクアイヤ』，コーブスの話」には，雄鶏と雌鶏とが車に乗った印象的な挿絵が付されている。また，第34号の「鷦鷯と熊の話」にも，洋服を着たリアルな熊の挿絵が付けられている。

　これらの挿絵を，西口が渋江保が原典として使用したのではないかと推定した *Household Stories. Collected by the Brothers Grimm. With two hundred Illustrations by E. H. Wehnert. And thirty-two pages of coloured plates. London.George Routledge And Sons.Broadway,Ludgate Hill.New York.* の挿絵と対照してみる。すると，『教育雑誌』の挿絵は，この Wehnert のテキストの挿絵に酷似している。さらに，残りの11点の『教育雑誌』の挿絵を Wehnert の挿絵と照合してみてもすべて同様であり，相互にきわめてよく似ていることが確認できる。つまり，『教育雑誌』の原典は，Wehnert の挿絵が付けられたテキストである可能性がきわめて高いのである[5]。

　しかし，西口論文で取り上げられていたテキストの題名は *Grimm's Fairy Tales* ではなくて *Household Stories* だった。また，それとは別の Wehnert の挿絵が付いているテキストの書名も，やはり *Household Stories. Collected by the brothers Grimm. Newly translated. Illustrations by E. H. Wehnert. New edition. London: Routledge, Warne, and Routledge. 1861* である。このことと「『グリンムス，フエーヤリー，テールス』より訳し出せる」という『教育雑誌』の言明とは符合しない。翻訳者の発言が正しければ，原典の書名は *Grimm's Fairy Tales* であるはずである[6]。

　そればかりでなく，筆者の参照している *Household Stories. Collected by the brothers Grimm. Newly translated. Illustrations by E. H. Wehnert. New edition. London: Routledge, Warne, and Routledge. 1861* には，196編のグリム童話が収録されているのだが，そこには『教育雑誌』の第37・38号に

掲載されていた「怜悧なる農夫KHM104」が収録されていない。その原因
は、KHM104の「Die klugen Leute」つまり「怜悧なる農夫（ちえのある
人たち）」はグリム童話の第七版になってはじめて登場した話材であり、第
六版までは「忠義な動物」という別の作品が入っていたからである。この
辺りの事情に関して、西口拓子は「Wehnert版は、現在の多くの翻訳家が
依拠する最終版ではなく、1850年の第六版以前の版を用いていた」と述べ
ている。つまり、Wehnertの挿絵の付いている英語版の *Household Stories* に
は、「怜悧なる農夫（ちえのある人たち）」ではなく、その代わりに「The
Faithful Beasts（忠義な動物）」が載っているのである[7]。

　以上から『教育雑誌』のグリム童話の原典の特定に関しては、次のような
推測ができる。

　すなわち、もし『教育雑誌』の翻訳者が、底本として一冊だけのグリム童
話の英語版を使ったとするなら、それは *Grimm's Fairy Tales* という題名を持
ち、Wehnertの挿絵が付けられ、なおかつ1857年にグリム兄弟が手を入れ
たドイツ語の第七版（最終版）を底本とした書物である、ということにな
る。ここでは調査作業の詳細は省くが、ささやかな筆者の探索の限りでは、
残念ながらそうした書籍は見当たらなかった。しかし、今後の調査の過程
で、この条件を満たした英語版が出現したなら、間違いなくそれが『教育雑
誌』のグリム童話の原典だということになる[8]。

　別の可能性も考えられなくはない。それは、『教育雑誌』の翻訳者が、い
くつかの英語版のグリム童話を手にしていたという事態である。つまり、本
文の翻訳に使う書物と、挿絵を模刻する書物とは異なっていた、あるいは題
名や収録された内容の異なる数冊のグリム童話の英語版が翻訳に使われて
いた、との想定である。これならば、挿絵と本文との関係が不整合であって
も、その説明はつく。ただし、それらのグリム童話の英語版も、『教育雑誌』
の翻訳者がこの仕事をした明治20年以前に日本に導入されていたことが大
前提となる。

　というわけで、ここでは『教育雑誌』のグリム童話の原典を特定するこ
とはできなかった。しかし、少なくとも『教育雑誌』の翻訳文が、Wehnert
の挿絵が付けられたテキストと深い関係のあることだけは断言できる。今

後，この『教育雑誌』に掲載されたグリムの翻訳の調査を継続していくことで，この時期のグリムに関する出版物の様相がこれまで以上に明らかになる可能性もある。

3.『教育雑誌』のグリム童話の翻訳文

　前節では，「『スクアイヤ』，コーブスの話」の「前書き」の文章から，翻訳文の原典をめぐる考察をした。ここでは，『教育雑誌・第22号』の翻訳文そのものに即して『教育雑誌』におけるグリム童話撰材の姿勢を見ていく。

　　●「スクアイヤ」，コーブスの話
昔し牡雞と牝雞とあり旅に赴かんとて美麗き車を製りて共に之に乗り鼴鼠四匹に引きしめて最と楽しげに出行しが道にして猫に出逢ぬ其時猫何処にゆくぞと問ひければ雞応答へけるは予て約束あればコーブスどのゝ許にゆくなりといふ猫乞ひけるハ去れば己をも具したまハずや雞云ふ其れこそ我等の望むところなり

（中略・臼と卵と家鴨と留針と縫針も同道する。コーブスが不在なのでそれぞれ家内に隠れる。）

斯て程なくコーブスハ返り来りしが斯ることの有りぞとハ神ならぬ身の知るよし無ければバ先ず火をおこさんものと火鉢の傍に至りけるに思ひがけずも猫中より灰を面一面に飛バしければ急ぎ台所にいたり面を洗はんとしけるに家鴨は，水瓶の中より水をはねかけたれば拭取んとて手拭をとれば卵，破裂れて其汁眼中にいりたりコーブスはコハ叶はじ暫し休まんものと去て椅子に腰うちかくれば留針下より其臀のあたりを刺しけり重々の不幸に心中大ひに怒りて今は詮術なく此儘打臥くれんと寝床に横はり枕引寄せ頭にあつるほどに縫針は痛く頭をさしにければ愈よ怒りて大音に泣叫びつゝ駈出して乱暴に戸を排らきたれば臼はゆられてドツサリと頭上に落ちたれば何かは以て耐るべきウムとも云はず其儘死んでけりコーブスハ日頃より人口に悪まれ居たればこそ斯は墓なき最期を遂げたりけん懼るべし懼るべし

　翻訳文は，当時の平均的な文語文で記述されており，特段子ども読者を意識して文章を作成したようには思えないが，さりとて難解な漢語が多用されているわけでもない。翻訳者が前書きで，グリム童話は「自（をのづ）から訓誡（いましめ）の意（こころ）を含（ふく）ませ」ていると記したことと対応させるかのように，文章末には「懼（おそ）るべし懼るべし」との文言が付されている。おそらくこの評言は，翻訳者が独自に付け加えたものだろう。

　翻訳者が「此（この）「コーブス」の話（はなし）の猿蟹合戦（さるかにかっせん）に似たるも亦奇（またをか）し」と述べているように，確かに仇討ちの場面で，様々な登場人物が次から次へと攻撃を繰り出すところや，最後に戸の上から落ちてきた石臼につぶされてしまうところなどは「猿蟹合戦」とそっくりである。しかしこの話ではコーブス氏は，「日頃（ひごろ）より人口（ひとびと）に悪（にく）まれ居（ゐ）たれば」と記されている。多くの村人（？）が総掛かりで仇討ちに参加したことからも想像できるように，彼は相当の悪人だったらしい。しかし，どんな悪さをしでかしたのかは，ここに書かれていない。というより，もともとのグリム童話の「コルベスさん KHM41」の話にも，「コーブス氏」の数々の悪行の具体的な様相は記されていないのである。おそらくグリム童話の享受者たちにとって，「コーブス氏」が村人たちに殺されても仕方のないほどの極悪人であることは，言わずと知れた共通認識だったのだろう。

　だが，「コーブス氏」に関する情報を持たない読者にとって，この話は因果応報の教訓譚として受けとめることはできにくい。それよりも，思いがけないことがまるでドミノ倒しのように次々と起きて，自分では手を下しようのないまま最後には死に至る，という圧倒的なスピード感の方に惹かれるのではないか。さらにいえば，そのスリリングな展開に爽快ささえ感じてしまう。そうしたストーリーに感応してか，翻訳者自身も「何（なに）かは以て耐るべきウムとも云（い）はず其儘（そのまま）死（し）んでけり」という小気味の良い文体で事件を収束させている。もちろんこれは常套的な和漢混淆文に依拠した文章表現を採用しただけのことなのかもしれない。だが，筆者には原文のスピード感をうまく日本語文として再現できているように思える。したがって，この作品全体が，「自（をのづ）から訓誡（いましめ）の意（こころ）を含（ふく）ませ」る教訓譚として成功しているか否かについては，いささかの疑問が湧く。

　もちろん，編集者も翻訳者もグリム童話の中から掲載する翻訳文の選定に当たっては，『教育雑誌』にふさわしい材料を選ぼうとしただろう。その際，大枠としては，教育的・教訓的なものであることを考えたことも間違いない。実際，そうした話材がいくつもグリム童話の中から選ばれて翻訳されている。たとえば，第23号の「狼と人との話」，第24号の「狐と猫との話」，第25号の「祖父と孫との話」，第30号の「デーム，トルードの話」，第31号の「老狗『サルタン』の話」，第33号の「マダム，ホールの話」などからは，そうした撰材の姿勢を顕著にうかがうことができる。読者はこれらの話の顛末を通して，傲慢，自信過剰，尊大などを戒め，仁愛や謙虚さなどを称揚する「教育的＝教訓的」な価値観を読みとることもできたであろう。

　だがグリム童話は，イソップ寓話や桃太郎話などとは異なり，人間の醜さや魔性の怪異，あるいは淳朴な浪漫などの豊潤な世界を抱え込んでいる。そうした味わいを持つ作品も，『教育雑誌』には，いくつか訳出されていた。たとえば，この第22号の「『スクアイヤ』，コーブスの話」も，もともと登場人物の乱行の描写を欠くがゆえに，因果応報を説く教訓譚とはいささか肌合いの異なる話に仕上がっている。それをそのまま翻訳した『教育雑誌』の翻訳文は，少なくとも武侠的な猿蟹合戦の世界とは異なった印象を日本の読者に与えたのではないだろうか。また，26号の「猫と鼠と友となりたる話」では，狡猾な猫を信用した純粋な鼠が最期に食い殺されてしまう。第29号の「アリースの話」では，「怜悧なるアリース」と呼ばれた女性の「怜悧」さが，本当はその逆だったのではないかが問われている。つまりこの話では，主人公を「怜悧」だと評価する農民たちの判断基準が皮肉られているのだ。さらに，第32号の「狼と狐との話」や第36号の「狐と狼との話」は，どちらもずる賢いキツネが単純なオオカミを騙す話であり，まんまと騙され苦しめられた側が笑いの種になっている。とりわけ「狐と狼との話」では，狼のお母さんがずる賢い狐を全面的に信頼したばかりにさんざんな目に遭う。実に気の毒で痛ましいストーリーである。こうした一種の「毒」を含んだ話の展開は，幼少年に向けて孝行美談やもっともらしいお説教を伝えようとするような教育姿勢とは，かなりの距離がある。

　また，『教育雑誌』に最後に掲載されたグリム童話は，第37・第38号の「怜悧なる農夫」の話であるが，これも，判断力が弱くものごとを信じやすい人間を騙して金儲けをするお百姓が主人公であり，教訓的な内容とはいえない。その上，この翻訳文には，グリムの最終版KHM104（ちえのある人たち）に付けられている最終行が欠けていた。金田鬼一訳を借りると，その一文は「けれども，あなた（この話の読者を指す・府川注）には，このお百姓よりも，脳みそのたりない人たちの方がお気にめすにちがいありません。」という内容である。前節でも述べたように，この翻訳文の原典が不明なので，この一文がもともと翻訳者の使った英語版に存在していなかったのか，あるいは翻訳者が意図的に翻訳しなかったのかは分明ではない。しかし，この一文があるかないかでこの話の受けとめ方は一八〇度変わってしまう。原文の語り手は，詐欺師のような主人公のお百姓の言動や価値観を肯定しているわけではなく，むしろ他人を純粋に信用して騙された側へ共感の賛辞を送っている。別の言い方をするなら，この語り手による一文は，読者たちを弱肉強食の喧噪に包まれた現実から，素朴で平安な世界へと連れ戻す効果を発揮している。この一文を欠いた『教育雑誌』の「怜悧なる農夫」の翻訳文を読んだ当時の日本の読者たちは，人を騙すことを是認する世界の価値観の中に置き去りにされてしまい，そこから戻ってくることができなかったのではないだろうか[9]。

4.『教育雑誌』の性格とその位置

　ここでは，15のグリム童話を掲載した『教育雑誌』という媒体の性格についても触れておきたい。『教育雑誌』は，1886（明治19）年3月10日に創刊号が発刊された。その前後の商業的な教育ジャーナリズム界の状況を素描すると，おおよそ次のようである。1885（明治18）年4月には，「教育雑誌の第一人者」と称された『教育時論』（旬刊）が発刊される。同時期に『教育報知』（月刊→旬刊→週刊）も出され，追って『国民之教育』『教師之友』『学会之指針』『教育評論』『小学教師』『国家教育』などが次々に追随し，日本における教育ジャーナリズム出版の世界が開花する。それぞれの雑

『教育雑誌』明治 19 年 7 月 25 日 第 10 号

誌はそれぞれの主義主張を持ち，個性ある編集主幹が各雑誌の内容を統括し
ていた。

　このように多くの「教育誌」が刊行されていた中でも『教育雑誌』は，き
わめて特異な存在だった。というのも，他の雑誌のように教員向けの情報ば
かりではなく，子ども読者に向けた記事をかなり大量に掲載していたから
だ。つまり，『教育雑誌』は，読者対象として，教育活動を担当する教師だ
けではなく，子ども読者までも視野に入れて編集されていたのである。発行
所は，賛育社。社主兼編集人は，中島勝義。各号の総頁は 16 頁，縦 31 セン
チメートル，横 23 センチメートル。月二回発行，一冊 6 銭。明治 20 年 1 月
からは，旬刊。終刊は，明治 20 年 9 月の第 47 号である[10]。

　『日本人名辞典』によれば，社主の中島勝義は，以下のような経歴の人物
である[11]。

　1858〜1932。明治時代のジャーナリスト。安政 5 年 5 月 5 日生まれ。明治

9年「評論新聞」に投稿した日本民権論の記事で禁獄二ヵ月となる。出獄後「東京曙新聞」編集長。10年大阪にうつり「攪眠（こうみん）新誌」主幹となるが発行禁止をうけ，「興民新誌」と名をかえる。19年以後，教育雑誌の発行にあたる。昭和7年7月15日死去。75歳。北海道出身。号は玩球，狩水漁長。

　『明治の教育ジャーナリズム』を著した木戸若雄は，自由民権運動家だった中島勝義が，なぜ「児童向き，教師向きの雑誌」を発行したのかという動機を忖度して，「自由民権運動の鼓吹と初等教育の普及とは，大衆の啓蒙という点で一脈通ずるものをもつている。したがつてこれは転向という程のものではなく，思想的には自然の成り行きだつたのではあるまいか」と記している。学生向けに知識や情報を伝達するような教育誌を刊行した背景には，こうした中島の啓蒙家としての資質があったのかもしれない[12]。
　ちなみに，1886（明治19）年3月に刊行された『教育雑誌』第1号の記事内容の枠組みは，次のようだった。（括弧内は当該欄の内容）前から順に，「教育雑誌」（論説），「官令摘録」（「官報」などからの抄録），「中外雑報」（様々な教育関係情報），「高名学士伝」（偉人の略伝），「博物図解」（博物知識），「寓言隠語」（なぞなぞや寓話），「教育叢話」（学習方法），「古今格言」（座右の銘），「忠愛美談」（修身談），「農工一斑」（農業工業関係情報），「羅馬字談」（ローマ字），「英学独修」（英語学習法），「詞華摘薬」（名歌紹介），「随感随録」（随想摘録），「文海詩林」（漢詩文紹介），「復文例題」（クイズ），「詩文講解」（漢文講義），「寄書」（投書）である。「官令摘録」と「中外雑報」は明らかに教員向けの内容だが，「高名学士伝」以下の記事は子ども読者に向けた記事だと判断できる。しかし，創刊号にはまだ，翻訳物語や小説などの文章は収録されていない。そうした類の文章は，1887（明治20）年1月15日の第22号になって，はじめて誌面に登場する。すなわち「湖海談林」という欄が新設され，前述したグリム童話が連載され始めるのである。
　新しくグリム童話を翻訳掲載しようという編集計画は，おそらく社主である中島勝義が立案したのであろう。だが，この文章の訳者は誰なのか。それ

を考える手がかりは，1887（明治20）年3月15日の第28号の冒頭の「教育雑誌の一周年」という記事の中にある。この記事は，中島勝義が，雑誌を刊行してからの一年間を振り返ったもので，昨年末に社屋を移したことや，今年度からは雑誌の刊行を旬刊にしたことなどの現況報告とともに，移転を機に「粟屋関一氏に英文及び翻訳等の事を嘱し」た，と記載してある。これは『教育雑誌』にグリム童話の翻訳が連載され始めた時期と符合する。とするなら，『教育雑誌』のグリム童話の翻訳者は，粟屋関一なのではないだろうか。粟屋関一に関する情報は乏しいが，1884（明治17）年には，ゼーネット・タッキーの著書『回天偉蹟仏国美談』を，また1888（明治21）年には『斉家秘訣禁酒美談』をそれぞれ翻訳して出版している。『教育雑誌』の翻訳グリム童話群は，こうした翻訳作業を既に経験していた粟屋が，中島の依頼を受けて取り組んだ仕事なのではないかと推測される。

　『教育雑誌』に翻訳されたグリム童話のラインアップを前から順に通してみていくと，最初のうちは比較的「教訓的」なグリム童話を選択していた編集方針が，徐々に幅広い傾向の作品を訳出する方向へと変化していくようにも感じられる。もしそうした転変があるとするなら，『教育雑誌』第36号で新しく加わった内容がそれを考える補助線になるかもしれない。というのは，第36号には，グリム童話の掲載されていた「湖海談林」欄に加えて，「西洋小説」という翻訳作品欄が新設されたからである。そこに掲載された作品は，「カセリン婚姻奇話」という翻訳小説だった。「カセリン婚姻奇話」は，シェークスピアの作品をもとに再構成したチャールズ・ラムの『シェークスピア物語』の中の一篇で，日本では「じゃじゃ馬ならし」の翻訳名で知られている。「じゃじゃ馬ならし」は，この『教育雑誌』への掲載が日本初訳である。「カセリン婚姻奇話」は，三号に渡って連載され，第38号の「怜悧なる農夫」でグリム童話掲載が終結するのと同時に完結した。この話題は明らかに，大人向けである。このことからこの前後の時期に，中島勝義が編集する『教育雑誌』の編集方針が，もっぱら成年読者を対象とする「西洋小説」などを取り上げる方向へと転換したのではないかとも想像できる[13]。

　実は，賛育社は，『教育雑誌』の発刊当時から，それよりもさらに読者

層の高い教養雑誌である『学芸雑誌』を併行して出版していた。その雑誌は『内外雑誌』と誌名を変えた後，1887（明治20）年7月5日刊の『教育雑誌』第39号と合併することになった。そのため『教育雑誌』第39号は，「内外雑誌合併号」を雑誌の前面にうたっている。すなわち，『教育雑誌』は，第33号を刊行した5月くらいから，『内外雑誌』との統合を意識して，講読対象読者のターゲットをゆるやかに上げ始めていたのである。具体的には，記事内容を成年向けに調整し，さらに新しく「西洋小説」の掲載も始め，それまでよりもさらに年長者向けの雑誌内容へと楫を切りつつあった。そのことが翻訳されたグリム童話の撰材にも影響した可能性は大きい。

　第39号で『内外雑誌』と合併した後の『教育雑誌』は，大きく雑誌の性格を変更して，それまでよりも程度の高い論説や海外の小説などを次々と掲載し始める。とりわけ第39号から，これも日本初訳の「鈍喜翁奇行伝（ドン・キホーテ）」の訳載を開始したことが目を惹く。しかし，この連載も第46号に至って中断されてしまう。というのも，『教育雑誌』は，1887（明治20）年9月に第47号をもって廃刊になってしまったからである。以上のような『教育雑誌』の編集方針の変転には，賛育社の経営状況や雑誌の販売状況，あるいは他社の教育雑誌や文芸的雑誌などの消長，さらには鹿鳴館時代と呼ばれる当時の文化状況や政治状況などが密接に関係していると思われる。

　いずれにしても，『教育雑誌』という個性的な教育関係雑誌に掲載されたおかげで，ある程度多様なグリム童話が日本に紹介されることになったのである。もちろんこの雑誌の読者は，広義の教育関係者に限定されていただろう。だが，刊行された雑誌は商業誌であって，会員組織の成員にのみ配布されるものでもなかったし，特定の地域に頒布が限られていたわけでもなかった。とりわけ発売当初の数号は，再版三版と刷りを重ねて，教育界ではかなりの評判を呼んだようである。この雑誌が一定程度普及したことは，現在各地の図書館のいくつかに原本が保存されていることからも推測できる。本邦初訳のグリム童話が，『教育雑誌』というある意味で開かれた媒体に載せられたことの意味を，あらためて考える必要があるだろう。

おわりに

　1887（明治20）年の1月から6月にかけて『教育雑誌』に掲載された15編のグリム童話をめぐって，おおざっぱな考察を進めてきた。翻訳された作品の文章をていねいに分析したり，ほかの翻訳文とつきあわせて比較検討を行ったわけではないので，一つ一つの翻訳の出来映えの評価などに関しての論及は今後の課題としたい。

　ただ，ここで報告した『教育雑誌』に掲載されたグリム童話の「発見」によって，これまで言われていたように教育に係わる明治期のグリム童話の紹介が，必ずしもヘルバルト学派による教材の見方一色に染まっていたわけではないことは確認できる。もちろん，ヘルバルト学派のラインやチラーによる教育課程が日本に紹介され，その中で教材としてのグリム童話の価値という側面がさかんに強調されたことは間違いない。またそうした活動が高等師範学校という権威ある教育機関によって牽引されたことによって，広く教育界に浸透していったことも確かである。しかしそうした状況は，明治20年代の後半から30年代にかけて生じたのだ。

　グリム童話は，すでに明治20年代の初頭から日本国内に持ち込まれており，ヘルバルト学派が全面的に登場する以前にも，多くの方面から着目されていた。グリム童話の持つ奇談や怪異という側面に興味を抱き，それを中心に日本の読者へと手渡したのが，菅了法や渋江保の仕事だった。一方，グリム童話の教訓性やストーリー性に目を付けて，それを紹介したのが，『RŌMAJI ZASSHI』や『女学雑誌』，あるいは本稿で検討した『教育雑誌』（粟屋関一）の仕事だった。さらにまたその波は，尋常小学校用教科書の教材選択とも同期していた。すなわち，『幼学読本』（金港堂・明治20年5月刊）に「狼と人間 KHM72」をはじめとする三教材が，また『尋常小学読本』（文部省・明治20年5月刊）に「狐と猫 KHM75」をはじめとする二教材が取り上げられていたのである[14]。

　明治20年代のはじめに，こうしたグリム童話のミニブームともいえる現象が起きたのは，日本にグリムの英語版が導入されたり，ドイツ教育学が日本の教育のベースとなりつつあったことなど，複数の要因が重なり合ったか

らであろう。まだそこではグリム童話は，成年にも幼少年にも享受されうる可能性を持った読書材として扱われていたように思われる。『教育雑誌』に掲載されたグリム童話の翻訳から考えられることは，そうした享受層の広がりであり，教材や教科書という存在の可塑性なのではないだろうか。

＊

　本稿を発表後，西口拓子氏が「『教育雑誌』に発見されたグリム童話の底本について」という論考を執筆された。(西口拓子「『教育雑誌』に発見されたグリム童話の底本について」『人文科学年報』専修大学人文科学研究所47号，pp.181-204, 2017) そこでは，この『教育雑誌』の15の翻訳の底本が，Davis,Matilda Louisa（transl.）: Home Stories,collected by the Brothers Grimm, Newly Translated. London 1855. だということが，テキストの細部にわたる丁寧な比較考証によって示されている。ただし，このデイビス訳には，Wehnert の挿絵ではなく，トムソン（George Thompson）が描いた挿絵が8枚添えられているという。したがって，『教育雑誌』の翻訳は，テキストにデイビス訳を使い，挿絵はウェーナートの挿絵を模刻したことになる，との考証がなされている。おそらく西口氏の考察の通りであろう。それはまた，明治20年の時点で，本格的に邦訳されるまでには至らなかったものの，多くの種類の英語版グリム童話集が日本にもたらされていたことを意味していると考えられる。

　ちなみに本稿は，グリム童話の翻訳史の中に位置づけるべきものであって，「国語教育」の研究とは直接の関わりは薄いとする意見があるかもしれない。しかし，本文の「3.『教育雑誌』のグリム童話の翻訳文」でも述べたように，当時の読者たちはこの翻訳によって，それまでの日本の子ども向けの読み物の基底にあった「因果応報」とか「勧善懲悪」などという価値観とは異質の「お話」に触れることができたはずだ。一方，本書の第Ⅲ部第4章の「明治初期の子ども読み物と教育の接点」の中でも触れたように，明治20年代の小学校の読本には，こうしたある意味で「非教育的」なグリム童話はいっさい掲載されていない。

　この事実は，現在の国語教育の「教育目的」や「教材選定」の問題を考えるときにも，重要な視点となるはずである。学習者が子ども読み物を通して

「自分のことば」の確立の道を探ろうとするときに、指導者はどのような読書材を提供するべきなのかという根本的な問題が提起されていると考えるからである。

　以上のような思考回路の中で、この論考を本書の第Ⅲ部「史的観点をつくり出す」の中に位置づけた次第である。

注
1　川戸道昭・榊原貴教編集『明治の児童文学・翻訳編』第一巻グリム集 五月書房 1999(平成11)年6月。
　　川戸道昭・野口芳子・榊原貴教編『日本におけるグリム童話翻訳書誌』ナダ出版センター　2000(平成12)年7月。
　　『児童文学翻訳作品総覧―明治・大正・昭和・平成の一三五年翻訳目録―』4　フランス・ドイツ編2　ナダ出版センター　2005(平成17)年9月。
　　中山淳子『グリムのメルヒェンと明治期教育学―童話・児童文学の原点―』臨川書店 2009(平成21)年4月。
　　奈倉洋子『日本の近代化とグリム童話―時代による変化を読み解く』世界思想社 2005(平成17)年4月。
　　野口芳子『グリムのメルヒェン―その夢と現実』勁草書房　1994(平成6)年8月。
　　久保華誉『日本における外国昔話の受容と変容―和製グリムの世界―』三弥井書店 2009(平成21)年1月。
　　西口拓子「本邦初のグリム童話の翻訳絵本『八つ山羊』と、それに影響を与えたとみられるドイツの挿絵について」『専修大学人文科学研究所月報』第257号　2012(平成24)年5月　17～33頁。
2　『世界文学翻訳作品総覧―明治・大正・昭和・平成の一三五年翻訳目録―』4フランス・ドイツ編2　ナダ出版センター　2005(平成17)年9月、の「グリム編・翻訳作品別目録」556～707頁による。
3　府川源一郎「アンデルセン童話とグリム童話の本邦初訳をめぐって―明治初期の子ども読み物と教育の接点―」『文学』岩波書店　第9巻第4号　2008(平成20)年7月25日発行。(本書の第Ⅲ部第4章に収録)
　　川戸道昭「『ROMAJI ZASSHI』の「こどものため」欄」『図説児童文学翻訳大事典・第一巻』ナダ出版センター　2007(平成19)年6月　44頁。

4　野口芳子「英訳本から重訳された日本のグリム童話―最初の邦訳本を中心に―」『児童文学翻訳作品総覧―明治・大正・昭和・平成の一三五年翻訳年表―』4 フランス・ドイツ編 2 ナダ出版センター　2005(平成 17)年 9 月　465〜485 頁。なお，野口が菅了法の使用した原典ではないかと推定した大英図書館の Grimm's Fairy Tales. by Mrs. H.H.B. Paull. London: Frederick Warne and Co. には，出版年の記載が無いが図書館のカタログには 1872 年と記されている，という。しかし，スタンフォード大学のモーガン教授は，ポール訳の初版が 1868 年で，再版が 1872 年だと記しているそうだ。野口は，そうした事情を踏まえて，この本の発刊年を 1872(1868)と表示している。西口拓子「渋江保訳『西洋妖怪奇談』の挿絵と底本について―挿絵から見た明治期グリム童話翻訳―」『専修人文論集』第 92 号　2013(平成 25)年 3 月　143〜164 頁。

5　*Household Stories*. Collected by the Brothers Grimm. With two hundred Illustrations by E. H. Wehnert. And thirty-two pages of coloured plates. London.George Routledge And Sons.Broadway,Ludgate Hill.New York. 刊行年不明。西口拓子氏から直接この書物を披見させていただき，また図像も利用させていただいたことを感謝申しあげる。

6　*Household Stories*. Collected by the brothers Grimm. Newly translated. Illustrations by E. H. Wehnert. New edition. London: Routledge, Warne, and Routledge. 1861 は，以下のアドレスで確認。(2014 年 12 月 21 日)http://books.google.co.jp/books?id=tj0WAAAAYAAJ&pg=PR4&redir_esc=y#v=onepage&q&f=false

7　西口拓子「渋江保訳『西洋妖怪奇談』の挿絵と底本について―挿絵から見た明治期グリム童話翻訳―」『専修人文論集』第 92 号　2013(平成 25)年 3 月　157 頁。

8　『教育雑誌・第 33 号』では，作品の題名が「マダム・ホール の話」であるが，注 6 の *Household Stories* の KHM24 の英訳題は「Old Mother Frost」である。ちなみにこの話のドイツ語の原題名は「Frau Holle」である。とすると『教育雑誌』の翻訳者は，「Madam Holle (?)」というような英訳題を採用した本を使ったのではないかと推測できる。同様に，『教育雑誌・第 30 号』の「デーム，トゥルーデの話」も，注 6 の *Household Stories* では「The Old Witch」で，同様にドイツ語の原題は「Frau Trude」である。これも「Demon Trude(?)」というような英訳題を採用した英訳本を底本にしたのかもしれない。『教育雑誌・第 22 号』の翻訳題である「スクアイア，コーブス」に関しても，事情は同じである。

9　金田鬼一訳『完訳グリム童話集』三　岩波文庫　1979(昭和 54)年 9 月　237 頁。

10　現在判明している『教育雑誌』の所蔵館は，以下のようである。国立教育政策研究所教育研究情報センター教育図書館 1〜22 号，昭和女子大学 1〜4・30・38 号，玉川大学 1〜47 号，筑波大学 1〜42 号，東京学芸大学 21〜56 号，東京大学 (明治新聞雑誌文庫)1〜47 号，梅花女子大学 1〜33 号，北海道大学 1〜16 号，家蔵 10〜12・29・31〜

36号。

11　2014(平成26)年10月20日に確認した，デジタル版 日本人名大辞典 +Plus の解説，による。
https://kotobank.jp/word/%E4%B8%AD%E5%B3%B6%E5%8B%9D%E7%BE%A9-1096476

12　木戸若雄『明治の教育ジャーナリズム』近代日本社　1962(昭和37)年7月，34頁。1990年3月大空社からの復刊版による。

13　三回続きで連載されたこの「カセリン婚姻奇話」の文章は，明治23年12月に刊行された『世界百傑伝』にそのまま収録されている。そこでは，翻訳者が「北村三郎」の名前になっている。

14　明治中期の教科書の中に翻訳されたグリム童話に関しては，本書第Ⅲ部第4章「明治初期の子ども読み物と教育の接点」の第3節を参照のこと。この時期に小学校用の国語教科書に掲載されたグリム童話教材が，この『教育雑誌』に掲載された翻訳と何らかの関係を持っている可能性もある。

あとがき

　私事であるが，2022年3月に私の教員生活にはピリオドが打たれる。

　思い返せば，学生時代に国語教育研究の魅力に目を開くきっかけを与えて下さったのは，田近洵一先生である。先生の推輓を得て，私の教員生活は1973年に川崎市の公立小学校から始まった。当時川崎市は「公害の町」といわれており，工場地帯の真ん中にある勤務校もひどい大気汚染だった。そんな中でも子どもたちは元気でたくましく，新米教員だった私は気のおけない保護者のみなさんにずいぶん助けていただいた。

　川崎市在任中に，横浜国立大学の障害児教育課程に一年間の研修派遣の機会を得て，その後しばらく障害児教育（ことばの教室）の仕事に携わった。日々の授業（言語治療）は，完全に一対一の個人プログラムにもとづくものであり，また，通級制という制度を通して子どもたちとの教育活動を行っていた。こうした体験は，私の狭い視野を広げてくれた。

　1980年に，横浜国立大学教育学部附属鎌倉小学校に職場が変わった。ここでは学校研究や授業研究の厳しさと面白さとを存分に味わうことができた。とりわけ緊張感を持って臨んだのは，全国から参観者の集まる毎年の授業研究会である。自ら教育課程を創造しつつ日々自由な実践を重ね，その成果を各種の媒体に発表できる職場環境は，国語教育を原点から考え直す絶好の場だった。さらにこの間，二年間の大学院派遣（修士課程）を経験し，戦後の国語学力論に関する研究を進めることもできた。

　1987年に，勤務先が横浜国立大学教育学部に移った。そこで担当したのは「初等国語科教育法」などの講義や関連の演習などである。これまでの実践研究活動は，文学教育を中心に進めてきたが，そればかりでなく教育課程全般に対する基本的な考え方や国語教育の歴史的な変遷，あるいは国語科の「話す・聞く・読む・書く」の活動全般に関しても，自分なりの見解を持て

るようにする必要があった。そこでそれらをめぐる様々な模索を各種の学会誌や商業誌などに発表し続けた。

　自分自身の小学校における国語教育実践の経験をベースにして，多様な角度から国語教育の研究を進めていくうちに，国語教育の目的に関する自分なりの見解がようやく定まってきた。それを一言でいうと「国語教育の目的は，自分のことばでものをいい，自分のことばでものを書くことができる主体的で民主的な人間の育成である」ということだ。本書の「はじめに」でも，再びその文言を引いた。

　そうした理念を前面に掲げて編んだ論考集が，『自分のことばをつくり出す国語教育』（東洋館出版社・2001年）と，『私たちのことばをつくり出す国語教育』（東洋館出版社・2009年）だった。「自分のことば」や「私たちのことば」という概念やその内包を国語教育の営為に引きつけて考えるためには，時代や社会の中における言語の機能，教育という制度，学科目としての「国語科」の存在などを視野に入れ，なおかつそれを現実の教育実践の方法や指導技術などと結びつけることが重要になる。そのような模索の延長線上に，本書『一人ひとりのことばをつくり出す国語教育』（ひつじ書房・2022年）がある。

　横浜国立大学退官後，2016年から日本体育大学児童スポーツ教育学部で教鞭を執る機会を与えていただいた。主として大学院教育学研究科（博士前期課程・博士後期課程）の教育に従事したのだが，学部の学生諸君との授業での交流もなかなか楽しかった。というのも彼らは，あらためて現代の言語文化状況における国語教育の役割に気付かせてくれる存在だったからである。本書に収録した論考の多くもこの期間に書かれている。

　本書はささやかな論考集ではあるが，私の教員生活における国語教育研究と実践活動とのエッセンスがここに集大成されているように思う。とはいうものの，小学校教員として現場に立ち，小学生の子どもたちと日々格闘していた頃と，ほとんど同じことを考え続けているような気もする。つまりは，まったく進歩がなかったということだ。そうかもしれない。だが，国語教育の概念とその内包を常に問い返しながら，国語教育実践を更新し続けていくことの重要さを噛みしめ続けてきたことだけは間違いない。

　　　　　　　　　　＊
　　　　　　　　　　＊

　各論考の初出と原題は以下のようである。「はじめに」でも触れたように，一書にまとめるにあたって，どの文章にも程度の差はあれ手を入れた。そのことをお断りしておく。

第Ⅰ部　国語科の教育内容をつくり出す
第1章　多文化共生としての「国語教育」―外国人児童生徒と学ぶことで拡がることばの世界―
　2014.5.17（土）に，ウィンク愛知（愛知県産業労働センター）で開催された第126回全国大学国語教育学会のシンポジウムで発言に際して，事前に草稿としてまとめた文章。当日の発言を要約した文章が，全国大学国語教育学会編『国語科教育』76巻，2014年3月 pp.8–10に掲載されている。
第2章　国語教育と「古典」や「古文」の教育
　三宅晶子編『もう一度読みたい日本の古典文学』勉誠出版　2021年7月，に収録。
第3章　国語教育における「伝え合い」活動の基盤
　『国語教育総合事典』原題：「第Ⅰ部の3　コミュニケーション・情報・身体」日本国語教育学会編　朝倉書店　2011年12月　pp.24–32
第4章　国語科の教育内容としての方言　　　　　　　　　　　　新稿
第5章　授業実践の「事実＝現象」はどうとらえられてきたか―芦田恵之助の「冬景色」の授業と垣内松三の『国語の力』の場合―
　『日本体育大学大学院教育学研究科紀要』第4巻第1号　原題：「（特集 教科実践研究）国語科実践研究 授業実践の『事実＝現象』はどうとらえられてきたか― 芦田恵之助の「冬景色」の授業と垣内松三の『国語の力』の場合―」2020年9月　pp.11–30
第Ⅱ部　ことばの学びをつくり出す
第1章　「学び」が成立するとき
　『所報2019』神奈川県教育文化研究所　2019（令和元）年6月　pp.3–7
第2章　「教育デザイン」構築への足がかり―「教育実地指導」の授業を通

して考える―

訳をめぐって―明治初期の子ども読み物と教育の接点―」岩波書店　2008
（平成 20）年 7 月　pp.140–151
第 5 章　『教育雑誌』に翻訳されたグリム童話―本邦初訳の 15 の作品―
　『大阪国際児童文学振興財団　研究紀要』第 28 号　2015（平成 27）年 3 月
pp.1–13

*

*

*

　本書をまとめるに当たり，ひつじ書房房主の松本功さんからは，事前に拙
稿に目を通して様々なアドバイスをいただいた。さらにこうして公刊の機会
を与えてくださったことに深く感謝申し上げる次第である。
　もちろん一書を編むにあたっては，そのほかにも本当に多くの人々に様々
な形でお世話になっている。そうした方々へ深く御礼申し上げたい。

2022 年 2 月 29 日

府川源一郎

人名索引

書名索引

事項索引

【著者紹介】

府川源一郎（ふかわ　げんいちろう）

［略歴］

1948（昭和 23）年、東京に生まれる。横浜国立大学大学院教育学研究科修了。川崎市の公立小学校で普通学級、障害児学級（ことばの教室）担任の後、横浜国立大学教育学部附属鎌倉小学校教諭、横浜国立大学教育人間科学部教授。現在、日本体育大学児童スポーツ教育学部教授。博士（教育学）。日本文学協会、全国大学国語教育学会、日本国語教育学会、日本児童文学学会などに所属。

［主な著書］

『私たちのことばをつくり出す国語教育』（東洋館出版社 2009 年）、『明治初等国語教科書と子ども読み物に関する研究—リテラシー形成メディアの教育文化史』（ひつじ書房　2014 年）、『「ウサギとカメ」の読書文化史—イソップ寓話の受容と「競争」』（勉誠出版　2017 年）など。

一人ひとりのことばをつくり出す国語教育

Japanese Language Education for Cultivating Individual Linguistic Behavior
FUKAWA Genichiro

発行	2022 年 3 月 31 日　初版 1 刷
定価	2800 円＋税
著者	© 府川源一郎
発行者	松本功
装丁者	渡部文
組版所	株式会社 ディ・トランスポート
印刷・製本所	株式会社 シナノ
発行所	株式会社 ひつじ書房

〒 112-0011 東京都文京区千石 2-1-2　大和ビル 2 階
Tel.03-5319-4916　Fax.03-5319-4917
郵便振替 00120-8-142852
toiawase@hituzi.co.jp　https://www.hituzi.co.jp/

ISBN978-4-8234-1141-0

［刊行書籍のご案内］

明治初等国語教科書と子ども読み物に関する研究

リテラシー形成メディアの教育文化史

府川源一郎著　　定価 19,000 円＋税

明治期の子どもたちは、どのようにリテラシーを身につけたのか。そのかぎの一つは、明治期のベストセラーである『小学読本』にある。本書は、「読本＝国語教科書」をはじめとして、子ども読み物や挿絵、少年雑誌などを「リテラシー形成メディア」と捉え、それらの相互関係を数多くの新資料を駆使して解明した画期的成果である。明治初年の子ども向け翻訳啓蒙書、小学校用の読本、修身教科書と修身読み物などが取り上げられており、教科書研究として教育史研究の進展に寄与するだけではなく、その影響は、日本語史研究、文学史研究、文化史研究にも及ぶだろう。

[刊行書籍のご案内]

国語科教育に求められるヴィジュアル・リテラシーの探究

奥泉香著　　定価 5,300 円＋税

言語教育（特に国語科教育）を担当する教員が、文字のみで書かれたテクストだけでなく、絵や写真、図といった図像テクスト、さらにはそれらと文章テクストとの組み合わせから意味を構築したり、発信したりする授業を構想する際に、必要となる基礎的な理論枠組みを整理・提示した。学習者を取り巻くテクスト環境の変化に対応するため、本書ではこういった情報の形態の違いを理論的・意識的に整理・活用した授業実践の具体的なアイディアも提示している。

[刊行書籍のご案内]

国語科における「話し合い」学習の理論と実践

内田剛著　　定価 7,800 円＋税

新型コロナウイルス感染拡大に伴うオンライン・ツールの普及によって、私たちのコミュニケーションは否応なしに変化を迫られている。このような変化の時期だからこそ、私たちは冷静に「話し合う」ことの重要性を再認識しなければならない。本書は明治期から現在における国語教育の「話し合い」学習が、どのような理論や目標に基づいて行われてきたかを分析した上で、今求められる「話し合い」学習の具体的な実践案を提案している。